JOSE DONOSO
IMPOSTURA E IMPOSTACION

# JOSE DONOSO: IMPOSTURA E IMPOSTACION

## La modelización lúdica y carnavalesca de una producción literaria

Ricardo Gutiérrez Mouat

## RECONOCIMIENTOS

Quiero expresar mi agradecimiento a José Donoso por su amistad y por la generosidad con la cual leyó y comentó este libro en sus etapas iniciales. También al Emory University Research Committee, cuyo apoyo facilitó la publicación del mismo.

©Ediciones Hispamérica
5 Pueblo Court
Gaithersburg, MD  20878 - U.S.A.


Library of Congress Catalog Card Number:
83-080599
I.S.B.N. 0-935318-11-9

# INDICE

*A mis padres, Sylvia y Dick,
y a Disa.*

# INTRODUCCION

Uno de los problemas que con mayor urgencia se viene debatiendo en la América Latina en los últimos años es la posición del escritor con respecto a su cultura. En este debate han intervenido sociólogos, críticos e historiadores de la literatura y los propios escritores, tanto desde fuera de la ficción (en entrevistas y conferencias) como dentro de ella. Julio Ortega alude a esta problemática en el título de su trabajo sobre una novela de García Márquez, "*El otoño del patriarca:* Texto y cultura." Ahí advierte que los valores de una obra no se miden por su difusión internacional:

> Se revelan, más bien, en su capacidad de rehacer las nociones y percepciones de nuestra propia tradición literaria y espacio cultural. Lo extraordinario de la obra de García Márquez no es sólo su capacidad de fabular, que tan justa resonancia reconoce hoy en distintos públicos, sino además la inserción fecunda de su trabajo literario en la reformulación de una literatura latinoamericana capaz de resolver su peculiaridad y su universalidad, capaz de responder desde la ficción

1

por la experiencia y la conciencia de una cultura que la genera.[1]

Las causas de que la cultura exista como problema en la América Latina son conocidas por todos, y se actualizan cada vez que se enciende un debate como el del europeísmo de Borges o Cortázar vs. el indigenismo. El pasado colonial del continente, que aún no llega a su punto final, ha resultado en una superposición de culturas cuya jerarquización se redefine desde la ideología cambiante de los grupos de poder. Y en estas constantes redefiniciones que han abarcado la totalidad del espectro ideológico el escritor latinoamericano ha protagonizado un papel que le pertenece tradicionalmente, y aún más, que está ligado a los orígenes independientes del continente cuando el escritor era también hombre público, ya fuera legislador, político o educador.

Las discusiones que se han entablado alrededor de la obra de José Donoso no han estado exentas de esta dimensión cultural—o mejor dicho social[2]—, pero no han logrado definir el problema con claridad ni menos agotar sus implicaciones. Los primeros lectores de Donoso no vieron en la relación del escritor con la sociedad nada más que mimetismo realista y crítica de la decadencia de la clase alta. Donoso formula así esta menguada visión de los críticos:

Así, la crítica chilena fue casi unánime al alabar la "realidad" con que yo retrataba "la decadencia de la clase alta," ya que para gran parte de los lectores ésa era mi meta y toda mi intención.... También se alabó mucho la naturalidad y la espontaneidad del estilo leve, trans-

2

parente de esta primera novela, estilo que no se interponía entre el autor y el lector. Alabaron lo naturalmente comprobable que era todo en *Coronación*, lo familiar, lo cotidiano, lo fidedigno, los diálogos que reproducían con una sencillez "casi fotográfica" el habla de las distintas clases sociales, todo tan sencillo, tan natural, salvo, claro, aquella última escena esperpéntica que a muy pocos les gustó...[3]

Este concepto utilitario y mimético de la literatura es mucho menos típico de los escritores que de guardianes de instituciones culturales. A Donoso se lo alabó tanto porque la crítica vio en su obra una continuación del realismo chileno, ya sea de tipo burgués/balzaciano (Blest Gana) como costumbrista (Latorre), pasando desapercibido el hecho de que con la "generación del 50" (la de Donoso) se abrían las posibilidades de la literatura chilena hacia adelante. Estos nuevos escritores significaban lo contrario de un repliegue hacia las "raíces" nacionales, aunque sin entender por esto una ruptura total con las tradiciones vigentes en el Chile del medio siglo, sin las cuales textos donosianos como "Tocayos" y "Dinamarquero" resultarían menos comprensibles. La generación inmediatamente anterior a la de Donoso, que produjo figuras como Nicomedes Guzmán y Manuel Rojas, era de estirpe y visión populista, pero la que empezó a publicar a principios de 1950 provenía de la alta burguesía, es decir, que sus integrantes tenían por regla común una educación superior a sus antecesores y mayor acceso a las literaturas europeas y norteamericana. En este sentido, el caso de Donoso, que desde siempre conocía a Dickens y Flaubert, Lewis Carroll y Dostoyevsky, y que asistió a

3

colegios ingleses y a la Universidad de Princeton, se diferencia sólo en detalles circunstanciales de los casos de otros grandes narradores del "boom." La nueva narrativa latinoamericana se inaugura en muchos casos con el conocimiento de las grandes literaturas extranjeras contemporáneas, que eran poco conocidas en el Chile del medio siglo, donde el gusto imperante y las casas editoriales prestigiaban sólo lo canonizado por la tradición. Y ya que Blest Gana había escrito por lo menos una novela denunciando los valores del capitalismo chileno y las pretensiones de una "aristocracia" advenediza y caricaturesca (por medio de una voz narrativa tan diferente a la de *Coronación* como la de Balzac difiere de la de Flaubert), entonces resultaba muy cómodo leer la primera novela de Donoso de acuerdo a la pauta tradicional. Y este tipo de lectura resultaba tanto más fácil en cuanto *Coronación*, a diferencia de novelas coetáneas como *La región más transparente* o *Los pasos perdidos* o *Pedro Páramo*, se fundamenta en el modelo realista de escritura elaborado sobre todo por Flaubert en *Madame Bovary*, transformándolo en ciertos respectos pero reteniendo la vocación por una construcción refinada y sutil, que los primeros críticos de la novela de Donoso simplemente no vieron.

Paradójicamente, esta novela que no fue bien juzgada por sus lectores le permitió a su autor juzgar a sus jueces. Estos colocaron a Donoso en cierto "lugar" del espacio social y cultural, imponiéndole *una* máscara y *una* voz. Donoso, por su parte, se preguntaba:

> ¿Para quién escribir, entonces? A nivel personal se me planteaba el derrumbe de las reglas, y con ese derrumbe,

la apertura de las posibilidades. ¿Cómo escribir, a quién dirigirme? ¿Tuvo razón Pablo Neruda cuando en una ocasión le dijo a mi mujer que yo debía escribir "la gran novela social de Chile" porque nadie sentía "el frío de los pobres" como yo? ¿O tenían razón Fuentes, Cortázar, Sábato, Vargas Llosa, que señalaban no el camino de lo directo..., sino el peligroso camino de la experimentación, con el riesgo de la soledad, de la incomprensión, del no tener vara con qué medir el valor de lo inventado? Es decir, la admirable oscuridad voluntaria que estos escritores interponían entre ellos y sus lectores, entre ellos y el lector común de Hispanoamérica, era un reto a la complacencia burguesa, para así trascender la anécdota, lo tópico.[4]

Esta incertidumbre de no saber si escribir para el lector tradicional o identificar un nuevo lector se muestra en los primeros cuentos de Donoso y en *Coronación*, donde la presencia de Flaubert, Poe, Dickens y James coexiste con los resabios del criollismo chileno, y se soluciona con el exilio, que significa la búsqueda de un diálogo más libre entre discurso narrativo y lector:

> llevaba conciencia de que Chile era un país limitado que me imponía reglas literarias que no me gustaban, yo quería usar mis propias máscaras no las impuestas por el país. Cuando uno es más joven está muy encerrado, lleva señas de identidad escritas por todas partes, en la forma de hablar, de vestirse, de dirigirse a la gente, te clasifican inmediatamente; yo esencialmente salí de Chile por eso, porque quería perder relación con un barrio, con una casa, con un modo de vida, quería elegir lo propio...[5]

Esto parecería una crítica a la burguesía chilena, pero la actitud de Donoso es más compleja, más movible, porque junto con la evasión hay un constante factor de nostalgia que no deja de registrarse aún muchos años después de radicado el escritor en España. En efecto, los cuadernos personales de Donoso escritos entre los años 1967 y 1975, y que ahora descansan en la biblioteca de la Universidad de Princeton, constituyen un archivo de la nostalgia por Chile, que se agudiza con motivo del golpe militar en septiembre de 1973. Desde este punto en adelante Donoso aparece obsesionado y angustiado por la idea de escribir una novela que él califica de "chilena" cuando todo lo que sabe sobre ella es su título: "La cola de la lagartija." A la angustia producida por incertidumbres propiamente literarias se suma el temor a posibles represalias del régimen, dramáticamente evidenciadas por *Tejas Verdes*,[6] un libro—bien conocido por Donoso —en que un escritor chileno (Hernán Valdés) relata sus experiencias personales en un centro de tortura militar en las afueras de Santiago. El producto final de estos años de tortura interior es, por supuesto, *Casa de campo*, que a pesar de los temores de su autor sólo ha logrado encumbrar su prestigio en el medio cultural chileno, y que en lugar de dificultarle el regreso a Chile en 1980—efecto último de la nostalgia donosiana—, se lo facilitó.[7]

En un primer momento, entonces, es posible trascender la visión simplista de un Donoso que reproduce su medio social para criticarlo, mediante la postulación de una relación más compleja y decididamente ambigua entre el escritor y la burguesía chilena.[8] Esta ambigüedad se traduce en una visión irónica y fluctuante de un nivel referencial y simbólico invariante que se reitera a lo largo de toda la producción donosiana: las familias burguesas que aparecen tanto en *Coronación* como en *Casa de campo*, y el espacio cerrado de la casa que remite al orden familiar y social, y que se configura prácticamente en todos los textos de Donoso, incluida su novela más reciente, *El jardín de al lado*. A su vez, esta permanencia de referentes apunta a un ambiente social cuyas instituciones y valores se resisten al cambio, o que le ceden sólo un tiempo transitorio, como demostró el golpe militar apoyado por la burguesía. Donoso ha dicho:

> Indiscutiblemente, "chileno" explica muchas cosas. Significa tener un mundo muy ordenado, muy estructurado....Es decir, la característica de Chile es que es un país cuyas fronteras son tan infinitamente naturales... que no hay duda de que Chile tiene una *identidad*...[9]

Efectivamente, en el escenario de la sociedad chilena la burguesía escribe el guión de la representación social y a cada uno le toca un papel bien definido y que no admite correcciones. Todos saben quiénes son y quién es el otro, y en qué jerarquía se deben relacionar los distintos actores.[10] Cuando uno no se llama Azcoitía o Abalos el nombre de familia desaparece (como en el caso de los personajes populares de *Coronación*) o es sustituido por un sobrenombre (Maya, el Mudito, la Japonesa) o es parodiado (Humberto Peñaloza). Los roles de senador o abogado son los prestigiosos, y el guión social no se olvida de precisar las reglas de conducta tanto para éstos como para el empleado o el dependiente de almacén: los unos pueden ejercer el desdén, los otros deben acogerlo y responder con el respeto, la envidia y la emulación.

¿Cuál es el papel del escritor en el guión burgués? Los textos de Donoso permiten el acercamiento a una respuesta. En *Coronación* don Andrés Abalos agradece a sus amigos del Club de la Unión el "cumplido de llamarlo artista," aunque se da cuenta de que esa alusión lo excluye del mundo "perfectamente encuadrado" de sus amigos: "ahora hacían de él un individuo marginal, su sensibilidad se transformaba en cosa sospechosa, haciéndolo un raro."[11] En *El obsceno pájaro de la noche* la figura del escritor está sometida a una relación de dependencia y patrocinio: el patrón (don Jerónimo) lo contrata para que escriba su biografía y subviene a sus necesidades materiales. Relación, se diría, feudal dentro de una sociedad feudal (la Rinconada). Por último en *Casa de campo* la actitud de don Silvestre Ventura hacia "Donoso" es francamente paternalista, y de un paternalismo vulgar que ve la obra como un producto de consumo parecido a cualquier otro. Lo que se le exige a la obra, entonces, es que sea fácilmente asequible al lector y que rinda beneficios económicos. Aunque es cierto que estas visiones del escritor no tienen que ser verdaderas sino tan sólo verosímiles, tomadas en conjunto y añadidas a los comentarios de Donoso en *Historia personal del "boom"* concernientes a la publicación de sus primeros libros—peripecias de distribución, humillación de vender libros en los buses o con ayuda del papá, o no venderlos sino regalarlos, etc.—, ellas remiten a un papel subordinado y marginal del escritor, carente de seriedad y trascendencia dentro de una burguesía pragmática abocada al logro material. Pero el problema no es tan simple, pues cuando el escritor alcanza prestigio y llega a ser leído en la escuela o la universidad, ya no se le puede descartar automáticamente. Entonces viene la aceptación o, al menos, la tolerancia general de su obra. Se llega así a la ambigüedad del rol del escritor en las sociedades modernas que Barthes comenta en *Le Plaisir du texte:* personaje improductivo pero mantenido por la burguesía mercantil; superfluo pero no inútil.[12] Y en una burguesía tan cerradamente estructurada como la chilena, esta ambigüedad del escritor resulta en la imposición de esas "máscaras" a que Donoso alude en el pasaje ya citado.

Aunque es de suponer que en un escritor las lecturas imaginativas anteceden a cualquier determinismo socio-cultural o lo corrigen, lo cierto es que en el caso de Donoso hay un casi determinismo (que puede ser una elección disfrazada) entre su formación burguesa y por un lado, lo "limitado" de su producción (limitada en el sentido de que la obra de un Henry James es limitada), y, por otro, la imposición de cierta temática. Donoso mismo se encarga de señalarlo:

> como nací dentro de la burguesía del país, una burguesía acomodada..., nunca hubo demasiados problemas. Entonces, naturalmente el problema mayor es el yo.[13]

En otro lugar, Donoso retoma esta idea al especular que un escritor chileno no podría escribir una novela como *La región más transparente* de Fuentes porque la historia chilena no ha sufrido los traumas de la historia mexicana.[14] (Se entiende que esta afirmación se hizo antes de 1973). Es cierto que dentro de la burguesía chilena, tanto por su visión cotidiana como porque existe en una sociedad más homogénea que su contraparte mexicana, una novela-mural con sentido histórico como la de Fuentes sería más improbable (aunque no necesariamente imposible), pero también es cierto que Donoso ha explotado de algún modo lo que él considera quizás como limitación para ir elaborando a lo largo de su obra un lenguaje que le ha permitido simultáneamente transgredir y recuperar los valores culturales de su sociedad. Es decir, que le ha permitido articular su ambigua relación con su medio ambiente e incluso con su historia, y a la vez, articular su propio cuestionamiento ontológico. Este es el lenguaje del juego y del carnaval, el lenguaje de la máscara:

> ¿Por qué me interesan tanto los disfraces? ¿Por qué me interesan los travesti (sic)? ¿Por qué me interesa en *Coronación* la locura de la señora? ¿Por qué en *Este domingo* los disfraces tienen un lugar tan importante? Es porque éstas son maneras de deshacer la unidad del ser humano. Deshacer la unidad psicológica, ese mito horrible que nos hemos inventado...[15]

Como apunta Julia Kristeva la máscara constituye un *shifter* que opera el pasaje entre el sujeto de la enunciación y el sujeto (o sujetos) del enunciado.[16] Este proceso de desplazamiento o dispersión del sujeto se puede observar ampliamente en la obra narrativa de Donoso, espacio en que los personajes doblan sus identidades y sus voces por medio del disfraz, o las multiplican en una sucesión de máscaras que son como espejos velados o deformantes; textos que son escenarios poblados de personajes que no se reconocen en sus disfraces o que son desfigurados por su mirada. También se nota el mismo proceso en los papeles privados del escritor, organizados alrededor de un yo elusivo, fluctuante, siempre en tránsito hacia la próxima palabra y que no existe fuera del discurso que lo constituye.[17] En último término, el lenguaje de la máscara no sólo articula el "yo de papel" de Donoso, sino también articula la persona del escritor como sujeto de una experiencia personal y social, sujeto que presiente su verdad en una multiplicación de roles: escritor chileno, escritor del "boom" latinoamericano, cabeza de familia, hijo de una madre cuya larga agonía lo obsesiona, *clochard,* etc. En su "Chronology"[18] Donoso cuenta cómo a lo largo de su vida siempre ha sido un personaje marginal o intersticial, difícil de ubicar dentro del cuadro social, o sea, un "raro." De colegial era el que se iba a algún parque en vez de asistir a clases, o el que inventaba excusas para ser eximido de hacer deportes como el resto de sus compañeros. De adolescente prefirió en algún momento ser pastor en Magallanes antes de ingresar a la Universidad. En suma, Donoso es un personaje que nunca hizo bien el papel que le asignaba el guión social, siempre opuso sus máscaras propias a las ajenas que le imponían las convenciones y reglas sociales. Para evadirse de aquéllas, apela a la imaginación:

> De nuevo, como en todas mis obras, la importancia de la "impersonation"—es decir del juego de máscaras y encarnaciones(;) la madre Benita como símbolo: ella *es* María Olga de la Fuente, y está disfrazada de monja. La imaginación como el instrumento máximo del disfraz— el disfraz es libertad, huida—y en el momento de la verdad, del acto sexual, la imaginación libera, y disfraza a la gente de lo que ella quiere.[19]

Aunque este pasaje comienza refiriéndose concretamente a una producción literaria, su final parece recoger también alusiones al mundo social, cuestionándose aquí y en otros lugares la jerarquización convencional que privilegia a la experiencia de lo real como experiencia fundadora y da rango de producto derivado a la producción literaria:

> In Donoso's writing, the idea of a total body of the author, removed from his work, in a myth of vitality that separates him from it as body from soul, is replaced by the notion of the text as the place of a new pleasure defined in terms of the work as the only "body" to which the author lays claim in the exchange that he has triggered.... To read the author of the notebooks as the living double of the slippery, multi-masked persona incorporated in the novels, a double backed by the biographical presence of the man named Donoso, anterior to any text, would be to maintain the hierarchy of texts, novel, interview, criticism, notebook, each displaying its own version of authority, leaving intact the inner man, perhaps still haunted by demons. It would be to participate in the circulation of a negative discourse that a work such as Donoso's has tried to undermine.[20]

Otras veces, como señala el mismo Montero, es difícil determinar quién está escribiendo en los cuadernos, si Donoso o uno de sus personajes de *El obsceno pájaro de la noche*. Esta disolución de los límites y jerarquías hace que sea posible traducir la ambigüedad social de Donoso a términos literarios: toda la producción de Donoso se estructura como una contradicción entre la semiología del orden (ubicada en un discurso que afirma la unicidad de la identidad y de la sexualidad, los

12

valores y jerarquías familiares, y los límites de clase y roles preescritos para cada escalafón) y la semiología de la transformación, articulada por el discurso del juego y del carnaval que invierte lo "mismo" para producir lo "otro." Es a nivel de esta dialéctica que se debe postular la relación de Donoso con las instituciones y valores culturales que conforman su sociedad.

¿Cómo puede un discurso crítico recuperar una obra determinada total o parcialmente por la práctica lúdica y cómo se convierte el juego en práctica significante? Es interesante acercarse un poco a ciertos estudios que sobre este tema se han hecho con respecto a los textos de Cortázar para establecer por lo menos un punto de referencia. En un ensayo titulado "Todos los juegos el juego"[21] Wolfgang A. Luchting habla del "juego intelectual con la realidad" a través del cual Cortázar llega a lo "serio," procedimiento que, por lo demás, el propio escritor ha subrayado y que se origina en su lectura de los surrealistas. Luchting estudia sistemáticamente dos cuentos de Cortázar (aunque sus conclusiones pueden ser banales), pero no intenta una reflexión sobre el juego sino que se contenta con lo que el sentido común entiende por ello. Así, lo único que lo autoriza a decir que las analogías textuales en Cortázar constituyen un "juego" es una referencia al "espíritu lúdico" del autor. La misma vaguedad se nota en un trabajo que es de otro modo excelente, "Juegos: una realidad sin centros," de Alicia Borinsky.[22] Aquí—para citar a la propia autora cuando habla de los surrealistas—"No hay un desarro-

13

llo consciente del problema lúdico, una meditación que asuma el marco de referencias de la disciplina filosófica, sociológica, psicológica, lingüística" (p. 60). A continuación propone que para los surrealistas y para Cortázar el juego no es el objeto de un discurso que se proponga elucidarlo sino que sus textos son en sí juegos "que al mismo tiempo pretenden develar las leyes de su propio funcionamiento" (*id.*). "Las babas del diablo" vendría a ser el modelo de la lectura crítica de Borinsky: un texto que se refiere a sí mismo, que dice desconocerse y cuyo proceso de reconocimiento resulta en una descentralización legible también en otros textos de Cortázar. Pero hablar de un "juego de descentralización" es invocar el juego a lo máximo como una metáfora que no logra aclarar el nexo que existe entre el juego y un tipo de texto que comenta sus propios procedimientos.

Quizás el acercamiento más convincente al problema de la modelización lúdica en Cortázar es el de Davi Arrigucci Jr. en *O escorpião encalacrado*.[23] A pesar de que el crítico brasilero tampoco reflexiona sobre el juego como práctica significante, y de que su punto de partida es el mismo de Luchting, Arrigucci logra articular explícitamente el juego con la poética de Cortázar, para quien el juego es "uma 'diversão' que desvia de normalidade repetitiva, apontando para uma nova dimensão da realidade, ou seja, como um jogo trascendente" (p. 56). Y más adelante agrega, "O jogo parece implicar uma possibilidade de passagem, uma abertura a participaçao, exatamente como o *jazz* e a poesia" (p. 57). Arrigucci luego hace una excelente lectura de "Lejana," un texto en que el juego se hace literalmente lenguaje y donde los juegos de palabras, que se construyen mediante la destrucción del nombre del personaje, llevan a la revelación de la metafísica del doble, y, consecuentemente, a la destrucción de lo que Derrida llama el discurso "logocéntrico." El juego de sustituciones que constituye el encuentro de Alina Reyes con su doble borra el origen del personaje, abriendo la posibilidad de una nueva inversión, de un nuevo diario en sentido contrario:

> O anagrama, abrindo-se para um espaço labiríntico, desemboca, na verdade, numa realidade fluida onde os extremos se podem tocar e o homem, perseguidor constante, pode se modificar continuamente, pois a indeterminação parece ser o eixo do seu universo (pp. 63-64).

La identificación del juego con un proceso que multiplica al sujeto y que instaura pasajes reversibles entre sus máscaras es un punto de partida posible para intentar la formulación de una semiología del juego.[24]

La literatura que postula el juego como objeto de una reflexión teórica es abundante y ha sido escrita por estudiosos en disciplinas diversas, entre ellos el sociólogo G.H. Mead, que ve el juego en función de la socialización del individuo; el psicólogo Jean Piaget, que lo ve como un proceso de asimilación que hace uso de estructuras cognitivas ya existentes en el sujeto; y los "generalistas" Roger Caillois y Johan Huizinga. Caillois intenta una tipología del juego a base de cuatro categorías racionalmente establecidas (juegos de azar, de simulación, de vértigo o moción, y de competencia), mientras que Huizinga, cuyo libro es el punto de partida de Caillois, busca situar el juego en una perspectiva cultural. De estos estudios se puede decir lo mismo que dice Erikson limitándose a los estudios psicológicos del juego, es decir, que reflejan una "intensa ambivalencia" en la concepción del objeto estudiado.[25]

Pero hay una tendencia general a conceptualizar el juego como un lenguaje simbólico que se articula en relación de equilibrio con los estereotipos y valores culturales (excepto cuando el juego es, entre los animales, pura naturaleza no organizada aún por la cultura). Huizinga, desde una perspectiva diacrónica, postula que las formas culturales primitivas (rituales bélicos y el aparato jurídico entre otras) son también formas lúdicas y que desde el comienzo la cultura se juega. Mead y Piaget ven en la impostación de identidades simbólicas una especie de entrenamiento que le permitirá al sujeto integrarse en cierto momento a las instituciones sociales. Pero si la relación juego/cultura se revisa desde un punto de vista sincrónico abstrayéndolo de la dimensión temporal, el juego aparece como un lenguaje simbólico cuyos referentes son las instituciones sociales y valores culturales del grupo. De este modo se evita el maniqueísmo racionalista que opone juego a "realidad" y que Jacques Ehrmann critica tanto a Caillois como a Huizinga:[26] la relación juego/cultura pasa a ser una relación "hipotáctica" (si se prefiere un modelo sintáctico) o "alofónica," de variante a invariante que, por lo demás, garantiza la vigencia de las normas culturales porque sus invariantes se pueden leer en la práctica lúdica, aunque traducidas a un registro simbólico. De un modo más que emblemático (y a nivel del sujeto), el juego comienza con el *fort/da* freudiano, juego mediante el cual se sustituye y se corrige la ausencia de la madre a través del simbolismo, tanto del carrete de hilo (objeto que reemplaza a la madre) como del lenguaje (cuyas oposiciones al nivel del fonema reemplazan al objeto).[27] Por un lado, el sujeto accede a un tipo de poder simbólico que le permite re-producir ciertas situaciones fuera de su control y que encuentra su mejor expresión más tarde en el juego, por ejemplo, el juego del escritor Humberto Peñaloza que intenta adueñarse del poder histórico de don Jerónimo mediante el poder simbólico conferido por ser el autor (por la autoridad) de la ficción. Pero el *fort/da* marca también el ingreso del infante en un orden simbólico que lo constituye como sujeto y que a la vez lo divide de sí mismo, si se acepta que el sujeto sólo puede representarse en el lenguaje como ausencia o sustituto y sólo así, en un diálogo con el Otro, "conocerse" (la *méconnaissance* de Lacan):

> The young child submits to society, to its culture, organization and language, his only alternatives being to constrain himself or to fall ill.
> What remains of the most truthful and the most important part of the personality is the underside of the mask, the repressed, Nature, in short, life, bowed before a superior force. Whereas in the mask, in discourse, ego and social behaviour, the subject proliferates in the multiple forms he gives himself or has imposed upon him.[28]

La producción literaria de Donoso ficcionaliza este mismo proceso de dispersión del sujeto y lo articula en el lenguaje del juego.

El juego, como el lenguaje, es el espacio de la arbitrariedad. El signo lingüístico, que reúne arbitrariamente un significante con un significado, no podría significar si no existieran convenciones que motivan esa relación dentro de una cultura determinada. El signo lúdico también se enuncia dentro de un sistema de convenciones. Fuera de esas convenciones el signo lúdico no se semantizaría, así como un discurso idioléctico, que prescinde del destinatario, se resiste a la significación. El lenguaje lúdico, cuando se convierte en discurso al ser asumido por un sujeto, también requiere un "tú," ya sea copartícipe o espectador, a riesgo de separarse de la cultura. "Solitary play is productive of culture only in a limited degree," afirma Huizinga (*Homo Ludens*, p. 47); Caillois añade,

Les jeux ne trouvent généralement leur plénitude qu'au moment où ils suscitent une résonance complice (*Les Jeux et les hommes*, p. 70).

El signo lúdico, sin embargo, es simbólico, o sea que su proceso de significación consta de dos etapas: el significado inicial se convierte en el significante (o simbolizante) de un segundo significado. Así, el uniforme de policía, cuando lo usa un policía, significa autoridad, pero cuando se lo pone un niño que juega a ser policía, significa la imposición de un modo lúdico (en sí acatado por la cultura como un sistema significativo) que *simboliza* la autoridad. Lo mismo ocurre en el juego de las muñecas: la niña que mima, desviste y acuesta a su muñeca preferida es madre sólo en la medida en que la muñeca es hija. En ambos casos hay una apropiación simbólica de un rol familiar que no obliga a un adulto presente (a no ser que este mismo esté en el juego) a comportarse como si los actos de la niña *significaran* efectivamente la representación del rol materno, al cual habría que responder de acuerdo a las prescripciones sociales que dependerían de la posición del adulto *vis-à-vis* de la madre. Lo cual lleva a una pregunta general: ¿están limitadas las posibles sustituciones lúdicas? Durante el juego cualquier objeto puede simbolizar cualquier otro objeto o persona (un carrete de hilo puede equivaler a la madre, un baúl a una montaña, una moneda a un automóvil, etc.), y parece ser que el inventario de los "simbolizados" es igualmente infinito, o por lo menos tan infinito como la experiencia del mundo que tenga el sujeto mismo. Cuando se consideran las proyecciones o transformaciones del sujeto lúdico, resulta que en el juego de disfraces a veces se juega a ser un río, un submarino, un edificio o cualquier otra cosa tomada del mundo natural o de los objetos. Pero más importantes resultan ser — desde la perspectiva de la socialización— los juegos en que el niño se disfraza de monstruo, de héroe, juez o príncipe, es decir, cuando hace el papel de un tipo inscrito de antemano en el inventario socio-cultural. La libertad del juego, entonces, es libertad ejercida dentro de un sistema (el socio-cultural) que se abstiene de ejercer un determinismo total, o sea, que permite la modificación de sus invariantes por medio de variantes al arbitrio del sujeto lúdico.[29]

En todo caso, la operación semiótica que instaura el juego resulta ininteligible fuera del espacio de convenciones que la cultura le abre al juego. Así, la práctica del juego se enmarca en un espacio y tiempo limitados. No se juega en todas partes (sino en campos deportivos, patios de recreo o tableros de ajedrez) ni todo el tiempo: muchas veces, incluso, la duración del juego es también una de sus reglas. Dentro del sistema de la producción social, además, se marca al juego con el valor de lo inconsecuente. En un sentido principal, esto significa que el juego no es un trabajo material o ideológico sobre la cultura sino simbólico, pero también significa que el juego es un constante recomenzar y acabar, no una práctica secuencial. Genéricamente, juegos como el ajedrez no cambian de reglas a través de la historia, pero cada partida (y el término es significativo) es diferente a la previa: el juego siempre debe marcar el paréntesis en que se inscribe. Finalmente, el juego tiene una ética convencional aunque el "tramposo" amenaza su existencia menos que el "aguafiestas" o "spoil-sport" que descree del juego: la práctica lúdica se sostiene solamente como un acto de fe. Por lo tanto, como discurso no puede generar perspectivas que lo evalúen moral o éticamente (conceptos como la mentira y la verdad se redefinen en el discurso lúdico), aunque sí es vulnerable ante un discurso externo, "fuera del juego," que puede censurarlo.

El modelo lingüístico también provee otro tipo de análisis pertinente al juego que complementa el análisis de las convenciones lúdicas: se trata ahora de establecer niveles de articulación del discurso del juego, para lo cual conviene tomar como punto de referencia la división tripartita postulada por Todorov en *Poétique*,[30] de acuerdo a la cual un texto narrativo se deja analizar en un nivel verbal, sintáctico y semántico. Todorov comenta que el nivel verbal se puede describir desde dos perspectivas paralelas, ya sea en términos de "visión" o de "voz" narrativa, dualidad que también opera en el metalenguaje referido al juego. Por un lado, el discurso lúdico se caracteriza por una visión "subjetiva" o relativa de su contenido, que problematiza la veracidad de los enunciados. Es decir, si en el juego un sujeto afirma que un árbol es una torre y el destinatario insiste en que un árbol es un árbol, no hay mentira sino que simplemente no hay juego. En el discurso literario este tipo de visión ya se conoce en textos como *The Turn of the Screw*, en que el relato de la nodriza está corregido por otra escritura ("entre líneas") que indica una posible distorsión subjetiva de los hechos. Análogamente, la narración de *El obsceno pájaro de la noche* está constituida por una serie de distorsiones, aunque se trata en este caso de una novela en que es difícil saber qué es lo que se distorsiona. Por otro lado, el discurso lúdico como voz se despliega en dos planos. En el plano de la enunciación, se caracteriza por la impostación de las voces y del tono, cuyas modulaciones llegan a borrar la voz "central" del personaje. El sujeto del juego habla con otra voz y en otro lenguaje, lo cual libera significaciones imposibles en los discursos más codificados y redundantes de la cultura.[31] En el plano del enunciado el discurso del juego se inscribe como paronomasia ("juegos" de palabras) y adivinanzas, en las cuales se construyen obstáculos gratuitos para asegurarle una función productiva al destinatario en su desciframiento del "secreto." (Rodearse de misterio, instituir sociedades secretas, "estar en el secreto" son formas consagradas del juego). En otra modalidad, el enunciado no se presenta como un juego sino que alude a él para constituirse; éste es el caso de construcciones metafóricas de vehículo lúdico en las que los textos de Donoso, escasos en juegos de palabras o adivinanzas, abundan (ver capítulo 1).

La sintaxis del discurso lúdico presenta otro tipo de problema, para cuya resolución es necesario distinguir entre dos modalidades del juego, como hacen Caillois y Mead. Este último habla de "play" y "game," que se conciben como etapas sucesivas en el desarrollo social del sujeto, entre las cuales hay una transición de grado: en el juego sin reglas ("play") se hace un papel más o menos arbitrario o espontáneo, mientras que en el juego reglamentado ("game") se hacen papeles pre-escritos (como los papeles asignados a las piezas de ajedrez). En realidad basta el acuerdo entre dos actores lúdicos para inaugurar un juego reglamentado; otros actores—o los mismos en otra ocasión—harán los papeles prescritos por las convenciones ya establecidas, proyectándose en un espacio imaginario. Sincrónicamente hablando, lo que importa no es la sucesión o evolución del juego sino el hecho de que se requieren dos modelos sintácticos diferentes para articular cada uno de los tipos. Dice Mead:

> When the child is playing in the first sense he just goes on playing, but there is no basic organization gained. In that early stage he passes from one role to another just as the whim takes him. But in a game when a number of individuals are involved, the child taking one role must be ready to take the role of everyone else (*Social Psychology*, p. 215).

El primer tipo de juego, por lo tanto, se define al nivel de la sintaxis no por un gesto sintagmático, no por una causalidad sino por una lógica de la enumeración y la

22

secuencia. El sujeto del juego de disfraces (como en *El obsceno pájaro de la noche*) se convierte en el agente de la sustitución en principio ilimitada, es decir en el agente de operaciones *paradigmáticas* vinculadas por sintagmas mínimos. Si el juego se ve como una práctica cultural, estas operaciones aparecen organizadas en último término por un simbolismo de tipo cultural. En cambio, cuando el juego se retoma desde una perspectiva interior al texto literario que lo configura, la organización simbólica sufre un *découpage* particular que varía de texto en texto pero sin dejar de depender de la matriz cultural.

Al segundo tipo de juego, que Mead llama "game," le corresponde al contrario una sintaxis estricta definida por las reglas del juego, que organizan la frase lúdica en secuencias estables. Es cierto que estas reglas enuncian ciertas prohibiciones o infracciones para preservar su integridad (por ejemplo, este modelo resulta apto para describir la sintaxis de los personajes de *Este domingo*, es decir, sus diferentes combinaciones según estén o no permitidas por las reglas sociales). Pero en la combinación de estas secuencias se preserva una libertad de permutación reflejada en ciertas metáforas del lenguaje común tales como el "juego" de los componentes de una máquina. Es significativo que en la epistemología estructuralista (Lévi-Strauss) y pos-estructuralista (Derrida), dentro de la cual el juego tiene un lugar privilegiado, se retomen ambos modelos. Lévi-Strauss alude al segundo cuando concibe la cultura como un *ensemble* de juegos de comunicación en la que cada nivel tiene sus reglas.[32] Derrida, por su parte, hace eco al primero de estos modelos al conceptualizar el lenguaje como un campo de sustituciones infinitas dentro de los límites de un sistema finito.[33] La descentralización epistemológica que propugna el pensamiento derrideano y que moviliza el juego de sustituciones en su metafísica del lenguaje, es análoga a una situación cultural centrada en un primer momento sobre los valores del discurso social, desplazados, en un segundo momento, por el discurso lúdico que le sustituye sus variantes.

A estos tipos sintácticos corresponden dos tipos semánticos: el tema del juego de disfraces es la identidad, ya sea como impostura (como en el caso de don Andrés en *Coronación* cuyo "disfraz de caballero" disimula la ausencia de existencia), o como un intento de liberación de este tipo de impostura. Un ejemplo sería Mauricio en *Gaspard de la Nuit,* que cambia el guión saturado de su identidad por el guión en blanco de la existencia de un *clochard.* Por otro lado, el tema del juego reglamentado es el poder:

> Whether the outcome of such games depends on skill, change, or strategy, they reflect not only the cognitive or physical capacities of given age groups, but also 'models of power, by which we mean that they are buffered learning situations through which the child gains acquaintance and experience at the power stratagems relevant to some of the major parameters of influence within his own culture.'[34]

A esto hay que agregar que en un plano más concreto estos dos tipos semánticos admiten una congruencia parcial, un entrecruzamiento, ya que el niño que se disfraza de juez o hace el papel del padre está recuperando y siendo recuperado por una de las formas del poder tal como se manifiesta en su cultura.

24

El modelo del lenguaje simbólico del juego no basta, sin embargo, para situar la producción de Donoso dentro de un marco cultural. Para llevar este proyecto a una realización más completa hay que intentar apropiarse también de otro lenguaje simbólico, cuyos contactos con la práctica y el discurso lúdicos son evidentes: el carnaval. Es imposible trazar una frontera entre estos dos lenguajes: se puede jugar al carnaval y el carnaval en sí mismo es una forma de juego. Entre ambos no hay ni conjunción ni disyunción, sino no-disyunción. Como afirma Mikhail Bakhtine, el teórico principal del carnaval, "pendant le carnaval, c'est la vie même qui joue et, pendant un certain temps, le jeu se transforme en vie même."[35] En efecto, hay ciertos elementos del juego que el carnaval retiene: la necesidad de limitarse a un tiempo y un espacio definidos, la inconsecuencia, la proyección del sujeto en distintas máscaras, la transformación de las reglas del juego en las convenciones carnavalescas, el tema del poder, etc. Pero hay diferencias de grado que vale la pena apuntar. El carnaval, en primer lugar, es una práctica comunal; el juego, una práctica privada. El protagonista del carnaval es el adulto cuya vida social ya ha sido estructurada por las convenciones sociales pertinentes, por la norma que el carnaval subvierte. El protagonista del juego es el personaje infantil, sujeto *anterior* al proceso de estructuración social. El carnaval, para continuar, se inscribe exclusivamente en el orden del *homo significans:* los animales no carnavalizan su estructura social pero sí juegan. El juego, además, no depende de una cultura de clases ni de una fundación histórica. El carnaval, en cambio, es el producto y compendio de la cultura popular. Bakhtín explica que en la mitología de las civilizaciones primitivas cabían igualmente y con el mismo prestigio los ritos serios y los ritos cómicos:

> Mais au moment où se forme le régime de classe et d'Etat, il devient impossible de conférer des droits égaux aux deux aspects, de sorte que toutes les formes comiques...prennent un aspect non officiel... pour se transformer enfin en formes principales d'expression de la sensation populaire du monde, de la culture populaire (R, 14).

Esta bifurcación cultural instaura la práctica carnavalesca tal como la conoce la historia, práctica que recoge actitudes y formas primordiales pero que ahora debe reclamar sus privilegios en un espacio y tiempo "otros" y así se vuelve consciente de sí misma. (Hay que señalar, antes de proseguir, que el tiempo del juego está menos sujeto a reglamentación que el tiempo del carnaval, al cual se le asignan fechas específicas de vigencia a partir del término de la edad ideal de Bakhtín. Sin embargo, tanto el juego como el carnaval tienen lugar en espacios institucionalizados. Obviamente, la institucionalización del espacio tiene más relevancia para el tipo de juego reglamentado ["game"] que para su contraparte ["play"]). La relación que se establece entre el carnaval y la cultura "oficial" que lo exilia no es diferente a la relación que articula juego y cultura: no hay oposición sino hipotaxis. En ambos casos se trata de una subordinación de formas, de una relación de variante a invariante. El discurso oficial que legitimiza el poder económico y religioso, y el orden social, no precede ni al carnaval ni al juego, sino que por un proceso histórico se convierte en el punto de referencia de ambas prácticas, y

26

también en un límite. Así como el juego es una licencia controlada, el carnaval, en las palabras de Julia Kristeva, es una "pseudo-transgresión" del significado del discurso oficial:

> La palabra carnavalesca no consigue, pues, su intención. Al no poder destruir la verdad simbólica (el significado en tanto que significado trascendental), destruye su univocidad y le sustituye el *doble* (subrayado original).[36]

Bakhtín reconoce implícitamente esta relación subordinada al afirmar que el carnaval es "funcional, no sustantivo" (D, 103), es decir, que es un fenómeno adjetival cuya función es modificar lo que la convención define como estable, fijo, cerrado, y una y otra vez va a insistir en que el carnaval opera una transformación dentro de las estructuras sociales e instituciones culturales, a las que va a renovar dotándolas de otras posibilidades, viéndolas desde otros puntos de vista, sin llegar jamás a instituir un principio o verdad estable. Esto atentaría contra lo que Bakhtín llama el "principio carnavalesco," que identifica como una pura metamorfosis:

> The basis of the ritual performance of crowning and discrowning the king is the very core of the carnivalistic attitude to the world—*the pathos of vicissitude and changes, of death and renewal...* The ritual of discrowning as it were finalizes the coronation, and is inseparable from it.....
> And a new coronation shows through it. Carnival celebrates change itself... (D, 102-103; subrayado original).

Es importante reiterar que el contenido del carnaval es una imagen ya existente en la cultura, ya sea el poder del rey (que se rebaja), el lenguaje sagrado (que se profana) o el decoro (que se subvierte), por lo cual es lícito hablar metafóricamente de una relación especular entre el carnaval y la cultura. El espejo no sólo duplica sino que invierte o deforma. El carnaval nunca reproduce a la cultura tal como la encuentra sino que practica una de las dos operaciones especulares sobre ella: la inversión constituye la parodia y la deformación constituye el grotesco, ambos modos de significación que Bakhtín fundamenta en el carnaval. La lengua carnavalesca, dice,

> est marquée, notamment, par la logique originale des choses "à l'envers," "au contraire," des permutations constantes du haut et du bas..., de la face et du derrière, par les formes les plus diverses de parodies et travestissements, rabaissements, profanations, couronnements et détronements bouffons. La seconde vie, le second monde de la culture populaire s'édifie dans une certaine mesure comme une parodie de la vie ordinaire, comme "un monde à l'envers" (R, 19).

En otro lugar, Bakhtín habla explícitamente de relaciones paródicas especulares:

> Parody is the creation of *a double which discrowns its counterpart*.... In carnival, parody was employed very widely, and had diverse forms and degrees: various images (carnival pair of various sorts, for example) parodied one another as in a system of trick mirrors which elongates and compresses and contorts in various directions and to various degrees (D, 104-105).

28

Esta concepción de la parodia como inversión de un doble garantiza las conclusiones de Laurent Jenny que al intentar caracterizar el discurso carnavalesco identifica tres figuras retóricas típicas, una de las cuales es el oxímoron (la parodia como inversión) y otra la repetición (la parodia como juego de dobles).[37] La tercera figura de Jenny es la hipérbole que por su constante presencia adquiere el rango de código más que de figura retórica, y que se debe relacionar al grotesco: concepción monstruosa del cuerpo humano que lo deforma mediante la exageración del tamaño (gigantes y enanos), de las proporciones, o de sus protuberancias (la nariz, el vientre, los senos, órganos sexuales) (R, 34-35). Esto no quita que el grotesco se extienda al campo del oxímoron al sintetizar en una imagen ciertas oposiciones que reifican la ambivalencia del carnaval y su resistencia a toda forma acabada (por ejemplo, la vida y la muerte en los figurines de la vieja encinta de Kertch). El propio Bakhtín implica que en la parodia hay deformación.

El grotesco como ambivalencia, como exaltación de lo abierto y de la metamorfosis, como modo de significación popular, está sujeto a los vaivenes de la historia y del buen gusto canónico, y Bakhtín alega que a partir de la segunda mitad del siglo XVII el grotesco entra en un proceso de degeneración, aunque admite un rescate parcial por parte de los románticos. Estos, por un lado, descubrieron "l'individu intime et subjectif, profond, complexe, inépuisable" (R, 53), pero al hacerlo alejaron al grotesco de la visión popular y carnavalesca, limitándolo a la expresión "du monde subjective et individuelle" (R, 46).[38] Bakhtín denuncia un tipo análogo de degeneración comprobable en todas las formas carnavalescas, por ejemplo, en la parodia, cuya versión moderna es puramente negativa y formal:

> en effet, tout en niant, la première ressuscite et renouvelle tout à la fois. La négation pure et simple est de manière générale totalement étrangère a la culture populaire (R, 19-20).

O en la máscara, el motivo más complejo de la cultura popular y el que encarna el principio lúdico de la existencia. Originalmente la máscara significa "la joyeuse négation de l'identité et du sens unique" mediante la transformación, la violación de límites naturales, la ridiculización, pero con el correr de la historia sus principios fundadores se pervierten y la máscara comienza a disimular, a ocultar, a engañar (R, 49). Bakhtín discierne en este proceso una superficialización del carnaval y retoma este enfoque en otro lugar al hablar de una "*étatisation* de la vie de la fête qui devient une vie *d'apparat*" (R, 43; subrayado original). Es en este momento cuando el carnaval cesa de transmitirse como una práctica cultural y comienza a fundarse en la literatura: "thus carnivalization becomes a purely literary tradition" (D, 108), y una tradición que Jenny concibe como una imagen intertextual compuesta del *vaudeville*, la farsa, la comedia, los cuentos de hada y las fábulas, o sea, formas populares de la literatura. Jenny, además, concuerda con Bakhtín en que el carnaval sufre en cierto momento histórico una transformación:

> Ce qui caractérise surtout le carnaval moderne, c'est qu'il est l'aboutissement d'un processus de *spectacularisation*.... L'ambivalence "regardant-regardé" survit,

mais largement altérée par la scene spectaculaire cent-
rale....Le contact...s'intellectualise et se fige dans une
parole vide, qui garde en elle les signes, et seulement les
signes, d'une situation carnavalesque disparue dans les
faits[39] (subrayado original).

Pero el crítico francés no se entrega a una visión totalmente negativa del carnaval sino que señala que aunque
la ambivalencia ha perdido su sentido original, no por
esto ha desaparecido del todo:

Ce qui est tourné en dérision c'est sans doute moins la
hiérarchie sociale que le monolithisme du rôle social
qu'on montre toujours fissuré, mensonger et ambiva-
lent (*id.*)

Una lectura de la obra de Donoso, con sus espectáculos
y profusión de espectadores, pone en evidencia que su
marco cultural más amplio es esta versión moderna del
carnaval, a la que responde la insistencia de Donoso en
elaborar la impostura de sus personajes y la impostación de sus voces, el *trompe-l'oeil* y las máscaras. Si la
temática de Donoso parte de una concepción del yo
(ontológico y social) como máscara, como protagonista
de un rol, como personaje de un guión, es lógico esperar
una elaboración literaria de esta concepción en el
lenguaje del juego y el carnaval. Y no obstante sería
apresurado descartar todo nexo entre la literatura de
Donoso y la prática *milenaria* del carnaval, porque
quizás no haya otro escritor latinoamericano que se
acerque tanto a una visión netamente popular del
grotesco como el Donoso de *El obsceno pájaro de la
noche.* Basta recordar la filiación popular del catolicis-

mo supersticioso de las viejas y de las deformaciones del séquito de monstruos que rodean a Boy, deformaciones corporales y circenses. Además, en el sótano de la Casa de Ejercicios Espirituales se yuxtaponen, como en los figurines de la muerte encinta, la decrepitud de las viejas y el nacimiento de un infante ambivalente. Yendo un poco más lejos, se debe aludir a la parodia del poder en *Casa de campo*, cuya naturaleza corresponde a la versión "positiva" y primordial que exalta Bakhtín, y no a su versión moderna en que hay una crítica negativa y final. En esta novela, el poder, como la muerte que nivela a todos, iguala a todos sus detentores, sean éstos adultos reaccionarios, niños rebeldes o nativos explotados. Estos últimos llegan a la cima del poder (cima de una montaña rusa) pero pronto son abatidos por una catastrófica tormenta vegetal. La amenaza de muerte, sin embargo, es corregida por la promesa de una nueva vida garantizada por las figuras carnavalescas de un *trompe-l'oeil* que asumen, carnavalizándola, la función protectora de los padres, los mismos padres que los niños y nativos habían destronado.

El hecho es que la obra de Donoso aún no ha sido vista desde la perspectiva adecuada. El lenguaje que el escritor ha venido elaborando a lo largo de su obra es un lenguaje verdaderamente polisémico: en primer lugar, le permite articular su propia ambigüedad ontológica; luego, le permite afirmar una adhesión cultural. Al mismo tiempo puede aprovecharse de la licencia de subvertir su cultura, porque el carnaval no constituye una transgresión cultural sino sólo un jugar a la subversión. Y, finalmente, Donoso se sirve del lenguaje carnavalesco para proyectar una imagen milenaria de esta cultura, insertándola en una tradición de siglos que se formó con mayor vitalidad en los países de lengua romance.

Los capítulos siguientes intentan una lectura de ciertos textos de Donoso desde el punto de vista de su modelización por el lenguaje lúdico y carnavalesco. Este lenguaje se inscribe primariamente en los textos de Donoso, por supuesto, pero también modela el discurso crítico que se genera a partir de esos textos y que pretende dar cuenta de ellos. Así, el discurso crítico, que quisiera ser en sí una construcción coherente, se fundamenta en cierta concepción de la sociedad como juego de actores cuyos roles están inscritos en un "guión" social generalizado, cognoscible y transmisible;[40] en cierta psicología social que niega la existencia de un yo central o esencial y que reemplaza esta visión por la de un yo plural y capaz de asumir los roles sociales apropiados;[41] en el psicoanálisis de Lacan que establece una división entre el sujeto de la enunciación reprimido y el sujeto del enunciado manifestado en máscaras de un original ausente; en un concepto del escribir según el cual el sujeto de la escritura no es anterior a ella sino que se funda en el proceso de producción; y en una visión del texto como una construcción semiótica que potencia un grado máximo de "free play" entre los elementos del discurso. Todas estas imágenes teóricas, por lo demás, caen dentro del marco de una semiología general.

La organización capitular de este libro sigue el esquema convencional de comentar textos individuales en orden cronológico, pero los dos primeros capítulos constituyen una excepción. Ahí se reúnen textos diversos fuera de su orden estrictamente cronológico, y se agrupan en torno a problemas comunes. Como no se pretende agotar toda la producción del narrador chileno, no debe extrañar la exclusión de algunos textos o las alusiones rápidas a otros. No se trata de pasar revista a todos los textos de Donoso sino de organizarlos dentro de un sistema de lectura que vendría a ser mayor que la suma de sus partes.

[1] *Hispanic Review*, 46 (Autumn, 1978), 421-22.

[2] Aquí hay que hacer una precisión metodológica entre los términos "cultura" y "sociedad." Tanto antropológica como semiológicamente cultura es un término más general que sociedad. Esta se define como una aglomeración de instituciones (Peter L. Berger & Thomas Luckmann, *The Social Construction of Reality* [New York: Doubleday, 1966], p. 52), mientras que aquélla significa la totalidad de la información transmitida por los grupos sociales (Jury M. Lotman, "Problems in the Typology of Culture," *Soviet Semiotics: An Anthology*, tr. Daniel P. Lucid [Baltimore: Johns Hopkins University Press, 1977], p. 214). La diferencia es, entonces, una cuestión de perspectiva pero estas diferentes perspectivas se pueden superponer, haciendo los términos más o menos intercambiables. Naturalmente, hay ciertos fenómenos que se tratan dentro del marco de uno u otro término (por ejemplo, la producción intelectual de un grupo se refiere a la cultura en su sentido más restringido, mientras que la composición de clase concierne al estudio de la sociedad), pero a veces los términos aparecen trenzados: una misma sociedad puede albergar diferentes culturas e, inversamente, un rasgo cultural (la prohibición del incesto) puede dominar a diferentes sociedades.

[3] *Historia personal del "boom"* (Barcelona: Anagrama, 1972), pp. 36-37. Estos comentarios se refieren a *Coronación*. Hugo Achugar, en *Ideología y estructuras narrativas en José Donoso* (Caracas: Centro de Estudio Latinoamericanos "Rómulo Gallegos," 1979), cap. 2, comenta cómo ha evolucionado la lectura de esta novela. El cliché se resiste a morir, sin embargo. Para su supervivencia ver la lectura de *El obsceno pájaro de la noche* hecha por Charles Tatum en *"El obsceno pájaro de la noche:* The Demise of a Feudal Society" (*Latin American Literary Review*, 2 [1973], 99-105), y por George McMurray en "Nuevo vuelo deslumbrante del pájaro donesco," *NNH*, II, 1 (enero, 1972), 198-201.

[4] *Ibid.*, pp. 86-87.

[5] Graciela Carminatti, "Entrevista a José Donoso," *Revista de la Universidad de México*, XXV, 5-6 (diciembre 1980-enero 1982), 57.

[6]Publicado en Esplugues de Llobregat por la editorial Ariel en 1974.

[7]Luis Iñigo Madrigal da a entender que la recepción de la novela en la prensa chilena por fuerza ha tenido que ser precavida, "diplomática." "Alegoría, historia, novela (a propósito de *Casa de campo*, de José Donoso)," *Hispamérica*, 25-26 (1980), notas pp. 5-6.

[8]Ambigüedad que Donoso confiesa haber sentido desde toda la vida y que explica por referencia a los orígenes de su familia, que nunca fue aceptada del todo por la alta burguesía chilena donde Donoso siempre tuvo que desempeñarse. La familia paterna, a pesar de su gran prominencia, era de origen provinciano, mientras que a la materna (que produjo un candidato a la presidencia de la república y un presidente de la Corte Suprema) se la consideraba familia advenediza por no poder trazar su genealogía más atrás del bisabuelo (entrevista no publicada con Donoso, mayo de 1981, Universidad de Emory).

[9]Emir Rodríguez Monegal, "José Donoso: La novela como Happening," *Revista Iberoamericana*, 76-77 (julio-dic., 1971), 535.

[10]El uso de este tipo de lenguaje para referirse a la estructura de un orden social no intenta ser metafórico ni decorativo sino que alude a una sociología específica que funda a toda formación social en convenciones artificiales generadas y protagonizadas por "actores." Luego, estas formaciones convencionales se confunden con el orden natural al ser transmitidas a una nueva generación. Ver el libro de Berger y Luckmann ya citado, *The Social Construction of Reality*. Para que haya cooperación entre dos o más sujetos, y por lo tanto para que haya órdenes e instituciones sociales, cada sujeto debe tipificar al otro (y ser a la vez tipificado por el otro) en funciones o roles específicos; es decir, cada sujeto debe ser capaz de cierta programación. Sólo así, mediante una reducción de la información (mediante la redundancia informativa), puede instaurarse el proceso de comunicación necesaria para fundar un proyecto social.

[11]José Donoso, *Coronación* (Barcelona: Seix Barral, 1975), p. 104.

[12](París: Seuil, 1973), p. 40.

[13]"La novela como Happening," 535-56.

[14]*Historia personal del "boom"*, pp. 52-54.

36

[15]"La novela como Happening," 525.

[16]*El texto de la novela,* tr. Jordi Llovet (Barcelona: Lumen, 1974), pp. 232-38.

[17]Oscar Montero, "Donoso by Donoso: An Introduction to the Writer's Notebooks," p. 4. Ponencia no publicada leída en el "Symposium on Major Modern Writers: José Donoso," Winthrop College, mayo 7-8, 1981.

[18]Center for Inter-American Relations: *Review* (Fall, 1973), 12-19.

[19]Anotación del 23 de enero, 1968, en el cuaderno # 36, p. 79.

[20]Oscar Montero, "Donoso by Donoso," pp. 6-7.

[21]*Mundo Nuevo,* 36 (1969), 29-35.

[22]En David Lagmanovich, *Estudios sobre los cuentos de Julio Cortázar* (Barcelona: Hispam, 1975), pp. 59-72.

[23](São Paulo: Editora Perspectiva, 1973).

[24]Formulación provisoria y limitada por las necesidades metodológicas del presente trabajo. Guiraud ya ha expuesto los contornos de un proyecto más completo al aludir a una futura morfología cuyo objeto sería reducir cada juego a sus constituyentes inmediatos, y una semántica que establezca tanto la función social de estos "ludemas" como sus raíces míticas (Pierre Guiraud, *La Sémiologie* [Paris: Presses Universitaires de France, 1971], p. 115).

[25]Erik H. Erikson, *Toys and Reasons: Stages in the Ritualization of Experience* (New York: W. W. Norton and Co., 1977), p. 18. Los otros estudios aludidos son: George Herbert Mead, *On Social Psychology,* ed. Anselm Strauss (Chicago and London: The University of Chicago Press, 1964); Jean Piaget, *La Formation du symbole chez l'enfant* (Neuchatel et Paris: Delachaux et Niestlé, 1945); Roger Caillois, *Les Jeux et les hommes* (Paris: Gallimard, 1958); Johan Huizinga, *Homo Ludens* (Boston: Beacon Press, 1950).

[26]Ver Jacques Ehrmann, "Homo Ludens Revisited," *Game, Play, Literature* (Boston: Beacon Press, 1968), pp. 31-57.

[27]En un segundo momento, se puede especular que el juego "comienza" con la percepción de que los adultos estructuran su

37

conducta de acuerdo a roles típicos (familiares, sexuales, sociales) que se pueden imitar, como se puede imitar el hecho mismo de hacer papeles. Esta perspectiva diacrónica no es incompatible con una visión sincrónica de la práctica lúdica.

[28]Anita Lemaire, *Jacques Lacan,,* tr. David Macey (London, Henley and Boston: Routledge and Kegan Paul, 1977), pp. 68-69.

[29]Berger y Luckmann advierten que los roles e instituciones sociales y los valores culturales conforman un sistema *a posteriori,* pero que las sociedades no se forman de modo sistemático, (*The Social Construction of Reality,* p. 85 y ss.). Para la relación entre sujeto libre y sistema dentro del marco del juego, ver los ensayos publicados en *Sub-Stance,* 25 (1980), 7-38, especialmente el resumen de Robert Chumbley ("Introductory Remarks Toward a 'Polylogue' on Play") y el texto de Greimas ("About Games").

[30](Paris: Seuil, 1968). Ver en particular el segundo capítulo.

[31]Como apunta Guiraud, "Plus la redondance est forte, plus la communication est signifiante, fermée, socialisée et codifiée; plus elle est faible, plus la communication est informante, ouverte et individualisée et décodifiée" (*La Sémiologie,* pp. 17-18).

[32]"La culture ne consiste donc pas exclusivement en formes de communication qui lui appartient en propre (comme le langage), mais aussi —et peut-être surtout—en *règles* applicables à toutes sortes de 'jeux de communication,' que ceux-ci se déroulent sur le plan de la nature ou sur celui de la culture" (*Anthropologie Structurale* [Paris: Plon, 1958], pp. 326-27).

[33]Ver "Structure, Sign, and Play in the Discourse of the Human Sciences," *The Structuralist Controversy,* ed. Richard Macksey & Eugenio Donato (Baltimore: Johns Hopkins University Press, 1972).

[34]Erikson, *Toys and Reasons,* p. 70.

[35]Mikhail Bakhtine, *L'oeuvre de François Rabelais et la culture populaire au Moyen Age et sous la Renaissance,* tr. Andrée Robel (Paris: Gallimard, 1970), p. 16. Todas las referencias a este trabajo se designarán con una "R," para distinguirlo del otro libro fundamental de Bakhtín (transliteración del nombre que se preferirá en castellano), *Problems of Dostoevsky's Poetics,* tr. R.W. Rotsel (Ardis, 1973), que será designado con una "D."

38

[36] *El texto de la novela,* p. 231. Todos los comentaristas del carnaval citados en el presente trabajo concuerdan en la impotencia del carnaval para modificar sustantivamente la cultura.

[37] "Le Discours du carnaval," *Littérature,* 16 (décembre, 1974), pp. 19-36.

[38] Otra perspectiva sobre el grotesco romántico aparece en David Hayman, "Au-delà de Bakhtine: Pour une mécanique des modes," *Poétique,* 13 (1973), 81.

[39] "Le Discours du carnaval," 21.

[40] Ver nota 10. Para ampliarla se pueden citar y comentar algunas ideas de Berger y Luckmann en *The Social Construction of Reality:*
—aunque se puede hablar de una naturaleza biológica del ser humano, es más significativo decir que el hombre construye su propia naturaleza, que se produce a sí mismo al mismo tiempo que produce un orden social (pp. 45-50);
—la institucionalización ocurre cuando hay una tipificación recíproca de actos habitualizados efectuados por tipos de actores. Las instituciones sociales, que alcanzan su grado máximo de vigencia cuando se transmiten a una nueva generación para la cual definen el único estado posible de la historia, tienen no obstante que motivar sus construcciones arbitrarias mediante legitimaciones de todo tipo (pp. 50-118);
—el sujeto social organiza la información sobre los otros en base a *tipos* existentes en el discurso social (o inventario de experiencia) de una comunidad. La estructura social se define como la suma total de estas tipificaciones y de las estructuras recurrentes de interacción que las primeras establecen (pp. 27-32);
—un rol es un tipo de actor en un contexto definido. Los roles son intercambiables y existen en el lenguaje. El sujeto individual se convierte en sujeto social sólo cuando asume un rol, sin la existencia de los cuales no se podría institucionalizar la conducta (pp. 67-74);
—el sujeto social es un *homo significans:* produce y recibe signos de varios tipos, cuya codificación más completa es el sistema lingüístico de la comunidad. El lenguaje hace posible el conocimiento del mundo (siempre social o culturalmente organizado) a un nivel transindividual. El individuo hereda las estructuras sociales a través del lenguaje (pp. 33-43).

[41]Ver George Herbert Mead, *On Social Psychology* (nota 25). También Orville G. Brim, "Personality Development as Role-Learning," *Personality Development in Children* (Austin: University of Texas Press, 1960), pp. 127-57; Erving Goffman, *The Presentation of Self in Everyday Life* (New York: Doubleday, 1959); Eric Berne, *Games People Play* (New York: Grove Press, 1964); Orville G. Brim & Stanton Wheeler, *Socialization after Childhood: Two Essays* (New York: John Wiley & Sons, Inc., 1966).

*Capítulo 1*

La ironía y la máscara: *Coronación* y las
*Tres novelitas burguesas*

Los textos reunidos en este capítulo se discuten individualmente pero dentro del marco de una problemática común. En todos hay, dentro de una estructura de oposiciones sociales, una oposición de perspectivas articuladas por una narración irónica que subvierte el discurso de los personajes, o mejor dicho, que invierte el espejo de los discursos sociales en que creían reconocerse. El funcionamiento de la ironía está ligado al tipo de referente social (burguesía "tradicional," burguesía "moderna") al que estos discursos remiten y cuyos límites divisorios se llegan a borrar. También se borran los límites de los roles sociales que definen a los personajes, adquiriendo aquéllos todo su carácter convencional y artificial. Se abre así la posibilidad del juego, de asumir a diferentes niveles de conciencia otras máscaras y roles, o de rechazarlos todos.

Se podría notar que el modelo de lectura propuesto por el presente libro trasciende diferencias "genéricas",

41

ya que es válido para textos en que operan convenciones realistas (*Coronación*) como para aquéllos en que operan convenciones fastásticas (las *Tres novelitas burguesas*)[1]. Las diferencias que se observan entre unos y otros, explicables en términos genéricos (por ejemplo, el hecho de que en *Coronación* las máscaras y disfraces sean figurados mientras que en *Chatanooga Choochoo* los personajes son literalmente muñecos o juguetes), se resuelven a otro nivel en una problemática común que diacrónicamente evidencia una continuidad en la producción de Donoso. Sincrónicamente esta continuidad se traduce en un "sistema" que no permite límites fijos a sus integrantes. ("Sistema" en el sentido de que a cierto nivel de abstracción la producción de Donoso está estructurada en torno a una dialéctica invariante—orden/transformación—que opera en diferentes niveles del análisis textual, y que en determinado texto se manifiesta a base de determinadas variantes). Por lo mismo, se podrá hablar de estos problemas también en relación a otros textos donosianos. Las limitaciones impuestas por la organización capitular, entonces, están motivadas por consideraciones de tipo pragmático y no pretenden revelar un diseño multitextual exclusivo.

Para situar a *Coronación* hay que superar la miopía de sus primeros críticos que la remitieron a puntos de referencia inadecuados. Si *Coronación*, en efecto, continúa la tradición del realismo chileno, como se dijo en un primer momento, lo hace volviendo a la fuente de un realismo que quizás nunca se practicó en Chile con tanta prolijidad y conciencia del texto: la práctica y teoría de Flaubert tal como se manifiestan en *Madame*

42

*Bovary.* No se trata, ni mucho menos, de postular la "influencia" de una novela sobre otra ni de descubrir los "orígenes" de *Coronación*, sino de intentar un proyecto comparativo hecho de contactos y desvíos que pueda servir como pauta de lectura y como corrección de pautas más limitadas. La novela de Flaubert, publicada en forma de libro justamente cien años antes de *Coronación,* recoge y refina procedimientos de construcción que se pueden atribuir a toda novela en general (así como valores sociales e ideológicos típicos de la época), y los ubica en un marco de vocación artística que más de una vez ha logrado para Flaubert el título de iniciador de la modernidad novelística. La conciencia del texto como objeto autónomo (como objeto "artesanal" que se opondría al tipo de producción comercial en masa) también rige la construcción de la primera novela de Donoso.[2] Los contactos y desvíos entre *Coronación* y *Madame Bovary* se dan a dos niveles: el genérico y el individual. A este segundo nivel (el de la *parole* respecto a la *langue* genérica) la sistematicidad decrece y las similitudes y diferencias entre las novelas adquieren un carácter más fortuito, quizás el carácter de coincidencia, reteniendo no obstante cierto valor heurístico.

Se sabe que el realismo se convierte en género literario en la década de 1850,[3] cuando se comienza a subvertir en la novela el romanticismo literario de Scott, Dumas, Saint-Pierre, Chautebriand y otros, subversión que aparece referida en varios pasajes de *Madame Bovary* (por ejemplo, en el capítulo 6 de la primera parte) y que Flaubert emprendió conscientemente en vista del fracaso de su primera *Tentación de San Antonio.* Las coincidencias artificiosas de la trama, el exotismo, lo visionario y la idealización de lo excepcional que eran verosímiles en la novela romántica dieron lugar a otro tipo de verosimilitud fundamentada en la descripción objetiva del mundo cotidiano, tanto de sus objetos y convenciones sociales como de sus personajes y discursos. Esta verosimilitud apoyada en las convenciones de la narración en pretérito y en tercera persona producen, como señala Barthes, un efecto de totalidad y coherencia (una "esfericidad") no diferente al de la historia,[4] que busca consignar y explicar eventos significativos relacionándolos sistemática, cronológica y etiológicamente. El origen y el final de la historia (y de la lectura) en *Madame Bovary* coinciden con el desarrollo completo de una vida, la de Charles, que inaugura la novela con su entrada al colegio y la cierra con su muerte, y cuyas diversas etapas se eslabonan en función de una rigurosa causalidad. *Coronación* persigue no ya una vida sino una estirpe que abarca tres generaciones (aunque sus orígenes se confunden con las ficciones de misiá Elisita) y que culmina con la muerte de la abuela. Esta coherencia también se logra mediante estrategias que no son ajenas ni a *Madame Bovary* ni a *Coronación*: la introducción medida y calculada de motivos que el texto retendrá y reelaborará en una especie de memoria total parecida a la de la historia (que durante *Coronación* lee ávidamente don Andrés),[5] y la narración omnisciente. Al narrarse impersonalmente desde la conciencia de los distintos personajes, eliminándose el privilegio del comentario narrativo personal, se conforma una pluralidad de visiones cuyo centro se debe ubicar fuera de cualquier conciencia individual, en la historia misma.

Pocos lectores dudarían que la burguesía aludida en

*Coronación* difiere en ciertos aspectos de su contraparte flaubertiana. Los Abalos pertenecen a la alta burguesía capitalina, y en una sociedad donde nunca hubo una diferencia tajante entre aristocracia y alta burguesía esto significa preservar ciertos privilegios "aristocráticos," como el vivir de rentas (el ocio de don Andrés es notorio) y el de remitirse en cualquier ocasión posible (en el caso de la abuela) al prestigio del linaje. *Madame Bovary*, en cambio, está poblada por la pequeña burguesía rural —segura de sí misma y productora de riqueza dentro de los medios a su alcance— y flanqueada por una aristocracia (la del castillo de La Vaubyessard) que sólo pesa en los sueños de Emma.[6] Pero no obstante hay un hecho que trasciende estas diferencias de "contenido" (corregidas como lo están por ciertos valores éticos y morales en común), y es que tanto *Madame Bovary* como *Coronación* proyectan una imagen ideológica de la burguesía, muchas veces distanciándose de ella pero siempre construyendo una verosimilitud.[7] En *La orgía perpetua* Vargas Llosa comenta este rasgo de *Madame Bovary*:

> Al final, resulta evidente que la colección de afirmaciones del narrador-filósofo modela un plano de la realidad ficticia: el ideológico. No la ideología de este o aquel personaje, sino la general, inmanente a aquella sociedad, el sistema básico de ideas en el que los personajes nacen, viven y mueren, y que es suficientemente laxo como para admitir en su seno ideologías contradictorias de clases, grupos sociales y aun de personas.[8]

En *Coronación* también existe un nivel textual en que se inscriben los juicios, prejuicios y valores de la burguesía. Como ejemplos de este nivel se pueden confrontar los siguientes pasajes, el primero que describe a la campesina Estela, y el segundo a misiá Elisa Grey de Abalos:

> El aspecto de la muchacha le pareció [a Andrés] notablemente poco agraciado. Obrservándola con más detenimiento, sin embargo, don Andrés concluyó que no tenía derecho a esperar otra cosa de una campesinita;[9]

> ¡Y había sido tan hermosa! Su sangre sajona se acusaba en el colorido claro de su tez y sus cabellos, en la finura quizás excesiva de sus facciones, y en ese algo como de ave de corral que a pesar de su innegable belleza llegó a acusarse con los años...(p. 19).

El comentario es casi redundante. Sólo cierta clase social tiene derecho a la belleza física. En el caso de la abuela sajona la belleza es tan natural como la falta de belleza lo es en una campesina de tez más oscura. El corolario es que sentir atracción (como la siente don Andrés) por la campesina es una especie de escándalo, público y privado, una locura. Otro ejemplo:

> En esta muchacha adivinaba [Andrés] esa capacidad de aceptación muda de los campesinos, esa entrega a cualquier circunstancia, por dura que fuera (p. 18).

La resignación del campesino no se ve como el efecto de una explotación económica sino como un hecho folclórico digno de admiración y emulación. O sea, el pueblo aparece como la fuente de una sabiduría de la experiencia, y no como el objeto de una discriminación económica culpable de que las familias campesinas tengan que regalar a sus hijas para trabajar de domésticas.

Evidentemente, estas descripciones dc Estela se inscriben en un discurso ideologizado que compromete a quien lo enuncia. Don Andrés está tan definido por su máscara social como lo está la sirvienta desde el punto de vista del caballero. En realidad, la transformación de éste en un doble grotesco de sí mismo (la descompostura de su postura social) se puede traducir en términos de una toma de conciencia por parte de don Andrés de la arbitrariedad de las convenciones sociales que él interpreta como naturales.[10] Todo se le pone en juego a un personaje a quien se acusa de no haberse arriesgado jamás en los negocios ni en el amor. El abismo que recurre en las pesadillas de don Andrés se refiere a un no poder estar, o a un existir en un desplazamiento de roles (señor burgués/amante de una sirvienta) en ninguno de los cuales puede creer:

> Andrés había dejado atrás su juventud hacía muchos años, intacta y casi sin uso....¡Qué grotesco pensarse a sí mismo haciendo el amor con Estela! ¡Qué hermoso, en cambio, qué pleno, era pensar en esos dos cuerpos jóvenes amándose! (p. 117).

En todo caso, esta doble función descriptiva depende de un distanciamiento irónico entre el discurso narrativo y el ideológico. El primero, al poner de relieve los fundamentos ideológicos que deberían ser invisibles porque no pueden diferir del estado "natural" del mundo, los relativiza, los expone a la crítica. Un efecto similar se produce en *Madame Bovary* mediante la enunciación de

> creencias, mitos o prejuicios de un grupo determina-
> do...ante los cuales el narrador omnisciente toma a
> veces una distancia crítica e irónica...(OP, 225).

En ambos casos el mecanismo de producción de estos efectos se basa en la subversión del cliché, más retórico y codificado en Flaubert que en Donoso pero no menos ideológico (cf. OP, 229-35).

Como extensión de este nivel ideológico se puede comentar otro nivel configurado por códigos sociales y morales. Hay varias ocasiones en que la voz colectiva de la burguesía (compuesta de los amigos de don Andrés, de la abuela y de las sirvientas que duplican el discurso burgués) exalta el pasado y desvaloriza el presente porque aquél es el tiempo de la inmutabilidad y éste, el de la transformación (se entiende que desde una perspectiva personal, empírica). La transformación, como el paso de un estado a otro, traducida en muerte y erotismo, es precisamente el lenguaje que *Coronación* usa para narrar la crisis de don Andrés.[11] En un caso, el paso de la vida a la muerte; en el otro, de la unidad autosuficiente al deseo del otro. El deseo de don Andrés por Estela se consuma (y se consume vanamente a sí mismo) en secreto (o se articula en un discurso confidencial), como el de Emma por León o Rodolphe y como su no-deseo por Charles. Pero mientras que en el mundo de *Madame Bovary* opera un código moral particularmente estricto para las mujeres (invocado con frecuencia por la madre de Charles) que impone la necesidad del secreto, en el mundo de *Coronación* este código, aplicado a don Andrés, se debilita y es reemplazado por las reglas sociales que segregan a las diferentes clases y que establecen ciertas normas de relación entre ellas, descartando otras. Una de las normas establecidas, y que la novela comenta al narrar el pasado de Estela, es la posesión de la sirvienta por el patrón por medio del engaño o de la explotación económica. Don Andrés infringe esta regla al apropiarse del código equivocado (el del enamoramiento) para someter a Estela, y su conducta inepta apunta a una de las ironías de *Coronación*: no es el patrón quien le "hace el guacho" a la sirvienta sino Mario, su novio.

Los significados irónicos que circulan en el discurso narrativo de *Coronación* se deben entender dentro de un planteo más amplio que el de la verosimilitud mimética e ideológica, y que es el del trabajo de construcción y organización del texto. Vargas Llosa, aludiendo quizás al conocido ensayo de Borges, aclara este punto en *Madame Bovary:*

> La realidad ficticia, a diferencia de la real, no da la impresión de crecer y multiplicarse libre, caóticamente, sino dentro de una inflexible planificación, en función de una ley inmanente...: en este sentido la realidad ficticia no es histórica sino mágica (OP, 170).

Esta "ley" de ecos, vigilancias y afinidades, de simetrías y antítesis, de prefiguraciones, dobleces y alusiones internas, rige todos los niveles textuales: hay espacios simétricamente opuestos, objetos y hechos duplicados, personajes y clases sociales antitéticas, prefiguraciones del suicidio de Emma, sueños paralelos, desdoblamien-

to de personajes, etc. Este procedimiento de construcción que produce un objeto artístico autónomo y que—
para reiterar—no es exclusivo de las novelas comentadas aquí, también caracteriza a *Coronación*, que está
montada sobre una serie de simetrías estructurales: hay
dos espacios contrapuestos (el conventillo de René y la
casa de los Abalos), y dentro de estos espacios se opone
el interior al exterior (un motivo "dinámico" de *Coronación* es la irrupción graduada de algo foráneo—Estela, Mario, los conejos de trapo fabricados por Dora, los
ladrones—en un ámbito cerrado); hay duplicaciones
funcionales de objetos triviales (las plumas del
sombrero de la abuela al comienzo y las de los disfraces
de las sirvientas al final; las palmas rosadas de Estela; el
chal rosado, etc.); hay paralelismo entre personajes (el
grupo de amigos de Andrés contrapesa al grupo que
rodea a Mario; la hija de Carlos Gros aparece impúdi-
camente pintarrajeada, como Estela unas páginas
antes); también hay paralelismo entre escenas (el
caballero anónimo que le pide fósforos a Mario en
Valparaíso remite al momento en que Andrés le pide
fósforos a un grupo anónimo de camioneros en
Santiago); hay dos filosofías antitéticas, dos personajes
(la abuela y René) que idealizan el pasado; dos (Andrés
y Mario) que en un momento de crisis intentan una
solución radical, etc. Estas alusiones internas muchas
veces son irónicas, como es el caso de los dos pasajes ya
citados. Don Andrés "No tenía derecho a esperar otra
cosa de una campesinita," y sin embargo el caballero
espera que Estela se enamore de él. Luego, él adivinaba
en ella "esa entrega a cualquier circunstancia," pero
Estela no se entrega a la circunstancia del amor de don
Andrés. El título de la primera sección, "El regalo" (que

es ambiguo porque hay dos regalos en ella aparte de Estela),[12] es irónico porque Estela no va a beneficiar a misiá Elisita, como se cree. Al contrario, la sirvienta será la que abra las puertas de la casa a los ladrones en el momento de la fiesta del santo de la señora (un poco como los griegos escondidos en el caballo de Troya). A esa fiesta, irónicamente, no vendrán los invitados sino los ladrones. Entre los varios otros ejemplos que se podrían dar se destaca uno que recuerda el tópico literario de la locura lúcida (manejado ya por Shakespeare y Cervantes). En efecto, el discurso licencioso en apariencia y extravagante de la nonagenaria, que acusa a su nieto de desear a Estela, resulta ser el discurso de la verdad.

Dentro de las dualidades de construcción se destacan en ambas novelas lo que Vargas Llosa llama la duplicidad de los personajes, su funcionamiento simultáneo en dos planos diferentes, "ilusión y realidad." Emma, por ejemplo, practica una lectura doble del mundo: una lectura libresca caracterizada por la ensoñación romántica, y una realista que asume la forma de una resistencia a la otra. En *Coronación* existe un tipo similar de duplicidad que se articula en el lenguaje de la máscara. Los personajes de la novela se ponen en juego motivados por la ilusión (cuya raíz etimológica es "ludere").[13] La ilusión de René (apropiarse de un capitalito para establecerse como propietario) se sitúa en un futuro más o menos utópico: ilusión que genera una práctica (el robo). En el caso de Mario esta práctica aparece mediada por dos discursos: el de René (que lo incita a la complicidad y que lo ilusiona) y el del sector social representado por misiá Elisita, que le impone sumariamente al proletariado (así como a los hombres

51

una excesiva carnalidad) la máscara del ladrón.[14] La ilusión de la abuela (o "delusion," en inglés) se remonta a un pasado glorioso y también utópico en cuanto su reconstrucción no coincide necesariamente con la verdad: ilusión que genera un discurso (el de la locura). Andrés, que usa un "disfraz de caballero" (p. 52), cree en la ilusión de su plenitud. Cuando este disfraz comienza a rasgarse cae en la desilusión, crisis que lo coloca entre un discurso (el de la abuela) y una práctica (enamorar a Estela como posibilidad de llenar el vacío que el disfraz disimulaba). El desenlace de la novela consiste en la aceptación del discurso de la locura como guión de conducta. Este discurso funciona paralelamente al de René (ambos incitan a la acción transgresora) y sigue su misma dirección (o sea, tienen el mismo sentido): preparar la escena culminante del drama. Tanto la abuela como René son personajes corifeos en cuanto funcionan como autores de un "guión" dramático (y teatral), o mejor, como *apuntadores:* no es por casualidad que la última alusión a la casa de los Abalos narre una fiesta que está tomando lugar en un escenario iluminado, y que es atestiguada por espectadores que luego pasan a ser actores.

A los discursos corifeos corresponden dos personajes movidos por ellos. Mario, que según el guión debe usar a Estela y luego participar en el robo, se sale de su papel cuando a última hora prefiere llevarse a Estela y no a la platería. Andrés, por su parte, es víctima del juego de los otros porque es un niño iluso. Es un personaje de certidumbres explícitamente infantiles (como creer que la muerte es para otros pero no para él) que al final termina

haciendo pajaritas de papel, como las que su abuela le
había enseñado a hacer durante un invierno muy
lluvioso..., cuando era muy, muy niño (p. 218).

Además, es un personaje que se fabrica ficciones (como
el juego de Omsk) y que incluso es acusado por su amigo
de elaborarlas, con referencia específica a la fabricación de su pasión por su sirvienta, que lo convierte en el
"juguete de la presencia de Estela" (p. 129). En la cul-
minación de su drama, Andrés imita la locura de su
abuela y la hace—literalmente—certificar por su amigo
médico, quien le sigue el juego.

Mientras esto ocurre en la planta baja, en el piso
superior se despliega la escena carnavalesca de la coronación, también asistida por personajes comple-
mentarios: las sirvientas que le siguen el juego a la
nonagenaria, que "manejan la escena." Esta escena se
caracteriza por la inversión de los roles (el oxímoron
carnavalesco), ya que son las sirvientas las que mandan
en el juego, y quienes juegan con la señora (la pintan)
como si fuera una muñeca. La escena paralela de la
planta baja, en cambio, se construye a base de la ambigüedad de los papeles hechos por Mario y Estela,
papeles cambiantes, improvisaciones que René intenta
inútilmente corregir y que redundan en la humillación
del prestigio social de Don Andrés. La sirvienta juega a
la seducción con él (juego que don Andrés toma "en
serio") y, además, es ella quien le advierte que se han
introducido ladrones en la casa. Don Andrés, irónicamente, ya no puede separar esta verdad de las ficciones,
propias y ajenas, en cuya urdimbre se ha perdido. O
mejor dicho, la verdad pasa a ser una ficción dentro de
otras: "Quizás la muerte, por último, no fuera más que

53

una ficción espantosa" (p. 214). La locura misma a la que se hace acreedor don Andrés es ficticia, "de mentira:" el nieto es loco sólo en la medida en que la abuela es reina y santa.

Así cae el telón sobre una representación montada a base de niveles de ficciones, papeles inconsecuentes con el guión social, personajes que juegan con otros y los destruyen (o se destruyen a sí mismos), disfraces que simulan y disimulan, inversión, ambigüedad. El lenguaje del juego permite marcar una adhesión al orden social (después de todo, *Coronación* tiene un obvio aspecto mimético) pero también un punto de partida. El texto mira al mundo para compaginarse pero también se mira a sí mismo como producción, y mira *más allá* de sí mismo y del mundo. El final de *Coronación* es interesante. ¿Por qué los críticos favorables a la novela se sintieron incómodos ante él?[15] Porque en ese punto el relato ya no es una mímesis, una imagen lograda o malograda de un referente verosímil. La escena carnavalesca que cierra la novela es un *signo* cuyo referente abierto, dilatable, se irá configurando en textos posteriores de Donoso, siempre en busca de "mayor juego." Un signo de ruptura y rebelión: la novela decide subvertir las mismas convenciones que privilegia para aludir a otra forma de narrar, cada vez más carnavalesca y menos realista. También Flaubert, después de *Madame Bovary*, legó el realismo a otros, mientras él reinventaba la literatura con cada novela que escribía.

## Chatanooga Choochoo

Este relato (o mejor dicho, su "fábula")[16] se abre y se

cierra en el mismo espacio carnavalesco que pauta el transcurso de *Coronación:* la fiesta, donde el espacio, el tiempo y las identidades se abren hacia sus dobles. Y, como la primera novela de Donoso, *Chatanooga Choochoo* es un relato montado sobre una serie de oposiciones y simetrías superpuestas e imbricadas entre sí. En este sentido, es inevitable pensar en la imagen del espejo como función estructurante, en su doble capacidad de duplicar e invertir.[17] Este tipo de construcción textual abre un espacio de imágenes y reflejos que dan juego libre a la dispersión del yo, a sus imágenes contradictorias, a sus posturas e imposturas. Frente a Sylvia Corday, la modelo de los mil rostros, se coloca la figura de Anselmo, cuya ilusa unidad se refractará en una multiplicidad de máscaras y roles al reflejarse en el espejo de esa fantasía suya que es Sylvia. Esos roles (sexuales, familiares e incluso generacionales) están unidos en cierto momento en torno al órgano sexual, y se desorganizan cuando éste se pierde:

> Ella me había quitado lo que hacía gravitar mi unidad como persona, lo que me permitía unirme a Magdalena, y siendo esta unión misma lo que le daba forma a mi trabajo, a mi relación con los demás, con mis hijos, Sylvia había descoyuntado mi vida.[18]

A nivel de las motivaciones textuales la pérdida del órgano viril (la castración) no depende aquí de la problemática convencional de la teoría psicoanalítica sino de la indiferencia femenina ante ese órgano que los hombres creen el "centro mismo del universo" (p. 94). El sexo desmontado deja de funcionar fálicamente[19] y se convierte en un objeto lúdico que incluso se puede hacer cambiar de dueño, y que entra en la misma lógica combinatoria de los maquillajes con que Anselmo inventa el rostro de Sylvia.

Obviamente, la oposición entre los sexos es una de las relaciones que estructuran la construcción de *Chatanooga Choochoo*. Los personajes se dividen en bandos (Sylvia y Magdalena contra Ramón y Anselmo) motivados por intereses comunes y contrarios a los del otro bando, y unidos por la dinámica de la intriga y de la complicidad. Superpuesta a ésta hay otra oposición entre los personajes femeninos centrales del relato. Frente a la multiplicidad de máscaras que configuran (y desfiguran) a Sylvia, Magdalena es "única, inconmovible" (p. 76), y frente a la artificialidad de la modelo ("parece que la hubieran armado con módulos de plástico como a un maniquí de escaparate," p. 19), se yergue el cuerpo de su contraparte, hecho de una "materia jugosa, fragante, prehensible" (p. 33). Se discierne también una tercera oposición—de generaciones—que redistribuye las oposiciones sexuales de los personajes, ya que Anselmo y Ramón son coetáneos pero Sylvia y Magdalena no lo son. En cambio, esta última es de la misma generación que los personajes masculinos.

Esta oposición generacional complica las relaciones entre los personajes y abre un espacio conflictivo en que se yuxtaponen varios discursos sociales sobre las relaciones sexuales, enunciados por un mismo sujeto contradictorio: Anselmo.[20] El primero es un discurso convencional que subordina a la mujer y le asigna un rol maternal y doméstico. En cuanto la mujer aparece como objeto de posesión, este discurso admite una lectura "machista:" el más macho es el que posee a un número mayor de mujeres, o el que puede retener a su mujer mientras rompe las reglas del juego poseyendo a otras. Es decir, el hombre tendría derecho a desdoblarse en sus roles (marido y amante de otras a la vez), pero a la mujer se le exige observar un rol único. (Por lo menos a la mujer de uno, ya que la de otros—como Sylvia—puede entrar en el juego de desdoblamientos). Pero hay otro discurso social sobre las relaciones sexuales en *Chatanooga Choochoo* que pretende liberar a los sexos de las prescripciones convencionales. Dice Anselmo:

> Decir esas cosas sería desvirtuar todo el coraje de nuestra inmoral moral nueva, sería la traición a un mundo que nuestra generación liberada estaba fabricando para nosotros y nuestros hijos....Al fin y al cabo uno de los sobreentendidos de nuestro matrimonio era la libertad antiburguesa en lo que se refiere a opiniones y a vida.... Decíamos, incluso, que en un caso extremo, lo comprenderíamos todo el uno con respecto al otro, hasta la infidelidad, siempre que no llegara a la promiscuidad barata ni pusiera en peligro nuestro matrimonio...pero una aventura, alguna vez, ¿por qué no? (pp. 64-65).

En realidad, estos nuevos valores son una revisión de los valores convencionales, no una ruptura radical con ellos. Simplemente se le extiende a la mujer (sólo en teoría en el caso de este relato) una libertad que el hombre siempre ha tenido, aunque no necesariamente inscrita en el pacto matrimonial.

Anselmo exalta esta revisión de valores y pretende identificarse con ella, pero su discurso "liberado" está corregido a lo largo del relato por un discurso irónico que revela su postura vanguardista como impostura. En

57

cierto momento, Anselmo pregunta: "qué protección era necesaria en este agradable mundo que habitábamos donde el mal no existía porque todo era inmediatamente digerido?" (p. 12). Lo que literalmente se digiere[21] (lo que digiere la "antropófaga" y "voraz" Sylvia) es el sexo de Anselmo, que en el momento culminante piensa que el placer fue tan intenso que es "como si hubiera dejado mi esencia en ese orgasmo" (p. 53). Más adelante Anselmo caracteriza a Ramón como "sobre todo un hombre civilizado" (p. 31), pero la conducta de Ramón en la urbanización, cuando deja a su invitado a solas para perseguir a Sylvia y desmontarla después de haberla "montado," dista mucho de ser civilizada. También es irónico que Anselmo asuma hacia el final una actitud casual hacia el maletín negro que lo había transportado pieza por pieza después de ser desarmado por Magdalena. En realidad, la ironía aquí es doble en cuanto es producida por la ignorancia del narrador (que cree poder leer los pensamientos de su mujer), pero también por la inversión del cliché de la mujer objeto. Anselmo también se equivoca en otro momento: "siempre he sentido gran admiración por la gente que sabe crearse un aura, transformando las cosas..." (p. 17). Pero esta admiración se convierte en estupefacción y sobresalto cuando Magdalena protagoniza un número de baile con Sylvia:

> En la batahola que se organizó durante los aplausos y las felicitaciones, yo me encontré excluido, sin capacidad para comprender la repentina autonomía de mi mujer, ni tolerar su capacidad...de transformarse una (sic) vacía y vulgar muñeca estilo *forties*... (p. 23).

En este pasaje se inscribe nuevamente una doble ironía. Anselmo, en primer lugar, desmiente inconscientemente su enunciado anterior y, lo que es más importante, desmiente toda su postura liberada de burgués corregido. La autonomía de su mujer es literalmente incomprensible por mucho que la exalte en principio. Su impostura vanguardista—significada por la máscara del disimulo que Anselmo debe usar todo el tiempo que le oculta a Magdalena la pérdida del sexo—queda aún más clara cuando Anselmo interpreta la falta del órgano viril como falta moral, como adulterio. Esta lectura de la situación es incompatible con el discurso sexual con que Anselmo pretende identificarse. Irónicamente, lo que él dice sobre Ramón es más aplicable a su propio caso:

> Y a pesar de la alardeada "libertad" de la pareja, él siempre continuaba siendo un señorito de la vieja escuela en busca de la tópica mujer "objeto"... (p. 30).

Incluso la "tópica mujer objeto," sin embargo, tiene un poder superior al del hombre que Anselmo con tanta seguridad alaba en otro lugar (pp. 42-43), pero ese poder femenino (que no ejerce sólo un "maniquí" como Sylvia sino también una mujer tan "tradicional" como Magdalena) se le escapa a Anselmo por completo. El final del relato está deliberadamente trabajado para subrayar esta doble ironía: primero, la mujer (en apariencia sumisa) es más poderosa que el hombre (en apariencia dominante); segundo, Sylvia y Magdalena no son tan diferentes como cree Anselmo. Magdalena, al ser "iniciada" por Sylvia, asume un rol femenino que conjuga los roles más tradicionales (esposa, madre, ama

59

de casa) pero que los trasciende.

Este juego irónico de dos discursos,[22] a nivel de perspectiva o visión narrativa, produce una ambigüedad presente desde la escena inicial del relato. Desde el punto de vista de Anselmo, Sylvia es una mujer ambigua, tanto en su discurso como en sus roles. ¿Por qué las reiteradas referencias a Magdalena, que se podrían interpretar de diferentes maneras? ¿Es Sylvia la mujer castradora o la mujer objeto? ¿Quién desarma a quién: Sylvia a Ramón o viceversa? El propio Anselmo asume roles ambiguos al "hacer el amor con ese juguete" (p. 43) que es Sylvia y realizar una fantasía existente "desde el fondo del tiempo" (*id.*). En un nivel ese acto sexual lo protagonizan un hombre y una mujer, pero en otro es un acto protagonizado por una figura infantil,[23] un niño que, además, juega con muñecas y pierde su virilidad. Esta ambigüedad se puede retomar desde otra perspectiva: durante la seducción de Sylvia el personaje femenino se comienza a masculinizar (al adoptar un tono cada vez más imperioso y abandonar su postura de sometimiento), y el masculino se femeniza (al emprender funciones domésticas "propias" de las mujeres y convertirse, en realidad, en el maquillador y peluquero de Sylvia). Esta pluralidad e inversión de roles se escenifica en un espacio lúdico, la "casa de campo" de Ramón desde la cual hay que huir hacia la "realidad" de Barcelona" (p. 56). Hay otros espacios (la oficina, el hogar) en que las prescripciones sociales estabilizan los roles, reduciendo su posible multiplicidad a un conjunto predecible (médico, padre de familia, marido). Así acaba el juego, con la devolución del órgano viril y la restitución del sujeto al discurso que lo funda, pero que resulta impotente para fundar un nuevo orden sexual.

## Gaspard de la Nuit

La oposición ideológica que se configura en *Chatanooga Choochoo* entre la burguesía tradicional y los valores "liberados" de la nueva clase media profesional, se retoman en *Gaspard de la Nuit* y se la desarrolla en toda su extensión. En ambos relatos se corrige el repertorio de roles tradicionales para el hombre y la mujer, y en ambos aparece un personaje que queda desubicado ante la posibilidad de los nuevos roles generados por la revisión del guión social: Anselmo en *Chatanooga Choochoo* y Sylvia en *Gaspard de la Nuit*. En ambos casos los discursos sociales enunciados por estos personajes son minados por la ironía, no porque sean inválidos en sí sino porque hay una incongruencia entre el discurso y el sujeto que lo enuncia. Este espacio de *décalage* es el espacio de la máscara, que esconde a otro sujeto detrás del sujeto aparente.

Los dos códigos sociales cuyos valores se oponen están articulados por el discurso de personajes opuestos ideológica, geográfica y generacionalmente. Al padre de Mauricio, que vive en Madrid, se le atribuyen los valores burgueses convencionales: el rol de la mujer como ama de casa y madre, el rol del hijo como "hijo de la casa," ciertos credos políticos, ciertas actitudes hacia el cuerpo—el recato, la privacidad—, el divorcio entre la mujer y el trabajo, etc. Sylvia (que vive en Barcelona) enuncia un discurso que se exalta como liberación del sujeto: la madre no tiene que sacrificarse por el hijo (a quien se le debe dar cierta libertad) o limitarse al hogar; el cuerpo puede circular en público en las cubiertas de las revistas de moda; la mujer tiene el derecho al trabajo y a un credo político de su elección, etc. Como las significaciones de ambos códigos coexisten en el mismo cuerpo social, el mundo se torna un texto abierto a una doble lectura. Así, todo significa adhesión a uno u otro código, inclusión o exclusión: lugares ("El Dique Flotante" es convencional; Cadaqués, moderno); ropas (las camisas celestes y los pantalones grises de Mauricio son convencionales; la ropa colorida es moderna); objetos (visón o reloj Patheque Phillipe versus una moto); apariencias (pelo corto vs. pelo largo); artes (Ravel es un "decadente y un reaccionario," lo contrario del jazz). Dentro de esta especie de maniqueísmo semiótico el discurso "liberado" de Sylvia pierde sentido, y porque está fabricado a base de restricciones se revelará simplemente como otro tipo de codificación.

Esta revelación se irá produciendo en el juego irónico de perspectivas entre Sylvia y su hijo.[24] La perspectiva de Mauricio es de un sincretismo tan radical que denuncia la insuficiencia de cualquier discurso ya formado para dar cuenta de ella. Sylvia, que se ufana de ser incomprendida por otros, a su vez no puede comprender a su hijo, sobre quien cree tener el derecho materno de la comprensión. Para obtenerla, desea "alguna explicación que definiera con palabras" (p. 208) la conducta desconcertante de Mauricio. Este denigra la costumbre de su madre, que "a costa de formularlo todo lo mataba todo" (p. 264). Su propio discurso se caracteriza por el silencio, el laconismo, el "no saber," ya que se trata de un discurso en busca de código (o de una descodificación total).

El personaje de Mauricio se fabrica a partir de un diálogo con el texto de Aloysius Bertrand aludido por el título del relato de Donoso. El pasaje específico que articula la relación intertextual es la descripción de un "caminante" incógnito (Gaspard de la Nuit) que se encuentra con el narrador en un jardín. Este describe su apariencia de *clochard* insistiendo en

> ses cheveux longs comme un saule..., ses mains décharnées, pareilles à des ossuaires, sa physionomie narquoise, chafouine et maladive...

Luego afirma que sus conjeturas

> l'avaient charitablement rangé parmi ces artistes au petit pied... qu'un faim irrassasiable et une soif inextinguible condannent a courir le monde sur la trace du juif errant.[25]

En el relato de Donoso, Mauricio, un caminante incógnito (desconocido por otros y que evita a los otros cuando éstos le comienzan a poner máscaras de identidad), de físico huesudo y flaco, encuentra en un jardín público a un mendigo zarrapastroso de cabello largo y entra en contacto íntimo con él, como el narrador de Bertrand y su interlocutor. Estos dialogan, pero el contacto entre Mauricio y el mendigo se establecerá a través de una vía más hermética que el discurso oral.[26] Así como el *clochard* de Bertrand es calificado de "artista," Mauricio silba constantemente una compleja música que desconcierta a sus oyentes y que se asocia con el trabajo de la imaginación:

> silbaba..., y al concentrarse en la difícil ejecución de la música, su imaginación quedaba fresca y sus impulsos libres (p. 212);

silbó otra vez las frases lentas y complicadas que
expulsaron todo lo demás de su imaginación (p. 213).

La articulación de este lenguaje idioléctico y solipsista
constituye un intento de pasaje, una posibilidad de
apertura hacia lo otro. Mauricio presiente en él un
significado que trascenderá los discursos sociales cerrados de los demás. Es un lenguaje que lleva a la cons-
titución de un sujeto verdaderamente libre, que necesita
vaciar los significados convencionales para fundarse en
ese vacío. La sintaxis del relato se arma en base a esta
inefable búsqueda, que culmina con el descubrimiento
del doble y una transferencia fantástica de identidades.

Mauricio es un personaje que busca desplazarse del
nombre, siguiendo en esto a Louis Bertrand que eligió
llamarse Aloysius. El nombre propio es ajeno, un punto
de referencia para los que han llenado de antemano las
prescripciones del rol social:

> Mauricio permaneció solo, encerrado en sus empe-
> cinadas camisas celestes y sus pantalones de dril, pri-
> sionero de su nombre, de su dirección, de su padre, de
> abuelis...(p. 225).

Para liberarse de las restricciones semióticas y evitar
ser leído por medio de signos sociales impersonales y
ajenos, Mauricio busca un "espacio vacío," una "página en blanco" donde inscribirse y evadirse así de su
papel prescrito. Ese espacio será el jardín de Vallvi-
drera, es decir, simbólicamente en Edén anterior a la
estructuración de las convenciones sociales. Ahí,
mediante una elaborada ceremonia de sueño y vigilia se
verifica el rito de pasaje (que incluye una inmersión

64

purificadora en el agua) cuando Mauricio intercambia identidades con el *clochard*, su imagen especular. La semejanza física duplica a los personajes, pero sus papeles opuestos dentro del guión social los invierte, en especial, la identidad borrosa del *clochard* que le permite hacer cualquier papel, incluso el de hijo *modelo* de Sylvia. Cuando Mauricio registra los bolsillos de su doble no encuentra ningún indicio personal: "Nada: un pañuelo inmundo, siete pesetas y ni siquiera una carta de identificación, un nombre...nada" (p. 266). Al adueñarse de esta "nadería," Mauricio logra quitarse, junto con las ropas que se saca para sumergirse en el agua ritual, las "caretas y máscaras y disfraces" (p. 226) con las que los demás aseguran su participación inteligible en los ritos sociales.

Casi resulta redundante afirmar que en *Gaspard de la Nuit* la máscara opera el engaño, la mentira. En uno de sus paseos Mauricio se encuentra con un pederasta[27] a quien se describe como el "hombre de la máscara insinuante," el "falsario que lo había hecho creerse poderoso" (p. 221). La violación literal que no comete el hombre la comete metafóricamente Sylvia, que desde la perspectiva de Mauricio es sólo "otra máscara de abuelis" (p. 227) porque ambas exigen posturas y rutinas convencionales:

> La gente de la calle que no conocía, pero que a veces casi conocía, lo frustraban dejándolo convertido en un niño vulnerable, pero no lo violaban. Como su madre. Como su padre. Como abuelis. Como sus compañeros de colegio y sus profesores, como todos los que tenían alguna relación con nombre...(pp. 224-25).

Hay otra serie de referencias que constituyen una estructura irónica. La imagen pública de Sylvia "era como una cantidad de bellas máscaras distintas que tenían por denominador común un rostro impreciso..." (p. 194). La imprecisión del rostro de la modelo se reitera más tarde cuando se aplica ungüentos "que le borraron la cara" (p. 205). Estas descripciones se dejan leer como descripciones directas de la figura de Sylvia, aunque la segunda es algo sospechosa por su prescindencia de cualquier lenguaje figurado. Indirectamente, sin embargo, remiten a un enunciado posterior de Mauricio:

> Todos en el pueblo trabajando, o abajo, en la ciudad. Como su madre y como Ramón cumpliendo con sus obligaciones, confundiendo sus fisonomías con las actividades que les habían borrado las facciones (p. 252).

Esta denuncia de la confusión entre actor y rol es irónica porque desmiente indirectamente el proyecto independentista de Sylvia, que es justamente liberarse de un rol (tradicional) y realizar todo su potencial de individuo en un espacio libre de restricciones.

El radicalismo de Mauricio empuja a Sylvia hacia una doble estrategia incompatible: por un lado, darle al hijo plena libertad de movimiento, y por otro, exigirle el precio de esa libertad en la forma de explicaciones. Esta doble estrategia se relaciona a un rol doble que Sylvia debe asumir y que se puede leer en la variación irónica del término "comedia." Primero es Sylvia quien lo enuncia al prologar la entrada (en escena) de su hijo: "Lo aguardaba, con cierta ansiedad, para comenzar la odiosa comedia madre-hijo que se esperaba de ella..."

(p. 198). Sylvia se apresta, entonces, a hacer el papel prescrito en el guión de la burguesía tradicional y cuyas funciones incluyen "prepararle [al hijo] un gran almuerzo dominical, llevarlo al cine, presentarle a los hijos de sus amistades" (p. 206), etc. Pero este guión supone que Mauricio hará el rol del hijo típico de esa burguesía. El hijo, sin embargo, escoge un papel que no está en ningún guión. El desconcierto de Sylvia se traduce en indiscriminadas alusiones a dos códigos que ella misma considera incompatibles: el de la burguesía tradicional y el de la mujer liberada. Ni siquiera modelando su conducta en este segundo código logra hacer un papel convincente. Mauricio la acusa de estar "haciendo la comedia de la madre encantadora" (p. 226), lo cual recusa la liberación sólo ilusoria de Sylvia. La ironía es obvia cuando se considera la esperanza de Sylvia de que su hijo se beneficie con una "buena transferencia paterna" (p. 197) con Ramón. La única transferencia que ocurre, y que ocurre sin que Sylvia lo sospeche, es el intercambio de identidades entre Mauricio y el *clochard*. Este pasa a ser el hijo modelo de la Sylvia "liberada" que, no obstante, no puede evitar actuar convencional y melodramáticamente al ser aceptada por "Mauricio" en su papel materno. El verdadero rebelde es el hijo, y ante él el discurso liberado de Sylvia se revela finalmente como retórica.

*Atomo verde número cinco*

En *Gaspard de la Nuit* un personaje se desdobla en otro para intercambiarse con su imagen especular. En *Atomo verde* el espejo (metafórico) no devuelve sólo una imagen idéntica aunque invertida sino que devuelve una imagen también monstruosa, grotesca. El piso definitivo de la pareja (Roberto y Marta) anunciado por el excesivo comienzo de esta novelita (calcado del comienzo de *Pride and Prejudice,* de Jane Austen), se hace definitivo en virtud de la acumulación de objetos —estéticamente dispuestos, de buen gusto, "civilizados"— que lo ciñe, que lo aprieta, con la excepción de un cuarto vacío que se propone como negación del volumen colmado, "definitivo." Roberto dice de este espacio en blanco "que es mi espejo" (p. 116), y también, que es "un espacio suyo" (p. 127), insistiendo en el reclamo de lo propio que el matrimonio —visto como despojamiento progresivo y mutuo de una persona por otra— amenaza. Pero verse en ese espejo, verse a sí mismo despojado de toda máscara —así como el piso es gradualmente despojado de sus objetos, o "máscaras" protectoras (p. 172)— puede ser un acto riesgoso:

> El tendría, entonces, la soberbia comodidad de quedar sin testigos y no tener que darle cuenta a nadie de las monstruosidades que podía revelar el espejo... (p. 127).

La imagen monstruosa, grotesca que devuelve el espejo, es decir, el monstruo dentro de Roberto o detrás de la máscara de Roberto, es una imagen irreconocible, desfigurada y desfiguradora. En cierto momento, el pintor aficionado que es Roberto "anotó en un papelito" el nombre original de su cuadro culminante, "Atomo verde número cinco" (p. 116); más tarde, ya sobrecogido por la crisis "fantástica" que han sufrido los objetos-máscaras de su piso y también sus propias máscaras, encuentra el mismo papelito pero lo desconoce: "Examinaron juntos el papelito. No reconocieron la letra, aunque se parecía un poco a la de Roberto..." (p. 171). Deja de existir, entonces, el Roberto burgués, "civilizado," que pierde su identidad en la ciudad-laberinto que se configura sobre todo al final del relato. En ese laberinto lo espera un minotauro —monstruo, como todos, de cuerpo heterogéneo, contradictorio— que se lo traga. Esta contradicción, esta yuxtaposición de opuestos también existe en la imagen de la burguesía cuya mitad de luz se revela como un disfraz o una máscara que oculta a la mitad de sombra, una especie de subconsciente burgués poblado por un egoísmo, un instinto de posesión y una violencia atávicas, primordiales. Dos mitades cuya grotesca relación se articula en el diálogo de lo mismo con lo otro, en el lenguaje dialógico del carnaval.

Epílogo generalizador

Es curioso cómo la burguesía esconde su nombre. En el mundo burgués, desde una perspectiva interior, falta el burgués, así como en el desértico *Corán,* según la lectura de Borges, faltan (o sobran) los camellos. Cuando todo es burguesía el burgués sólo aparece en el discurso de otros, y si aparece en el suyo propio es para llamarse de otro modo: "du seul fait qu'il est bourgeois, le bourgeois a tôt ou tard envie de ne plus l'être ou de ne plus le paraître."[28] Pero como señala Edmundo Bendezú, "es fácil ser burgués pero muy difícil dejar de serlo."[29] Si don Andrés Abalos hace un papel inverosímil frente a su sirvienta Estela es por la diferencia de clase tanto como por la de edad. Los límites sociales en este caso son mucho más claros que los límites entre las

69

dos burguesías de las novelitas burguesas, que resultan engañosamente móviles: los personajes creen estar más allá de ese límite cuando en realidad aún no han llegado a cruzarlo. En sus apariciones como personaje literario el burgués es paradójico: "La littérature débourgeoise plus ou moins l'image du bourgeois pour le rendre intéressant."[30] El Donoso de *Coronación,* que no nombra a la burguesía, hace precisamente esto: desplazar al burgués de su perspectiva central y única para que deje de coincidir con su propia imagen; ampliar el mundo para que su lectura de él se revele como impotente y proponer una lectura de *su* mundo a partir de una crisis. En las *Tres novelitas burguesas* el nombre aparece y el camello deja de mimetizarse con su trasfondo. Como en *Coronación,* la relación que existe entre el texto-signo y su referente sigue siendo de incongruencia; desajuste entre lo mirado y la mirada, que ya no es mueca sino guiño. En las *Tres novelitas* la ironía se refiere a un discurso "liberado" y "moderno" que no lo es. El burgués sigue siendo burgués *malgré lui* también dentro de la modernidad, entendida sobre todo como conciencia de la *otra* burguesía, cuyos valores y convenciones se disfrazan de modernidad para regenerarse. El discurso irónico se adueña del texto a partir del título evocador de una escritura decimonónica (que hace pensar, por ejemplo, en *Les Petits bourgeois,* de Balzac). Es cierto que el telón se levanta sobre una comedia humana, pero también sobre un discurso comediante que garantiza una seguridad de perspectiva estableciendo el efecto de lo real hasta en sus detalles más nimios. El mismo discurso, sin embargo, articula la interrogación (la inseguridad) de lo fantástico. Por otra parte, los títulos individuales de las novelitas no se refieren a las actividades normales (y económicas) que constituyen a la burguesía, sino a diferentes formas del ocio y del recreo (fiestas, bailes, pintura —ejercida, además, sólo como pasatiempo— música, literatura). Mediante la elaboración del excedente, de lo marginal, y ciertamente de los intersticios, se evita el "aburguesamiento" del relato que Lefebvre consideraría incoloro. La ironía final es que cuando el nombre "burguesía" no aparece y es reemplazado por "los ricos," "los caballeros" o "los patrones," entonces se convierte en objeto del deseo. Las sirvientas de *Coronación* remedan el discurso social burgués y la clase proletaria quiere usurpar su posición. Pero cuando el nombre aparece, el objeto del deseo es borrarlo y reescribirlo de cualquier otro modo.

[1]Hay que admitir que la adscripción de estos textos al género fantástico es ambigua. *Gaspard de la Nuit* relata la búsqueda de un pasaje, de una apertura hacia lo otro, que culmina cuando Mauricio canjea su identidad por la del *clochard* anónimo. Este juego de dobles es típico del nivel semántico del género fantástico, como apunta Ana María Barrenechea en "Ensayo de una tipología de la literatura fantástica," *Revista Iberoamericana*, 80 (julio-sept., 1972), 391-402. La misma Barrenechea, corrigiendo a Todorov, habla de una problematización de la convivencia de lo normal y lo anormal, pero en *Gaspard de la Nuit* la transferencia fantástica no aparece bajo el aspecto de un problema. La transferencia se elabora pacientemente y sin buscar un efecto sorpresivo, y no provoca el extrañamiento de ningún testigo. En *Chatanooga Choochoo* lo que se problematiza no es en realidad la desmontabilidad plástica de los personajes sino sus consecuencias: ¿cómo ocultar la ausencia del órgano perdido hasta poder recuperarlo? El descubrimiento de la desmontabilidad de Sylvia, además, está matizado (naturalizado) por el dormir, por el sueño. Y sin embargo, en este texto sí aparece el tipo de extrañamiento sin resolución que Todorov en su *Introduction à la littérature fantastique* (Paris: Seuil, 1970) subraya como rasgo distintivo del género fantástico: Anselmo que se queda estupefacto ante el número musical protagonizado por su mujer y Sylvia. La perfecta sincronización de las mujeres tiene otras implicaciones elaboradas más tarde, y por eso la espontaneidad del número es sospechosa. En ese baile se abre el espacio alienante y "otro" de lo fantástico que se "traga" a Anselmo (la fantasía de la devoración del hombre por la mujer es ubicua en *Chatanooga Choochoo*). También se podría señalar la pertinencia de un procedimiento que Todorov considera típico del discurso de lo fantástico: la literalización de una expresión figurativa (ver su capítulo 5), procedimiento que si bien no es tan generalizado como él cree, no por eso deja de ser relevante (por ejemplo, en *Aura:* "como si de la voluntad de una dependiese la existencia de la otra"). En el texto de Donoso el "como si la hubieran armado con módulos plásticos" determina al personaje aludido a nivel referencial. Por último, la ambigüedad genérica de *Chatanooga Choochoo* parece ser motivada hasta cierto punto por el

entrecruzamiento de convenciones fantásticas y convenciones alegóricas. Estas últimas autorizarían una lectura de la desmontabilidad de los personajes (que se convierten en juguetes o muñecos los
unos de los otros) como símbolo alegórico de la manipulación de
unas personas (las desposeídas) por otras (las que detentan el poder),
tema frecuente en la obra de Donoso, quien ha dicho: "me interesa el
ser humano explotado, destructor y destruido" (Emir Rodríguez
Monegal, "José Donoso: La novela como Happening," 521).

[2]Esta también aparece como novela iniciadora al entablarse en
torno a Donoso la polémica de la Generación del 50. Para una ubi-
cación de esta generación dentro de la literatura chilena, ver Julio
Durán-Cerda, "El cuento chileno contemporáneo," *Studies in Short
Fiction*, 1 (Winter, 1971), 44-63. Hay que reconocer, sin embargo,
que *Coronación* no descarta por completo cierta temática populista típica de la generación precedente.

[3]Ver *Documents of Modern Literary Realism*, ed. George J.
Becker (Princeton: Princeton University Press, 1963), p. 7. Ahí se
traza el uso del término "realismo."

[4]*Le Degré zéro de l'écriture* (Paris: Seuil, 1953), pp. 45-60.

[5]Un caso especial lo constituyen objetos que se reiteran y que
asumen una función superpuesta a la de la producción del "efecto de
lo real." El chal rosado, las palmas de Estela, la colección de
bastones de don Andrés son ejemplos tomados de *Coronación*. En
cuanto a *Madame Bovary*, Vargas Llosa ha llamado la atención
sobre la función metonímica de ciertos objetos. Ver *La orgía perpetua* (Barcelona: Seix Barral, 1975), pp. 150-59. Gérard Genette
apunta que la descripción "significativa" (a la cual se alude en esta
nota) se impuso con Balzac. Ver "Fronteras del relato," *Comunicaciones*, 8 (1966), 200. Traducción de Beatriz Dorriots.

[6]Rodolphe no es aristócrata sino una especie de "gentleman
farmer." No hereda sus tierras sino que las compra y las trabaja.
Además, sus relaciones con Emma están guiadas por un "bon sens
bourgeois" (capítulo 10, segunda parte).

[7]Gérard Genette discute la dependencia entre verosimilitud e

ideología en "Vraisemblance et motivation," *Communications,* II (1968). Ver también Jonathan Culler, *Structuralist Poetics* (Ithaca: Cornell University Press, 1975), pp. 141-45.

[8] *La orgía perpetua,* p. 224. De aquí en adelante se cita este libro en el texto por medio de la abreviatura OP.

[9] José Donoso, *Coronación* (Barcelona: Seix Barral, 1975), p. 17. Todas las citas remiten a esta edición.

[10] Hugo Achugar, *Ideología y estructuras narrativas en José Donoso,* p. 92.

[11] En *Madame Bovary* el cambio se enfoca también como crisis: Emma quiere algo diferente de la estabilidad que le da Charles y para conseguirlo cambia de hombre. Sin embargo, existe una diferencia entre el deseo de Emma y el deseo de los Abalos en *Coronación:* el primero se orienta hacia el futuro; el segundo, hacia el pasado. El final de la lucidez de don Andrés coincide con una proyección a su pasado infantil (donde la muerte no existe), mientras que la abuela se proyecta en todo momento al pasado de su estirpe. Esta orientación contraria podría resolverse en otro plano, en una contradicción entre una burguesía industrial cuya utopía se sitúa en el futuro, y una burguesía "aristocrática" cuya utopía está en el pasado.

[12] Se habla de un conejo de trapo (regalo de Mario para Rosario), p. 35, y más adelante, del regalo de cumpleaños para misiá Elisita, el chal rosado (p. 50).

[13] En *Madame Bovary* está ausente este tipo de lenguaje. Muy de vez en cuando se asoma una frase del mundo teatral como "faisant l'épouse et la vertueuse" (capítulo 12, segunda parte) para referirse a la conciencia que tiene Emma de actuar, de hacer un papel prescrito ante un auditorio específico.

[14] Achugar, *Ideología y estructuras narrativas,* pp. 88-90.

[15] Ver José Donoso, *Historia personal del "boom,"* pp. 36-37.

[16] Para la definición del término ver Boris Tomachevski, "Temática," en *Teoría de la literatura de los formalistas rusos,* tr. Ana María Nethol (Buenos Aires: Siglo XXI, 1970).

74

<sup>17</sup>Las inversiones y duplicaciones textuales son numerosas y se van aludiendo a lo largo del ensayo. Hay otras que se pueden mencionar. El marco del relato está construido de forma especular: el comienzo relata un número de baile protagonizado por dos mujeres que parecen gemelas; el final relata el mismo número protagonizado por dos hombres que también parecen gemelos. Hay, además, dos grupos de secuencias narrativas divididas por la pérdida del sexo. En el primero, Sylvia es la muñeca de Anselmo (y de Ramón), quien la desarma y arma a gusto; en el segundo grupo, que constituye la imagen especular del primero, Anselmo y Ramón se convierten en los muñecos de las mujeres.

[18]José Donoso, *Tres novelitas burguesas* (Barcelona: Seix Barral, 1973), p. 54. Todas las citas a esta "novelita" y a las otras remiten a esta edición.

[19]La castración, según Lacan, remite a la fase edipal que se resuelve mediante el pasaje de lo imaginario (pene literal) a lo simbólico (falo), que es el orden de los roles familiares y sociales.

[20]Se deja de lado al homosexual Paolo.

[21]O consume. Sylvia es un producto de consumo (modelo de revistas de moda) y un aparato de consumir.

[22]La ironía siempre es intertextual, afirma David J. Amante en "Ironic Language: A Structuralist Approach," *Language and Style,* I (Winter, 1980), 15-25.

[23]Roland Barthes define el concepto de "figura" (por oposición a personaje) en *S/Z* (Paris: Seuil, 1970), pp. 74-75. Anselmo en ciertos momentos se ve a sí mismo como niño: "desperté con una curiosísima sensación de haberme sometido como un niño bueno" (p. 54); "Lo dije maquinalmente... y como bromeando con la promesa de un niño muy pequeño..." (p. 103).

[24]Hay otro tipo de ironía que se produce cuando la voz narrativa en tercera persona asimila la voz de algún personaje (estilo libre indirecto). La yuxtaposición en la misma página de dos enunciados parecidos pero que se originan en conciencias supuestamente antitéticas (la de una señora burguesa que se compadece de la "pobre Rosario del Solar" por ser la madre del "escandaloso" Ramón; y la

de Sylvia que se compadece del "pobre Mauricio" por tener que haber crecido en un ambiente reaccionario, p. 192) es irónica.

[25]Aloysius Bertrand, *Gaspard de la Nuit* (Paris: Aubry, 1943), p. XLIII. Hortensia Morell en "El doble en *Gaspard de la Nuit:* José Donoso à la manière de Ravel, en imitación de Bertrand" (*Revista de Estudios Hispánicos,* 2 [mayo, 1981], 211-220) elabora en otras direcciones los contactos entre el texto de Donoso y la tradición de "Gaspard de la Nuit." En la nota 7 se llama la atención específicamente sobre la coincidencia entre el aspecto físico del Mauricio de Donoso y no ya el *clochard* de Bertrand sino el propio Ravel.

[26]El adolescente hermético y su relación con la madre ya había aparecido en el cuento "La puerta cerrada" (José Donoso, *Cuentos* [Barcelona: Seix Barral, 1971]).

[27]El personaje, la descripción y el ambiente remiten a "Las babas del diablo," de Cortázar (*Las armas secretas* [Buenos Aires: Sudamericana, 1964]).

[28]Henri Lefebvre, *Au-Delà du structuralisme* (Paris: Editions Anthropos, 1971), p. 170.

[29]"Donoso: fabulación y realidad," *José Donoso: La destrucción de un mundo* (Buenos Aires: Fernando García Cambeiro, 1975), p. 169.

[30]Lefebvre, *Au-Delà du structuralisme,* p. 170.

*Capítulo 2*

El personaje infantil en *Este domingo* y los cuentos:
actor y perspectiva

El personaje infantil parecería tener su propia
historia dentro de la historia de la literatura occidental,
aunque es sólo a partir del siglo XVI que su figuración
alcanza un relieve prominente.[1] Haciéndose autónomo
en la literatura en los momentos en que se configuraba el
género picaresco, el personaje infantil va a evolucionar
en la producción de escritores posteriores pasando por
variantes sociales y morales a la vez que por diferentes
estados semióticos: símbolo de inocencia natural en las
mitologías poéticas de Blake y Wordsworth; personaje
explotado en las novelas de Dickens, aventurero en las
de Mark Twain; personaje perverso en *Lord of the Flies,
High Wind in Jamaica* y por supuesto *Casa de campo*.[2]
Y con Henry James, no sólo personaje sino también
perspectiva narrativa.

En el prefacio a *What Maisie Knew* Henry James
comenta efusivamente su descubrimiento de las posibilidades narrativas ofrecidas por la explotación de una
conciencia infantil como "reflector" o "centro irónico"
del relato, es decir, de las posibilidades del punto de

vista limitado a través del cual el lector puede adivinar un panorama más completo:

> The one presented register of the whole complexity would be the play of the child's confused and obscure notation of it, and yet the whole, as I say, should be unmistakeably there, seen through the faint intelligence...[3]

James luego comenta que en un principio de su experimento pensó restringir los enunciados narrativos a lo que la conciencia infantil podía interpretar y comprender, pero pronto dedujo que este método resultaría excesivamente limitado, por lo cual se decidió por uno más inclusivo:

> I should have to stretch the matter to what my wondering witness materially and inevitably *saw*; a great deal of which quantity she either wouldn't understand at all or would quite misunderstand... (pp. ix-x).

Sólo lo atestiguado por el personaje infantil sería narrado, asegurándose así el relato no sólo una perspectiva organizadora, sino también un juego de entendimiento y percepción que podría variar a lo largo del relato. Una última cuestión que soluciona James es el problema del lenguaje:

> Small children have many more perceptions than they have terms to translate them; their vision is at any moment much richer, their apprehension even constantly stronger, than their prompt, their at all producible, vocabulary. Amusing therefore as it might at the

first blush have seemed to restrict myself in this case to the terms as well as to the experience, it became at once plain that such an attempt would fail. Maisie's terms accordingly play their part—since her simpler conclusions quite depend on them; but our own commentary constantly attends and amplifies (p. x).[4]

El proyecto delineado por James en este prefacio se hace factible, entonces, cuando el discurso propiamente infantil se enmarca dentro de un discurso adulto que lo suplementa y cuya extensión puede también abarcar el espacio del "estilo," al cual James parece referirse más abajo cuando habla de anotar el discurso de la conciencia de Maisie "in figures not yet at her command" (p. x). James escoge la tercera persona (con intrusiones ocasionales de un yo o un nosotros puramente retórico) para llevar a cabo este planteamiento narrativo.

El personaje infantil, aparte de tener su propio prestigio literario, también es convencionalmente el sujeto del juego, y en una obra modelada por el lenguaje lúdico—como la de José Donoso, cuyos primeros textos coinciden con un detallado estudio del propio Henry James—la presencia de este tipo de personaje es doblemente obvia, máxime si se considera que el personaje infantil no funciona sólo como actor[5] sino también como perspectiva narrativa. Sin embargo, los comentarios de Henry James sobre la construcción de *What Maisie Knew* quieren servir sólo como punto de referencia a la discusión que sigue, no como modelo cerrado que contuviera en sí todas las posibilidades. Es cierto que en algunos textos de Donoso ("Veraneo," "Paseo," *Este domingo*) se puede reconocer la obli- cuidad de Henry James, pero en otros aparece una estructura narrativa diferente. Además, incluso dos de los tres textos mencionados están narrados por un yo adulto (en *Este domingo* suplementado por otros narradores) que elabora episodios de su niñez, y esta postura narrativa introduce problemas de índole distinta a los comentados por James en el prefacio citado.

Entre los cuentos de Donoso se destacan cuatro cuyo narrador es una primera persona adulta que rescata un episodio de su niñez: "The Poisoned Pastries" (escrito en inglés), "China," "El hombrecito" y "Paseo." Hay también otro grupo menor comprendido por "Veraneo" y "Ana María" en que aparecen protagonistas infantiles y que están narrados en tercera persona. Más o menos a medio camino entre éstos se podría situar "El güero," que se narra por medio de un relato enmarcado dentro de otro, y que está protagonizado también por un personaje infantil. El ordenamiento de estos cuentos de Donoso se puede realizar también, sin embargo, desde un punto de vista menos mecánico y más pertinente a los problemas propuestos por *Este domingo,* novela en que se reiteran y elaboran temas, personajes y sobre todo procedimientos de construcción ya operantes en "Veraneo" y "Paseo." Estos textos, justamente, configurarían un bloque aparte que se distinguiría de otro bloque formado por "The Poisoned Pastries," "China" y "El hombrecito." En terreno neutro se ubicarían los restantes dos cuentos mencionados. El criterio que efectuaría estas separaciones (que reclaman para sí sólo el propósito de constituir una hipótesis de trabajo) sería no ya el pronombre narra-

80

tivo que organiza la narración de tal o cual texto, sino la *relación de información* entre el narrador (o el "reflector") y su historia. En el segundo grupo identificado esta relación informativa es completa, mientras que en el primero es fragmentada y oblicua. Los dos cuentos intermedios constituyen casos excepcionales pero que se pueden abordar desde uno de los modos de relación estudiados.

## "The Poisoned Pastries," "China," "El hombrecito"

Estos tres relatos de tono anecdótico giran temáticamente en torno a la incongruencia entre dos visiones, una infantil y otra adulta. Esta incongruencia se hace perceptible en un tiempo posterior al de la anécdota, o sea en el tiempo del narrador adulto que la rememora con abundancia de detalles. El narrador de "The Poisoned Pastries," segundo relato escrito y publicado por Donoso,[6] declara desde los párrafos iniciales que está completamente a cargo del relato y que conoce todos los detalles pertinentes a la reconstrucción del episodio: "I remember quite clearly how I ceased to fear Father..." (p. 67) ["Recuerdo claramente cómo dejé de temer a papá"]. Más adelante especifica: "It was a spring afternoon: I remember it vividly" (p. 68) ["Era una tarde de primavera: lo recuerdo vívidamente"]. Lo que se recuerda vívidamente es el momento en que el narrador (cuando niño) deja de ver a su padre como una figura imponente y monumental y le descubre una vulnerabilidad impensada. Es decir, el momento en que lo empieza a ver desde la perspectiva de la madre (o de cualquier otro adulto), en otro rol. El cambio de perspectiva ocurre cuando una vieja raída y pobre, madre de uno de los sirvientes de la familia, le trae al padre unos pasteles (que la hermana del narrador ingenuamente cree envenenados) en agradecimiento por los favores hechos a su hijo ya difunto. Al final se revela que el padre no los puede aceptar por no saber cómo agradecer el regalo de la vieja.

Esta simple anécdota se desarrolla enteramente, como lo quería James, en la presencia del niño. Incluso las alusiones al personaje secundario de la abuela (primera versión de la misiá Elisa de *Coronación*) se justifican porque el nieto pasa por su dormitorio antes de ir a cenar. También como lo quería James, el discurso narrativo es el de un adulto en términos de su elaboración estilística (metáforas, aliteraciones, periodicidad rítmica de las frases) e incluso léxica (aparece todo un vocabulario inverosímil en labios de un niño de corta edad). Pero la postura narrativa, por supuesto, haría imposible el proyecto del autor de *What Maisie Knew* ya que no permite ambigüedades, incertidumbres o ironía, no permite, en otras palabras, recomponer la totalidad de una historia narrada en fragmentos parciales. En "The Poisoned Pastries" todos los detalles necesarios aparecen en la narración y aparecen en su orden lógico y causal. Incluso aparecen detalles innecesarios desde el punto de vista de la "fábula" del relato, y que operan como motivos libres del "sujet:"[7] la luz tamizada por el follaje de un árbol o recogida por el cabello de la hermana, descripciones lujosas de interiores y exteriores, actos mínimos de los personajes, etc. Lógicamente, sería inverosímil que un niño de seis años registrara todas estas sutiles experiencias y las recordara años más tarde, pero dentro de la lógica del relato no hay nada inverosímil: el lector simplemente acepta que la percepción infantil de la situación es una convención que no tiene que seguirse al pie de la letra para que el relato sea eficaz. Esto, sin duda, no es lo que tenía en mente James, cuyo reflector infantil no habría podido describir a la vieja del relato de Donoso (o a la abuela) con el lujo de detalles con que se las describe: físico, vestuario, manerismos, tonalidades de la tez y otros pormenores que configuran una imagen total de estos personajes. Y sin embargo hay que destacar que en cierto momento el narrador de "The Poisoned Pastries" anuncia un procedimiento que operará en relatos más tardíos de Donoso y que no es ajeno al proyecto de Henry James: la descripción del padre del narrador se efectúa en términos de un solo rasgo cuya selección, es cierto, es de obvia funcionalidad para la eficacia del relato, pero que también demuestra la operación de una conciencia estrictamente infantil:

My face came up to the level of his massive hands. I could not draw my eyes away from their sinews and powerful bones. They often smelled of formaldehyde.... I tried to forget the crisp coppery hair that made the strength of his hands so terrifying together with that smell that always seemed to cling to them (p. 67).

[Mi cara se alzaba hasta el nivel de sus macizas manos. No podía arrancar la vista de sus tendones y huesos poderosos. Con frecuencia olían a formol.... Traté de olvidar el pelo crespo y cobrizo que hacía las fuerzas de sus manos tan aterradora junto con ese olor que siempre parecía pegárseles.]

La descripción de las manos del padre funciona metonímicamente, como demuestra una referencia similar:

... I could not take my eyes off Father's hands, which now seemed lax and incompetent. The hair on the outer side of his hands was no longer like crisp copper shavings but like limp threads of silk (p. 72).

[No podía apartar la vista de las manos de papá, que ahora parecían lacias e incompetentes. El pelo del dorso de sus manos ya no era como viruta crespa y cobriza sino flácidas hilachas de seda].

El cambio de perspectiva se registra por la referencia a las manos, que remiten a la figura total del padre e incluso a su estado de turbación mental al no poder dar una respuesta convincente a las preguntas de la familia sobre los pasteles. Nadie negaría que este procedimiento metonímico (que favorece lo concreto por sobre lo abstracto) es común a una cantidad de textos literarios, pero tampoco se puede negar que la selección de este rasgo parcial e inconexo está sobredeterminada en "The Poisoned Pastries" por una visión peculiarmente infantil.

Este tipo de descripción fragmentaria no ocurre en "China," relato narrado por otro yo adulto que rememora un tiempo infantil cuando su madre lo lleva a una calle céntrica y bulliciosa que al niño le parece algo así como el país de las maravillas. La descripción de esta experiencia efímera que el narrador trata inútilmente de revivir está hecha a base de una profusión de detalles indistintamente atestiguados por el narrador cuando niño o más tarde. La experiencia de esa calle "mágica," además, se sintetiza por medio del análisis:

...el hecho es que esta calle quedó marcada en mi memoria como algo fascinante, distinto. Era la libertad, la aventura. Lejos de ella, mi vida se desarrollaba simple en el orden de sus horas.[8]

Estos procedimientos redundan en un relato sin intersticios informativos. La eficacia del relato se busca en otro lado, en la elaboración de una psicología infantil (parecida a la de "The Poisoned Pastries") consistente en un juego de reacciones entre el narrador-niño y su hermano menor, no en las percepciones desajustadas de la conciencia infantil. Sin embargo, "China," el primer cuento en castellano de Donoso, ya presenta la dialéctica estructural fundamental de los textos del narrador chileno: un orden cerrado y su apertura por medio de la transformación, que aquí se da a nivel de visión.

"El hombrecito" también se narra desde una perspectiva segura, estable y adulta. El episodio central de la historia del sieteoficios epónimo es el que protagonizan él y los dos niños de la casa cuando la madre va a dar a luz al tercer hermanito. El asunto del parto es en sí lo suficientemente problemático para una mentalidad nutrida por la famosa leyenda de la cigüeña parisiense, pero la confusión aumenta cuando la perra de la casa está "gorda de las mismas partes" que la madre. Los niños son enviados a la casa de una tía para que no se inmiscuyan en el trance de la madre, pero el hombrecito los mete a escondidas en el jardín para mostrarles cómo nacen los perritos. El nacimiento es para los niños una experiencia maravillosa: "Los grandes nos escatimaban esa realidad tanto más mágica que las triviales leyendas urdidas por sus cortas imaginaciones" (p. 240).

Nuevamente, como en "China," esta visión infantil no segmenta, no fracciona sino que atestigua una transformación. Pero como en "The Poisoned Pastries," el discurso narrativo no se atiene en toda su extensión a la perspectiva adulta y estable. Hay tres momentos, por lo menos, en que se nota un desplazamiento del tiempo del discurso al tiempo de la historia. En dos de ellos este desplazamiento se marca con un adverbio de tiempo:

> Ella y las otras empleadas comenzaron a cloquear en torno mío sirviéndomelo, pero yo no era *hoy* el centro de sus atenciones (p. 237);

> No había cosa que no supiera hacer con admirable destreza, desde caponizar un pollo hasta arreglar de una vez y para siempre ese famoso despertador de la María Vallejos, su más preciada posesión y que hasta *ahora* pasara gran parte del tiempo donde el relojero (p. 241; subrayados añadidos).

Los dos *shifters* subrayados remiten a un tiempo presente que inquieta la norma de un relato narrado en pasado, pero no implican una visión infantil. Esto no se puede decir de otro pasaje:

> Una tarde mi madre llegó radiante de satisfacción. Lanzó su sombrero en cualquier sitio, y después de alisarse brevemente la melena frente al espejo grande de la entrada y de contemplar de reojo el volumen misterioso que su silueta iba tomando, besó a mi padre... (p. 235).

86

El mismo narrador se refiere al "volumen misterioso" más tarde por su nombre: "Mi madre, a pesar de su parto inminente..." (p. 237). Esta duplicidad de lenguaje revela una visión doble del mismo acontecimiento, infantil primero (los niños no saben que un hermanito nace en el vientre de la madre) y adulta después. Lo que se recalca aquí de la visión infantil no es, por supuesto, un seccionamiento de lo que se ve sino un no saber, o un saber de otra manera. Este no saber, sin embargo, coexistirá en textos posteriores con una visión deliberadamente inconexa que obligará al lector a construir su propio conocimiento de la historia narrada.

## "El güero," "Ana María"

"El güero" no es uno de los cuentos más convincentes de Donoso pero tiene cierto interés "histórico" dentro de su producción narrativa. Por un lado, en este texto se perfeccionan ciertas simetrías estructurales que sobrepasan en complejidad la organización anecdótica y lineal de cuentos previos. Su estructura narrativa (y otros elementos descriptivos y temáticos) recuerda algo a ciertos textos de Conrad, en el sentido de que hay una narración enmarcada dentro de otra. La narración-marco está a cargo de un joven turista que llega al trópico mexicano en busca de experiencias "definitivas" y que las encontrará en la forma de un relato contado por una señora norteamericana. Esta había vivido hacía veinte años en un pueblo remoto de la selva mexicana en compañía de su esposo y su hijo Mike, cuyas extrañas aventuras lo conducen a un desenlace fatal. El relato de estas aventuras "dobla" en ciertos momentos el relato del narrador principal. Este, como Mike, se enfrenta a un mundo "distinto a cuanto conocía" (p. 57), e igual que Mike, tiene conciencia de ser un extraño. Ambos, además, quieren resolver su extrañeza integrándose a ese nuevo mundo y conquistándolo: "Yo era muy joven, y me avergonzaba de mi dicción de turista, deseando llegar a ser de los elegidos que nunca saben serlo" (p. 60). Mike sí sabe ser el elegido de los niños del pueblo, aunque su temeridad conduce a todos a la muerte.

Ninguno de los dos narradores cuenta desde dentro de la conciencia de Mike. El personaje infantil, por lo tanto, funciona sólo como actor de la historia, y como actor que tiene la opción de escoger entre dos guiones de conducta: el discurso racional y "civilizado" que le impondría los valores familiares, o el discurso mítico generado por una meica del lugar (predecesora de la Peta Ponce de *El obsceno pájaro*). Este discurso que se elabora como destrucción del otro es el que escoge Mike y el que configura el juego fatal que emprende con la pandilla: remontarse a la fuente de un río borrascoso para llegar a la cuna de los dioses. Aquí hay algo doblemente significativo desde el punto de vista del presente trabajo. Primero, la aparición de la pandilla y de los juegos que no son juegos (cuya reaparición más obvia será en *Casa de campo* y que está también en *Lord of the Flies,* de Golding). Y segundo, la formulación en términos del juego de la ruptura o transformación de un orden, aquí cultural.

El personaje infantil de "Ana María" tampoco funciona como una perspectiva narrativa, lo cual facilita cierta movilidad espacial del relato. El discurso narrativo (que narra "desde dentro" en todos los casos excepto el de la niña) divide a los personajes en bandos y espacios simétricos: la pareja de los padres de Ana María ubicados en su casucha, y la del viejo y su mujer situados en su vivienda al otro lado de la ciudad. La niña funciona como el eje que unifica a ambas mediante las visitas continuas del peripatético viejo, para quien Ana María sustituye de algún modo a la hija que no le dio su mujer, o al amor que tampoco le dio. Desde el punto de vista de los padres Ana María es un excedente molesto, y es siempre desplazada hacia la periferia. Los padres están completos, cerrados, como la mujer del viejo que también excluye a su esposo. Al final, la niña se fuga de su casa con el viejo (ya despojado de vivienda y mujer, "clochardizado") y ambos comparten el mismo no-lugar.

A pesar de que Ana María no funciona como "reflector" narrativo, a través del relato hay una curiosa insistencia en sus ojos, en una visión determinada por algo que no es lo cotidiano. Las constantes referencias a los ojos producen una "desfamiliarización" de las convenciones miméticas que abre otro nivel de lectura. El jardín de los padres es más que un jardín suburbano; Ana María es más que una niña de tres años. El discurso narrativo se dobla de alusiones simbólicas que generan los temas de la inocencia y la culpa, el mal y el bien, el paraíso y el exilio. Los padres de la niña se gozan desnudos hasta que ella los ve y se avergüenzan de su desnudez. La madre se siente incómoda cuando su hija la mira "con sus enormes ojos claros, tan transparentes" (p. 190), "como de animal" (p. 191). Al igual que la mujer del viejo, la madre se siente amenazada por la inocencia de Ana María porque es culpable de abandono. La visión infantil de Ana María (visión casi parabólica) remite a un saber moral, a una inocencia sabia que acusa a la maldad. Ciertamente esta visión implica una simplificación del mundo: los adultos son buenos o malos, generosos o egoístas. Pero la simplificación aquí no es ingenua, lo cual coarta el tipo de ironía que aparecerá, por ejemplo, en *Este domingo*.

## "Veraneo," "Paseo"

Estos dos textos se acercan en un detalle fundamental al proyecto de James en *What Maisie Knew:* en ambos aparece un "reflector" (o narrador) que no puede sintetizar todos los hechos pertinentes a la historia o que no tiene acceso a su totalidad. En "Veraneo" la oblicuidad está admirablemente trabajada. Hay tres niveles de personajes: los padres de Raúl y Jaime, nivel en que se genera la historia de amoríos y celos: nivel de las niñeras, que cuentan fragmentos de la historia "editorializándolos;" y nivel de los niños, que apenas logran entrever el drama familiar. La historia de fondo se compone de secuencias entrecortadas: don Raúl parece tener amoríos con la madre de Jaime. El primero trae a su familia a veranear a la playa, e inesperadamente hace su aparición su presunta amante, que se instala con su hijo en una casa cercana. Los niños (y sus niñeras) se conocen. Al final, don Raúl parece haberse sobrepuesto a su aventura y regresa al seno familiar.

La historia de fondo nunca se narra directamente (los personajes que la protagonizan apenas si aparecen en escena), sino que se le entrega al lector a través de las conciencias de las niñeras, que constituirían así un

90

típico "reflector" jamesiano. Pero el juego de reflejos— de imágenes posibles de lo que está pasando— no se detiene allí. Las niñeras nunca les cuentan a los niños ningún episodio del drama familiar, y no obstante éstos también lo reflejan pero *simbólicamente*. En realidad, el discurso de las niñeras tampoco opera en un mismo nivel. Sus enunciados cuentan lo poco que se sabe de la historia, pero hay un momento en que el discurso se independiza del sujeto que lo emite y exige una lectura indirecta. Este cambio de estado semiótico sobreviene justamente cuando las niñeras de Raúl y Jaime se enemistan y se dejan de hablar, es decir, cuando regresan del balneario adyacente donde habían ido a reunirse clandestinamente con sus hombres. La exasperación del final de sus relaciones remite en el diseño textual al final presumiblemente exasperado de las relaciones adúlteras y clandestinas entre el padre de Raúl y su amante.

Jaime y Raúl, por su lado, afianzan su relación por medio del intercambio de "secretos:" éste le va a enseñar a su amigo el "palacio de las dunas" ("una casa toda hecha tiras," comenta una de las niñeras), espacio del juego y la transformación que reitera y reivindica (aunque efímeramente) el hogar deshecho del niño. Ahí los niños se pueden proyectar en roles imaginarios (buscadores de tesoros), transformar pedazos de vidrio enterrados en la arena en esmeraldas y otros objetos lúdicos, y corregir por la integración del grupo la desintegración familiar. Jaime acepta jugar con los demás, pero como es el mayor su secreto trasciende los juegos consabidos: "Yo sé lo que es malo," le asegura a Raúl. El proyecto de Jaime es iniciar a Raúl en el conocimiento de la maldad, iniciación que se articula a doble nivel,

91

o de acuerdo a una doble verosimilitud: la presencia de personajes infantiles exige una iniciación típicamente infantil (el manejo de la honda); pero de acuerdo a una verosimilitud simbólica (construida en parte por la enfermedad que trastorna al niño) Raúl sabe sin saber ("Sabía como sabía ahora tantas cosas," p. 43) que el contrato familiar se ha roto, y este conocimiento le impide hacer el rol apropiado dentro de la unidad reconstruida de la familia. Así, esta relación articulada por el intercambio de dos discursos secretos configura un "texto" en el que se leen los efectos del drama familiar de fondo.

En "Paseo" se logra en primera persona lo que en "Veraneo" se elabora en tercera, es decir, instaurar vacíos en el discurso informativo del narrador sobre la historia que narra, vacíos informativos que se instalan entre el discurso adulto del narrador y sus percepciones infantiles coetáneas con los acontecimientos. La seguridad de estas percepciones se cuestiona explícitamente:

> Bien puede no haber sido así, puede que mi imaginación y mi recuerdo me traicionen. Después de todo yo no era más que un niño entonces...(p. 205);

> ...no era más que un niño que comprendía sólo a medias los adustos motivos de los mayores... (p. 209).

Esta comprensión a medias, curiosamente, no se completa con el paso del tiempo. La doble clave de la misteriosa desaparición de la tía Matilde (por qué se va de la casa y adónde va) sigue siendo, años después, tan indescifrable como lo es en el primer momento para los hermanos adultos de Matilde. Lo que el niño se queda sin saber, en realidad, es el epílogo del episodio, las posibles pesquisas que se hicieron para encontrar a la tía. Este es el grado de su deficiencia informativa. Fuera de esto él desconoce lo que todos los demás desconocen. Es decir, no hay *otra* posibilidad de lectura de los hechos (como en *The Turn of the Screw*), que en sí no son ambiguos: sólo lo es su explicación. Tampoco hay (como en *What Maisie Knew*) un relato cuyas limitaciones den "juego" a la historia, de modo que ésta sea siempre fluctuante, móvil, sorprendente, llena de revelaciones de las cuales a veces el lector está más consciente que Maisie.[9] De hecho, los personajes de "Paseo" declaradamente no ponen nada en juego, e incluso hacen del juego (de billar) un rito monótono y regimentado. Pero al igual que *What Maisie Knew* todo lo que ocurre en "Paseo" está visto a través del narrador-testigo, no sólo los actos y rutinas de los personajes sino también ciertas descripciones:

> Es curioso que mi imaginación, al recordar la casa, no me permita más que grises, sombras, matices; pero evocando esa hora, sobre el verde estridente del tapete, el rojo y blanco de las bochas y el cubito de tiza azul vuelven a inflamarse en mi memoria, iluminados por la lámpara baja cuya pantalla desterraba todo el resto de la habitación a la penumbra (pp. 212-13).

Luego se recortan sobre el haz de luz los rostros aislados de los jugadores en su acostumbrada sucesión. Este tipo de memoria fragmentada que no consigue armar un todo, y que en cambio lo esquematiza y secciona, señala la presencia de una perspectiva infan-

93

til que no sólo "comprende a medias" sino que también ve o recuerda a medias. Otro pasaje en que aparece una falta de totalización (en este caso un rostro unitario) es la descripción del rostro de la tía Matilde, "construido como con los defectos de los rostros de sus hermanos" (p. 214).

Aparte de estas precisiones subsiste el hecho de que el discurso narrativo de "Paseo" se va configurando en torno a un hueco informativo, que es el sitio del secreto y del misterio. En este sentido, el discurso del narrador se opone al de los personajes, ante todo por su mera presencia articulada: el discurso de los hermanos es lacónico, parco, reticente, porque lo que hay que decir está tan codificado como todos los demás aspectos de sus vidas, por lo tanto se sobreentiende. Así como los personajes están "encerrados" dentro de sí mismos, así también los discursos de los personajes son monólogos. Significativamente, el destinatario en el discurso de la tía Matilde sólo comienza a existir cuando aparece la perra blanca:

> Era frecuente... que la oyera dialogar—no monologaba como conmigo—con una interlocutora cuya voz yo no oía (pp. 225-26);

> ¿Por qué tuvo que esperar hasta ahora para lograr rebasarse por fin y entablar un diálogo por primera vez en su vida? (p. 226).

Cuando la tía Matilde desaparece en busca de sus otras imágenes posibles, los hermanos son aún más incapaces de articular un discurso de la interrogación aunque producen otros signos legibles de su confusión.

Un discurso que enuncia un misterio (y que se abstiene de resolverlo) se opone también a un discurso del orden que destierra todo misterio. El mundo de los hermanos está tan exageradamente codificado que llega a ser impersonal. El orden prima: el orden de los valores, de las jerarquías, de los ritos cotidianos y domésticos, la seguridad económica e incluso existencial (fundamentada en una religión que presienten hecha para ellos, excepto por el infierno que es para castigar a los demás habitantes de la ciudad). Se diría que esta religión del orden configura en realidad un sistema de elementos interrelacionados que da cuenta de todo, pero lo que este sistema interpersonal gana en cohesión y significación lo pierde en la capacidad de producir y procesar información,[10] tal como la transformación de la tía Matilde. El orden que se ve amenazado por la "intrusión de lo absurdo" reacciona contra la amenaza en sus propios términos hasta el final, términos que son incapaces de enunciar la solución del misterio pero que a la vez exigen una solución.

La posición del narrador con respecto a este panorama del orden es un tanto ambigua y contradictoria. Cuando la tía Matilde le explica a su sobrino ciertos asuntos marítimos en los que se especializan los hombres de la familia, el niño responde así:

Pero al hablarme de los barcos, sus palabras no enunciaban la magia de esos roncos pitazos navegantes que yo solía oir a lo lejos en las noches de verano cuando, desvelado por el calor, subía hasta el desván, y asomándome por una lucarna contemplaba las lejanas luces que flotaban, y esos bloques de tinieblas de

la ciudad yacente a la que carecía de acceso porque
mi vida era, y siempre iba a ser, perfectamente orde-
nada (p. 211).

El narrador emite aquí un discurso nostálgico sobre
ese gran mundo externo que puede visitar sólo con el
deseo, pero más adelante incurre en un enunciado
contradictorio cuando se le pregunta sobre la perra
blanca, ya instalada dentro de la casa:

> ...mi voz fue insegura al formar las sílabas, como si de
> alguna manera la pregunta de mi tía derribara los mu-
> ros que nos cobijaban, permitiendo que la lluvia y el
> viento inclemente se instalaran dentro de nuestra casa
> (p. 218).

Se trata aquí de dos perspectivas evaluativas contra-
rias, una que exalta la nostalgia de una apertura y otra
que enuncia una reticencia y un temor. Su importancia, dentro del esquema narrativo de "Paseo", es que
señalan la falta de síntesis, una experiencia fragmentada que el narrador adulto no ha logrado unificar.
También se puede hablar de la coexistencia de dos
tonos narrativos: uno medido y moderado que corresponde a la norma, y otro irónico y resentido con que se
elabora la relación entre la tía Matilde y su sobrino,
y que anula la distancia temporal entre el tiempo de la
historia y el del discurso:

> Nunca me concedió esa marca de importancia, por-
> que yo no era su hermano. Y no ser "uno de mis her-
> manos" le parecía una desdicha de la que eran víctimas
> muchas personas, casi todas en realidad, incluso yo,

que al fin y al cabo no era más que hijo de uno de ellos (p. 211).

La visión infantil se hace literalmente discurso al determinar y ser determinada por estos registros (evaluativo y emotivo) del habla.

*Este domingo:* prescripción y proscripción

Al comenzar a hablar de esta novela habría que intentar rescatarla de la lectura limitada y negativa de que fue objeto por parte de algunos de sus primeros críticos chilenos,[11] lectura que varios años después los comentarios del propio Donoso parecerían sancionar. En efecto, en *Historia personal del "boom"* Donoso implica que *Este domingo* se escribió con el único propósito de saldar una deuda contraída con la editorial chilena Zig-Zag, y que es una novela hecha para el gusto del consumidor.[12] El consumidor en este caso es el mismo lector medio chileno que había contribuido al éxito de *Coronación* y que esperaba una segunda novela no menos notable. El mismo lector, además, que le había impuesto a Donoso la máscara de continuador del realismo chileno, y del cual el escritor se había exiliado en busca, como él ha dicho, de sus propias máscaras. *Este domingo* parecería ser, entonces, un paso atrás, una reelaboración consciente y para un lector determinado de ciertos temas, personajes y ambientes de *Coronación* (aunque sin la "extensión" de ésta). Estos contactos pueden existir, pero sólo el lector que se enfrenta con *Este domingo* desde *Coronación* los va a privilegiar magnificando su importancia. Parece más justo acercarse a la tercera novela de Donoso a partir del momento en que se escribió, es decir, después de *El lugar sin límites*[13] y en medio de las problemáticas redacciones de *El obsceno pájaro de la noche*. De hecho, el contacto más significativo que existe entre *Coronación* y *Este domingo* se da en función de la escena más criticada de la novela de 1957, la coronación carnavalesca de la anciana que—signo y no imagen—apunta a una verosimilitud diferente a la del realismo que la novela observa en su transcurso. Es cierto que *Este domingo* también se deja leer en términos de un código de verosimilitud realista,[14] pero esta adhesión coexiste con el intento de apertura de un texto que busca no cerrarse dentro de su propio planteo y que a veces se plantea en el momento mismo de la escritura/lectura. Un ejemplo serían las incertidumbres del monólogo de don Alvaro: "después de ese breve aplazamiento la caída al fondo del terror y no dormir nunca más hasta dormirse definitivamente. O no. ¿Quién sabe...?" (p. 31). La historia vacila y se desestabiliza como el lenguaje narrativo, móvil como el de *El lugar sin límites* y *El obsceno pájaro de la noche,* no como el de *Coronación*. La misma inestabilidad (que en ningún momento excluye un plan rígido de construcción) se observa en ciertos "micro-contextos"[15] y en reiteraciones de nexos entre referentes (el lunar de Maya, el lunar canceroso de don Alvaro y la saltadura de la tetera) que parecen querer establecer correspondencias pero cuyo diálogo queda inconcluso.

El intento de abrir, de movilizar y de dominar un espacio cada vez más libre se va a formular concretamente en el lenguaje del juego, tanto en los juegos de

los personajes (adultos y niños) como—metafóricamente—en el juego de perspectivas desde las que se
narra la novela. El efecto total de este juego es la fragmentación de la historia narrada, ya que ninguno de
los personajes narradores tiene acceso a *todos* los hechos narrados por los demás; sólo el narratario común
a todos los discursos narrativos tiene este privilegio.
Esta fragmentación, además, se reitera en el plan de
composición de la novela.

*Este domingo* está organizada en cinco secciones,
tres de las cuales están a cargo de un narrador que
(como en "Paseo") rememora eventos de su infancia,
los fines de semanas pasados en la casa de los abuelos, y, en particular, el último domingo en que se cumple este ritual. El relato del nieto se enuncia desde una
perspectiva adulta pero se trata, en realidad, de una
doble visión, ya que dentro del discurso adulto se configura una visión (y a veces una voz) infantil. Se pueden
distinguir tres modos de recuperación de la perspectiva infantil. En ocasiones hay un desplazamiento
temporal en el discurso narrativo: el tiempo pasado
se convierte en presente y el discurso adulto incorpora
las inflexiones y percepciones del discurso infantil:

Mi padre disminuía nuestra velocidad esperando que
amainara el chubasco. Me pedía que le alcanzara sus
cigarrillos, no, ahí no, tonto, el otro botón, en la guan-
tera, y enciende uno frente a la luz roja de un semáforo
que nos detiene. Toco el frío con mi pulgar desnudo
en el vidrio, donde el punto rojo del semáforo se multiplica en millones de gotas suspendidas (pp. 11-12);

Como postre sólo comía unas gelatinas blanquizcas

99

en forma de estrella: siempre las mismas, durante todos los domingos de mi infancia. Allá al otro extremo de la mesa dominical, llena de primos y tíos y visitas, el rostro de mi abuelo...ingiere esas estrellas traslúcidas y tiritonas que reúnen toda la luz. Y yo, al otro extremo de la mesa, lloro y pataleo porque no quiero melón ni sandía ni huesillos ni bavarois, quiero estrella, nana, quiero estrella, dígale al abuelo que me dé estrella, quiero y quiero y quiero... (p. 18).

En otras ocasiones el discurso adulto elabora en sus propios términos un discurso (o visión) infantil anterior, como en cierta descripción del abuelo:

Pequeño y seco, con el traje ridículamente entallado, era un personaje de farsa que en nuestros juegos llamábamos "la Muñeca" porque era muy blanco, muy blanco, como de porcelana envejecida, y teníamos la teoría de que se echaba polvos (p. 17).

Por último, el discurso adulto y el infantil pueden coexistir (como en el episodio del entierro del abuelo, o de la vuelta a casa de la Chepa en ambulancia), pero el segundo se señala por el esquematismo o seccionamiento de la visión, motivados por la falta de acceso a los hechos del niño-testigo. Uno de los episodios mencionados se describe sólo en base a unos pocos detalles visuales: el "ojo colorado" de la ambulancia, dos hombres vestidos de blanco, "alguien" que salía y regresaba con un médico. Lo mismo se puede decir de la descripción del entierro del abuelo:

Todo era negro y brillante en su funeral: la caja que

ayudamos a llevar, los zapatos que nos compraron. Varios señores tan entallados y empolvados como la Muñeca nos acompañaron al cementerio (p. 205).

Se podría agregar que sustituir "caja" por "ataúd" y, más arriba, "dos hombres de blanco" por "enfermeros" en sí remite a una visión infantil y simplificadora (del lenguaje). El discurso puramente adulto del nieto narrador, por otro lado, quiere ser no sólo recordatorio sino también analítico, pero en ningún caso resulta cerrado. El análisis del personaje del abuelo termina en una serie de especulaciones y en una declaración franca: "Yo no sé nada de su vida" (p. 21). Además, con la misma prolijidad con que se cuentan los juegos infantiles se ignora el drama de la Chepa. En este sentido la narración es obviamente irónica: "mi abuela no tenía nada que ver con prohibiciones," (p. 99) dice en algún momento el nieto narrador, sin tener idea de la magnitud de esa verdad. En otro momento afirma que "no pasaba nada si no lo inventábamos nosotros" (p. 107), frase ingenua en vista de lo que sucede a espaldas de ellos.

La visión del narrador adulto con respecto a sus abuelos dista mucho de ser imparcial. Su visión de la abuela es positiva porque con ella existe la posibilidad del juego: ella es la corifea que organiza el espacio y tiempo lúdicos de los fines de semana. La del abuelo es negativa porque con este personaje no existe la libertad necesaria para el juego. El ritual que él preside es inflexible (y paródico), y desvirtúa la complicidad necesaria para la práctica lúdica:

Ahora se me antoja pensar que quizás el abuelo se daba cuenta de que lo encontrábamos ridículo. Que se dejaba los cordones de los calzoncillos colgando intencionalmente, y protegido por la distancia y la irrealidad de la farsa, elegía así no tener ningún contacto con un mundo que no fuera estrictamente adulto, donde las leyes de la jerarquía prevalecieran (p. 21).

El discurso del abuelo es ensimismado, reflexivo, no transitivo como el de la abuela:

Pero no tardamos en ver que no enfocaba su vista simplemente porque no nos miraba a nosotros mientras nos agobiaba con sus preguntas. Llegamos a darnos cuenta de que escudriñaba su propio reflejo en los cristales de sus armarios de libros (p. 20).

La abuela, además, no es sólo la emisora de un discurso lúdico sino también su destinatario: el nieto-niño le cuenta las ficciones que no le puede contar al padre. En su presencia los significados se pueden transformar, y las losas de las veredas, por ejemplo, pueden ser tumbas de gnomos (p. 14). En realidad, todo el relato del nieto narrador está atravesado por la narración de los juegos infantiles cuya función dentro de la novela no ha escapado al comentario crítico. La creación de personajes lúdicos como la "Mariola Roncafort," los "cuecos" y los "hombre-hombres" se ha visto como contrapunto (como transformación) de la abuela, los sirvientes y los padres respectivamente.[16] Habría que añadir que la escena central de esta elaborada representación lúdica es el funeral de la Mariola Roncafort, que en el lenguaje simbólico del juego se refiere a la muerte de la infancia del narrador. Las dos secciones restantes de la novela están a cargo de un narrador impersonal que relata desde la perspectiva de Alvaro y la Chepa,[17] y ambas se caracterizan por cierta movilidad temporal y pronominal. Del "él" se pasa al yo y a veces al tú; de la narración omnisciente al monólogo interior; del pasado al presente. Don Alvaro narra en detalle dos historias hasta cierto punto secretas: la de su cáncer y la de su iniciación sexual con Violeta. De hecho, la primera de éstas se narra *como* secreto y el discurso que la articula se esgrime como el único poder (pero poder ineficaz) que le queda al personaje contra su señora, que lo desdeña. Los monólogos de don Alvaro (encerrados dentro de su propia voz, con un destinatario que es él mismo) operan también al nivel de la caracterización para significar su ensimismamiento. Los "ojos demasiado juntos" y "cara angosta" del personaje (p. 130) son una metonimia para su visión estrecha y limitada del mundo, donde lee sólo su propia imagen, literalmente en el cristal de sus armarios o en el espejo retrovisor de su automóvil, pero también en el juego de los *funerailles* (que lo espantan porque reflejan sus obsesiones mórbidas) y hasta en la casa de la Violeta, donde lo derruido le trae la imagen de su propio cuerpo (pp. 50-54). No deja de ser irónico que don Alvaro vea sólo la singularidad de su doble y la reiteración de una imagen única en una novela que practica la pluralidad de perspectivas. La perspectiva de la Chepa, en cambio, se centra sobre un objeto externo (Maya) que aparece sólo fragmentariamente en la memoria y conocimiento de su marido. Aquí el juego de información se complica: los nietos (incluyendo el nieto-na-

103

rrador), las hijas y don Alvaro saben poco o nada de la historia de Maya. Violeta sabe casi todo lo que sabe la Chepa aunque ésta nunca le revela el interior de su conciencia, donde operan motivaciones desconocidas hasta para ella. Pero tanto Violeta como Maya saben detalles de esta historia que ocultan de la Chepa (que cree saberlo todo) y que son revelados sólo bajo la presión de las circunstancias. Entonces, a la vez que *Este domingo* es una narración de juegos, la novela "juega" también con la narración al ir dosificando los grados de información asequible a los personajes tanto dentro de una sección determinada como entre varias secciones narradas desde perspectivas diferentes.

Así como la visión fragmentaria de los niños no es privativa de estos personajes (todas las historias se conocen fragmentariamente), así tampoco son los niños los únicos que juegan. En ambos casos, sin embargo, el discurso lúdico adquiere la categoría de modelo, implícito a nivel "verbal" y explícito a nivel de la sintaxis o combinatoria de los personajes, en el sentido de que el texto habla de las relaciones entre los adultos en los mismos términos en que habla de las relaciones entre los actores infantiles. Los discursos (como articulación de una práctica) de ambos grupos están estructurados por la misma oposición temática: adhesión al orden prescrito vs. transformación de los roles inscritos en el guión social. A través del texto se reitera una metáfora —la de la redoma— que remite a esta oposición. Sus momentos más significativos son éstos:

> llegar a la casa de mi abuela era por fin quebrar la redoma sin que fuera delito, era por fin fluir, derra-

marme (p. 15);

Yo estaba con los demás, fuera de la redoma, vién-
dolo nadar adentro, contemplando sus evoluciones,
comentando la luz en su espiga de escamas, riéndome
con los demás del feo gesto ansioso de su boca al acercarse al vidrio que él no sabía que era vidrio y yo sí,
yo sí lo sabía (p. 22).[19]

Este discurso metafórico delimita dos espacios opuestos: uno cerrado (el espacio de los padres y sobre todo
del abuelo que, se podría decir, lee el guión social de
modo poco imaginativo; espacio institucionalizado,
prescriptivo, autoritario, espacio-cárcel) y uno abierto (el de los juegos y transformaciones lúdicas asociado con la abuela y su casa, espacio liberado). El
abuelo es el personaje que cierra (las posibilidades
de relación) o se encierra (en su escritorio o dentro
de sí mismo); la abuela, el que abre (el que saca a Maya
de la cárcel e inaugura en su casa los juegos infantiles)
y se abre.[20]
Una de las secciones de la novela se titula "Los juegos legítimos," que son los de los niños y los "juegos
de los grandes" cuando hacen la siesta (y el amor) (p.
97). Obviamente, también hay juegos ilegítimos que
no son, como indica Isis Quinteros,[21] los de los niños
de la población marginal sino los de los abuelos (cuando niño, en el caso de Alvaro). Estos contravienen
las reglas sociales y familiares, mientras que los nietos
las acatan traduciéndolas a su propio lenguaje. La
semiosis que funda los juegos infantiles, es decir, la
producción de todo un mundo modelado por las instituciones sociales y tipos culturales, es motivada a

105

veces por el funcionamiento de una psicología infantil, pero otras veces es una pura relación textual, como cuando la clandestinidad de los juegos legítimos remite a la clandestinidad de los ilegítimos. Por ejemplo, el final de la sección introductoria promete algo levemente siniestro que luego se cumple en otra parte y en otro discurso, abriéndose un amplio espacio de resonancia.

Los juegos sexuales del niño Alvaro con Violeta (en otros domingos muy anteriores a "este domingo") subvierten, precisamente, la ley paterna que exige dedicación y estudio en esos fines de semana de castigo cuando los padres se van al campo y dejan al hijo encerrado en casa con la sirvienta. Este encierro se abre mediante la transformación de los roles habituales que exigen una relación jerárquica entre el señorito y la sirvienta: ambos se hacen cómplices en un juego secreto que dura años y termina con el casamiento entre Alvaro y la Chepa. El juego, por lo tanto, pauta las diferentes etapas de la socialización (iniciación sexual hasta matrimonio) y va unificando los múltiples roles sociales que Alvaro va desempeñando: hijo de un abogado prestigioso, estudiante universitario, joven pretendiente, etc. Como pretendiente de niñas de sociedad el deseo de Alvaro tiene que someterse a cierto "decoro" social, lo cual genera un nuevo juego—de sustituciones—con Violeta, que pasa a ser el cuerpo de las diferentes máscaras impuestas por el deseo de Alvaro:

> entonces, de noche, tarde, lleno de deseo por la Alicia o la Pola, a quienes ha dado sacratísimos besos, entra a la pieza de la Violeta que siempre lo acepta y

rueda con ella por la cama, tratando de conjurar de ese cuerpo caliente y rollizo y lleno de deseo, la finura de los brazos de la Pola, el cuello largo y la cabeza pequeña de la Alicia, los senos jóvenes apenas insinuados de la Sofía, eres la Sofía, sí, eres la Sofía y mañana serás la Alicia y otro día la Pola, todas, poseo a todas esas muchachas imposibles en tu carne rolliza y caliente (p. 74).

Pero el juego es reversible ya que Alvaro sustituye a su vez al objeto del deseo de Violeta:

y me volvía loca ese verano pensando en él todo el tiempo sola en la cama, aquí en la ciudad, me volvía loca, hasta que lo encontré a usted pues, don Alvarito, y cuando usted me toca y me hace de todo pienso en él. Usted es él, el huaso Marín (p. 76).

Esta sustitución le permite a la sirvienta explotar el valor cultural de la virginidad, "haciéndose la santa" (p. 76) ante su hombre, practicando la impostura. Alvaro también hace el papel de sustituto al inaugurar su relación con la Chepa:

Cuando comenzaron a girar en el salón ella le confesó que éste [baile] se lo había pedido Pedro Salinas, pero Pedro se reía tan fuerte y tenía manos de cargador. Lo había elegido a él, a Alvaro Vives, para suplantarlo (p. 79).

Más tarde, paradójicamente, la propia Chepa es sustituida:

La Chepa es inexistente bajo el camisón color crema. No es la dueña de esa piel que sus palmas fervorosas quieren remover para sacar de allí otra piel, otra carne abundante y sonriente y aceptante. La Violeta. No es la Chepa la que se estremece en sus brazos, esperando, es la Violeta (p. 88).

La "frase narrativa" va generando así diferentes combinaciones de elementos paradigmáticos mediante la inversión de sujeto y objeto (Alvaro sustituye a la Violeta pero es sustituido por ella) en torno al mismo verbo lúdico (sustituir las identidades, enmascarar, disfrazar a un personaje de otro).

Las posibilidades de sustitución y combinación aumentan cuando se considera la historia de la Chepa y Maya, historia que se articula como juego a partir de varios discursos: el de Alvaro ("ya está bueno de estos jueguitos tuyos," p. 86), el de Maya ("se entretiene con uno como si fuera un muñeco;" "No soy un juego," p. 133), y el de la propia Chepa ("uno inventa cosas que toman el lugar de la pasión," p. 119). Inicialmente, el discurso que la Chepa le destina a Maya es un discurso "fantástico" que le abre un mundo múltiple y maravilloso al presidiario, pero pronto se cierra y se hace un discurso prescriptivo que ahoga las ilusiones de Maya. Esta contradicción remite a una contradicción "psicológica" de la Chepa, personaje que da pero que a la vez exige algo de su beneficiario, que despliega, en otras palabras, una "generosidad con garras."[22] Sin embargo, sería un error atribuirle a la Chepa una psicología realista y sustantiva. Más bien se debe hablar de una *indeterminación* psicológica que permite ciertas transformaciones a nivel de rol, y en particular, que permite un desplazamiento entre los roles institucionales y los roles lúdicos. Así entonces, la diferencia de clase, edad y sexo entre la Chepa y Maya se resuelve en un primer momento en una equívoca relación de madre a hijo: "ella siente ese remezón de placer, como si Maya fuera su guagua" (p. 134). El proscripto se rebela contra la prescripción de este rol ajeno (Maya no quiere *jugar* a ser la guagua de la Chepa) y huye de esta nueva forma de prisión. La Chepa, sin embargo, lo persigue no sin antes adoptar un nuevo rol equívoco insinuado por su marido cuando la acusa de estar enamorado de Maya. Ahora se plantea una competencia con la Violeta —su antigua cómplice— que ha sido seducida por Maya. La Chepa quiere *ser* la Violeta:

> Igual pero envidiable, Violeta, tú que no entiendes, tú que no sabes, tú que te dejas arrastrar mientras yo miro desde la periferia sin confesar nada, pero que siento envidia por tus magulladuras. Maya te viene a ver a ti en la noche mientras yo me seco esperando junto al teléfono (p. 172).

Esta competencia contra la sirvienta libera a la Chepa de las obligaciones y decoro de su rol social[23] y justifica su incursión en el laberinto de una población marginal en busca de *su* prófugo. Este laberinto (donde se pierde la identidad social y el objeto del deseo se confunde con la fantasía) es una imagen invertida y siniestra de su propia casa de juegos: hay una serie de lugares y actividades lúdicas (fútbol, tiro al blanco, juegos de palabras, personajes que juegan con su angustia), y una pandilla de chiquillos amenazantes y pro-

109

vocadores que con su insistencia en los objetos lujosos
de la Chepa y en su jerarquía social, acusan el papel
incongruente que hace, entre mujer de conventillo y
amante desdeñada. De este laberinto no se sale, así
como Maya ya no saldrá de la cárcel por haber asesinado a la Violeta. Así, los juegos ilegítimos son cas-
tigados por el encierro, profetizado para sí mismo
por don Alvaro:

> Si su yerno le palmotea la espalda, o le habla atrope-
> llado o lo ayuda a ponerse la camisa..., entonces, qui-
> zás entonces lo encierren para siempre y ya nunca
> más (p. 52).

Efectivamente, el abuelo termina encerrado en un
ataúd como su señora en su cama de inválida.[24] El
personaje que intenta a través del relato producir diferentes tipos de discursos y figurar en ellos mediante
la sustitución de roles (esposa, madre, abuela, patrona
de los pobres, madre "simbólica," mujer de Maya
—no muy distinta de la Marujita que llega a ser su
doble grotesco) termina produciendo un silencio sin
significaciones posibles.

Conclusiones

Es evidente que los textos reunidos en este capítulo
elaboran el personaje infantil en función de una visión específicamente infantil, tanto a nivel de historia
(donde esta visión es ingenua, inocente, efímera)[25]
como a nivel de discurso, donde es fragmentaria. In-

110

negablemente, se trata de una elaboración codificada en términos de una verosimilitud social del juego, conformada por una serie de lugares comunes que circulan en el discurso social y que hacen del juego una actividad propia de los niños y sujeta al arbitrio de los padres, que se arrogan el derecho de prescribirlo y proscribirlo. (En todos los textos en cuestión es notoria la presencia de figuras autoritarias que autorizan y desautorizan el juego). Ahora, un texto es una construcción verbal, un discurso ficticio que, como el juego, es el sitio de una libertad en principio ilimitable, y no obstante, el discurso que funda estos textos está sometido a modelos culturales (literarios) inseparables del contexto social en que funcionan. En otras palabras, los textos se dejan limitar por la tradición que permite sólo la libertad ejercible dentro de las convenciones literarias privilegiadas. Esta "censura" es homóloga a las limitaciones impuestas sobre el juego: en ambos casos se erige un discurso "oficial" que supervisa la producción del discurso lúdico y del ficticio. El discurso oficial ordena el mundo en términos de valores, roles e instituciones (a la vez que produce una imagen coherente de su trabajo clasificatorio) para luego entregar este orden ya "natural" al sujeto individual y socializarlo:[26] es, en consecuencia, un discurso impersonal. No así la ficción literaria y el juego, discursos que se dan cita en el individuo y que le posibilitan una práctica en cierto modo subversiva, ya que el emisor de estos discursos homólogos puede producir imágenes varias de un sí mismo que ya no sería determinado por las prescripciones sociales. Si a los roles sociales corresponden registros determinados, los roles lúdicos o ficticios tienen la libertad

111

de atribuirse su propio registro, como demuestra el Donoso de *Casa de campo*.

Volviendo al caso particular de los cuentos de Donoso (casi todos escritos durante ese período de encierro que el escritor experimentó en Chile antes de exiliarse), se podría decir que el discurso social ha dividido, para conquistarlos, al discurso ficticio y al lúdico, o por lo menos, que ha impedido su asimilación mutua (que por supuesto puede funcionar en sólo una dirección: no jugar a escribir ficciones, sino ficcionalizar el juego. La primera de estas posibilidades se hace factible sólo a partir de la segunda en un escritor que no sea como el inédito Humberto Peñaloza de *El obsceno pájaro de la noche*). Este comentario se puede justificar retrospectivamente, desde textos posteriores de Donoso que subvierten convenciones (*El lugar sin límites, El obsceno pájaro*) o juegan con ellas (*Casa de campo, La misteriosa desaparición de la Marquesita de Loria*). En estos textos el discurso lúdico y el ficticio se producen simultáneamente, rompiendo los límites entre uno y otro, amalgamándose. En los cuentos, sin embargo, el hecho mismo de observar convenciones (y no tanto la naturaleza de las convenciones observadas) impone reglas que más tarde se impondrán sólo desde y en el discurso constitutivo del texto. En la práctica esta reglamentación (los renglones que se traslucen a través de la "página blanca"—como metáfora de la libertad de la ficción —y que guían la escritura) significa que no se puede hablar en un sentido importante de una modelización lúdica del discurso narrativo de los cuentos, aunque sí se puede y debe hablar de esa metonimia del juego que es el personaje infantil. El discurso infantil (juegos, visiones) se articula en función de un discurso adulto que lo limita; además, el comienzo y el final del juego no coinciden en ningún caso con el final y comienzo de la ficción. O sea, el juego está rodeado, sitiado, emplazado por enunciados que le tienen que abrir un espacio propio contra la resistencia de un discurso fundamentalmente "otro."

Es indiscutible, por otro lado, que en varios aspectos *Este domingo* también es un texto convencional, lo cual ha dado origen a ciertas lecturas sociológicas y psicológicas igualmente convencionales. Pero, nuevamente desde un punto de vista retrospectivo, resulta más productivo generar una lectura que privilegie los desvíos de esa novela con respecto a las normas literarias que invoca, las aperturas con respecto a las formas cerradas de la tradición. Su distanciamiento de los cuentos es notable cuando se considera la inversión irónica de la verosimilitud social del juego, que en esta novela sólo logra codificar los juegos ingenuos y predecibles de los niños pero no los juegos "serios" de los adultos. El discurso ficticio y el discurso lúdico se hacen cómplices en la medida en que este último no tiene un lugar preciso de origen en la novela, o sea, hasta el punto en que es más difuso y más difundido que en cualquiera de los cuentos, no siendo limitado por ninguna de las voces o perspectivas narrativas. Esto hace posible que las sustituciones lúdicas practicadas por los personajes infantiles (autorizadas por un código lúdico convencional) se repitan en las sustituciones practicadas por los adultos, pero el lenguaje común entre ambas se organiza a nivel de un modelo externo al texto y a la verosimilitud social del juego, y que no depende de ninguna determinación textual o social específica. El espacio textual se comienza a concebir, entonces, como un teatro de la escritura, un espacio autónomo que para alcanzar su autonomía debe primero llamarse ficción en el lenguaje del juego (y, más adelante, del carnaval). A algunos lectores les parecerán exageradas estas afirmaciones sobre una novela que quizás se han acostumbrado a ver como realista y mimética. A estos lectores se les puede recordar el final de *Coronación*, que carnavaliza las convenciones sobre las que la novela se ha construido, o el hecho de que en la novela terminada sólo meses antes de *Este domingo*—*El lugar sin límites*—la equivalencia entre texto y espacio teatral no puede ser más gráfica.

[1] *Muriel G. Shine en The Fictional Children of Henry James* (Chapel Hill: University of North Carolina Press, 1968) pasa por alto la novela picaresca y data la aparición significativa del personaje infantil en la literatura desde los románticos.

[2] Ver el capítulo 5 para una discusión de esta novela, que rebasaría los limítes del presente capítulo.

[3] Se cita por la edición de Charles Scribner's Sons (New York, 1908), Vol. IX, p. ix.

[4] La restricción de la narración a un discurso que excluye las ampliaciones practicables por un narrador mejor informado se dan notablemente en textos como *The Sound and the Fury* (primera parte), de Faulkner o "Macario," de Rulfo.

[5] Este término es deliberadamente vago y no significa más que "sujeto de ciertos actos físicos o mentales," aunque sus connotaciones teatrales y lúdicas lo hacen particularmente apto al presente trabajo. Ni siquiera se intenta diferenciarlo de "personaje," excepto que "actor" no denota (y rechaza) el psicologismo decimonónico. Eso sí, se excluye conscientemente el término *"actant"* puesto en circulación por Greimas y para una crítica del cual se puede consultar a Jonathan Culler, *Structuralist Poetics*, pp. 233-35.

[6] Originalmente este texto apareció en mayo de 1951 en *MSS*, revista literaria de la Universidad de Princeton, donde también se publicó el primer cuento de Donoso, "The Blue Woman," en noviembre de 1950. La versión manejada aquí, y a la que remiten las notas, es la que se reimprimió en *Chasqui*, 1 (noviembre, 1972), 67-72.

[7] Para una definición de los términos ver Boris Tomachevski, "Temática," *Teoría de la literatura de los formalistas rusos*.

[8] Las citas de los cuentos en castellano de Donoso remiten a la edición de Seix Barral (Barcelona, 1971) que los reúne todos bajo el título de *Cuentos*.

⁹Es una coincidencia significativa que en *What Maisie Knew* aparezca frecuentemente el vocabulario del juego (del "game" más que del "play"), con el cual los personajes (o el narrador) se refieren a las intrigas y designios que unos tienen sobre otros, y en general, a la combinatoria de las parejas. Maisie es como una ficha de las varias jugadas de los participantes en el mundo-tablero de la novela.

¹⁰Pierre Guiraud ha señalado la relación inversa que existe entre un código de significaciones redundantes y la información. Ver *La sémiologie,* pp. 17-18.

¹¹Ver los pasajes citados por Isis Quinteros, *José Donoso: Una insurrección contra la realidad* (Madrid: Hispanova de Ediciones, 1978), p. 114 (nota 1).

¹²P. 106 y ss.

¹³Según información proporcionada por el autor *El lugar sin límites* se escribió entre diciembre de 1964 y febrero del año siguiente. *Este domingo* fue escrita en 1965.

¹⁴La edición original de *Este domingo* (Santiago: Zig-Zag, 1966) traía un epígrafe del *Espectros* de Ibsen que fue suprimido en la edición de Joaquín Mortiz (México, 1968), a la cual remiten las citas de la novela en este trabajo. Hay un pasaje, sin embargo, donde se notan las huellas del epígrafe: "dejarlo en realidad tranquilo para irse esfumando cada vez más a partir de hoy de la vida de Maya, o quedarse y afrontar los fantasmas" (p. 162). En *Ideología y estructuras narrativas en José Donoso,* pp. 195-96, Hugo Achugar desarrolla brevemente este aspecto intertextual de *Este domingo.* Además de la vigencia de un código realista se podría señalar el "naturalismo" del personaje de Maya, condenado a una vida criminal por su medio ambiente a pesar de su intento de redención.

¹⁵Ejemplos: "Quiere que me vaya a coser a otra parte. Da vuelta una página. ¿El o el aire? Fue el aire. Está dormitando" (p. 132); "Maya está enojado. Come uva. Una pepa se le ha quedado prendida en el labio, Chepa estira la mano para sacársela. No es pepa. Es lunar" (p. 135); "Ese es Maya, ése que está abrazando a la Marujita junto a la forsythia gigantesca en medio de ese prado.... Pero no es Maya. No es la Marujita" (pp. 153-54). Estos espejismos, o

presencias inciertas (incluida la del lenguaje) que se intensifican en la descripción de la población marginal laberíntica, prefiguran ciertos procedimientos de *El obsceno pájaro de la noche*.

[16]Este punto lo desarrolla Isis Quinteros en *José Donoso*, pp. 121-23.

[17]Alvaro, don Alvaro, el abuelo; la Chepa, la señora Chepa, la abuela: referencias móviles que remiten a una perspectiva de discurso también móvil.

[18]O soliloquio, según la definición de Robert Humphrey. Ver *Stream of Consciousness in the Modern Novel* (Berkeley: University of California Press, 1954), p. 36.

[19]La metáfora de la redoma se instala en el relato como significante de un interior protectivo (el del auto) pero a la vez restrictivo. Aparece por primera vez en la p. 12 y se repite desde perspectivas diferentes en las pp. 15, 22, 56 y 156.

[20]"Ella es una perra parida echada en un jergón, los cachorros hambrientos pegados chupándole las tetas, descontenta si no siente bocas ávidas de ayuda, de consuelo, de cuidado, de compasión, pegadas a sus tetas" (p. 33). Esta imagen reiterada remite a una necesidad del personaje de ayudar, de salvar y de redimir. Los atributos crísticos de la Chepa se integran a una red de asociaciones religiosas que incluye la culpa (de Maya y suya propia: "Me siento tan culpable de no haber sido nunca buena mujer de Alvaro ni buena madre de las niñitas," p. 126), el mesianismo y el martirio: "a veces, en sueños, siente que tiene miles de tetas y todos los miles de habitantes de su población... se las muerden... y le sacan sangre y llora y le sacan pedazos..., pero es maravilloso porque ellos se alimentan de su carne..." (p. 192). Ver también el episodio de las animitas (pp. 98-99).

[21]*José Donoso: Una insurrección contra la realidad*, p. 137.

[22]Donoso habla de las "generosas garras" de Zig-Zag (*Historia personal del "boom"*, p. 107) al referirse a la deuda de $1,000 que lo atormentó por tanto tiempo y que saldó con la publicación de *Este domingo*. Sin duda Donoso cree en el exorcismo de los demonios interiores por medio de la escritura.

117

²³A pesar de que antes había reconocido las limitaciones de su rol de señora de sociedad: "No podía hacerlo porque ella era una señora de pelo gris y abrigo de pelo de camello..." (p. 152).

²⁴Incluso la casa de los abuelos, espaciosa desde la perspectiva infantil del nieto narrador, cambia de apariencia con el tiempo: "Me parece imposible que sea tan pequeña" (p. 207).

²⁵"El güero" constituye la única excepción. Ahí Mike, el personaje infantil, funciona como el destinatario de un discurso mítico, cosmogónico. Al apropiarse de este discurso el niño se rebela contra los valores racionales y "civilizados" del discurso adulto de sus padres. En particular, rompe los límites que éste le pone al juego.

²⁶Aquí se reiteran las ideas de Peter L. Berger y Thomas Luckmann sobre la relación entre lenguaje, individuo y sociedad. Ver *The Social Construction of Reality*, capítulos I y II.

*Capítulo 3*

La modelización lúdica en *El lugar sin límites*

Dentro del planteo del presente trabajo el discurso narrativo de *El lugar sin límites* alude simultáneamente al discurso lúdico y al discurso carnavalesco. La historia se desarrolla en un espacio teatral que puede ser tanto la plaza pública del carnaval como el espacio convencional del juego,[1] y en ambos se legitimiza el despliegue del disfraz que libera al sujeto de las convenciones sociales y culturales. Por lo tanto, jerarquizar los dos discursos modelizadores es un procedimiento algo arbitrario (y en todo caso de escasa importancia teórica o práctica), pero quizás autorizado por el texto mismo si se atiende a la relación entre *El lugar sin límites,* por un lado, y *Coronación* y *Este domingo* por el otro. Estas dos novelas, superpuestas en el espacio de la lectura, tejen un diseño de motivos recurrentes con respecto al cual se puede situar a *El lugar sin límites,* que constituye simultáneamente un nexo con ellas y un desvío. Es decir, una transformación que en casi todos los casos es carnavalizadora. El espacio de la casa familiar se carnavaliza y se convierte en un prostíbulo-escenario. Se carnavalizan también las relaciones familiares, que dejan de ajustarse a las estructuras oficiales (abuela-nieto, padre-hijo, etc.) para producirse como inversión (la Manuela como padre) o como desplazamiento simbólico (don Alejo como figura paterna y la Manuela como figura filial).[2] También se carnavalizan los roles convencionales, tanto familiares como sexuales: la Manuela es un personaje "invertido," y su inversión genera otras que constituyen la construcción metonímica ya subrayada por Sarduy.[3]

Sin embargo, hay que hacer dos salvedades al proceso de carnavalización que se observa en *El lugar sin límites*. Ante todo no hay que creer que la construcción por inversión de la novela remite al discurso carnavalesco sólo porque el término "inversión" está asociado al discurso sobre el carnaval. Lo que se invierte en el carnaval son los roles, jerarquías y valores contenidos en el discurso oficial de una cultura. Como explica Laurent Jenny, si el discurso carnavalesco tuviera una sintaxis ésta no sería de tipo metonímico:

> Il faut reconnaître que la "mise ensemble" des signes du carnaval, ne paraît pas relever d'un geste syntagmatique. La logique qui les réunit, c'est essentiellement une logique de l'énumération—du point de vue du discours rousselien—ou une logique du défilé—du point de vue de la réalité du carnaval.[4]

Ahora, si es posible entender la inversión (figura sintáctica)[5] como oxímoron (que el mismo Jenny identifica como una de las tres figuras del discurso carnavalesco), entonces se puede establecer un vínculo concreto entre el texto de Donoso y el lenguaje del carnaval, vínculo centrado específicamente sobre el cuerpo contradictorio de la Manuela, que reúne significantes masculinos y femeninos. La otra salvedad a la apropiación de *El lugar sin límites* por el modelo carnavalesco es que la relación patrón-sirviente, tan prominente en *Coronación* y *Este domingo*, no se carnavaliza en *El lugar sin límites* (como por ejemplo en *Casa de campo*) aunque sí se juega—y literalmente —dentro de sus límites. Es decir, el patrón (don Alejo) y los "sirvientes" (los habitantes de la Estación El Olivo) se relacionan entre sí en la forma prescrita por el discurso oficial, relación de subordinación inseparable, además, de un sistema económico determinado (el latifundio), lo cual elimina una posible desjerarquización. Pero el patrón sí juega con sus subordinados: don Alejo, que hace y cambia sus propias reglas, "da permiso" y protección para que la Manuela juegue a ser actriz, y también le hace una *apuesta* a la Japonesa Grande. Atendiendo a estos aspectos es posible decir que el texto de *El lugar sin límites* está modelado por el discurso lúdico, pero que éste tiene alusiones o connotaciones carnavalescas.

Sintaxis de los personajes

La llegada de la Manuela a la Estación El Olivo suscita comentarios y especulaciones que desde un primer momento coartan una lectura psicológica o biográfica del personaje porque fija el centro de interés del lector en lo que se puede *ver* del mismo. Las magras informaciones aportadas por otros enunciados textuales sobre el pasado o las ambiciones de la Manuela no permiten leer *detrás* del vestido de española con el que más tarde se cubrirá para protagonizar su número de baile en el prostíbulo. El pasaje en cuestión es éste:

> Bajaron también dos mujeres más jóvenes, y un hombre, *si es que era hombre.* Ellas, las señoras del pueblo, mirando desde cierta distancia, discutían *qué podía ser:* flaco como palo de escoba, con el pelo largo y *los ojos casi tan maquillados* como los de las hermanas Farías (subrayados añadidos).[6]

Lo que los espectadores recalcan aquí es la ambigüedad del personaje y su teatralidad, su histrionismo, su condición de espectáculo. El vestido rojo es el significante lúdico pero también femenino, que al coexistir con ciertos significantes masculinos (los pantalones, las rosas dobles de los cordones de los zapatos, los calcetines) instaura el *postiche,* la impostura. Esta ambigüedad sexual invita tanto al macho como a la hembra a "entrar en el juego." Cada baile de la Manuela incita a su violación (primero por una mujer y al final por un hombre), y en las tres actuaciones que consigna la novela (la fiesta por el triunfo electoral de don Alejo, el "año pasado" y el regreso de Pancho) el vestido termina siendo rasgado o desplazado del cuerpo que oculta. En la primera se revela el sexo masculino del personaje, lo cual lleva al espectáculo de la seducción montado por don Alejo; en la segunda, la intervención de don Alejo obstaculiza una posible revelación; en la última, se revela el otro nombre de la Manuela y finaliza el juego. Vale la pena detenerse en el momento inicial y final de esta secuencia temporal (abstraída del *sujet*) porque ahí se hace ostensible la regla que caracteriza la sintaxis de los personajes de *El lugar sin límites:* la posesión, tanto de propiedad como de almas y de cuerpos.

Hace años que la Japonesa vive en su casa-prostíbulo, propiedad de don Alejo quien se la arrienda por una suma insignificante. Pero la Japonesa quiere invertir su rol de mujer poseída y poseer la casa ("Quería ser propietaria. Cómo se siente una cuando es propietaria..., p. 110) y por eso acepta la apuesta del hacendado: si puede *poseer* a la Manuela la casa pasará a sus manos. Pero para poseer a la Manuela primero hay que comprarla con la oferta de ser socia, y una vez comprado su cuerpo, hecho propiedad de alguien, se le puede exigir la virginidad, el privilegio único del uso ("dime que nunca con ninguna mujer antes que yo, que soy la primera, la única...," p. 146). Este desplazamiento (poseer una casa *a través de* un cuerpo) también se pone en evidencia en ciertas secuencias que preparan el culminante regreso de Pancho. La Manuela tiene una hija signada por una doble inversión: nace de un padre que aunque actúa como hembra en el acto sexual tiene la capacidad de procrear;[7] además, cuando crece es la dueña virgen de un burdel ya que su madre le ha legado su parte de la propiedad, que la hija maneja expertamente. El padre se ha quedado con la otra parte, pero como en el mundo al revés de la Estación El Olivo las mujeres son las que "llevan los pantalones" la Japonesita es quien corre con la propiedad:

Después de la muerte de la Japonesa Grande te he pedido tantas veces que me des mi parte para irme, qué sé yo dónde, siempre habrá alguna casa de putas donde trabajar por ahí...pero nunca has querido (p. 64).

El travestí, entonces, adopta un valor "hembra" en el sistema económico, dentro del cual, y al igual que la casa, es un objeto de posesión. Lo que lega a la hija, consecuentemente, no es lo que un padre dejaría en herencia (un apellido,[8] una dote) sino lo que una madre legaría:[9] una ética, cuyo valor privilegiado es "pescarse" a un hombre y, en particular, a Pancho: "—Acuéstate con él, no seas tonta. Es regio. El hombre más macho de por aquí y tiene camión y todo y nos podía llevar a pasear" (p. 66). La Japonesita, mera comparsa, personaje que se mueve detrás de las bambalinas, debe ahora asumir un papel estelar en el burdel-escenario, y para asegurar su éxito la Manuela la prepara rehaciendo su fisionomía, acentuando los significantes femeninos, es decir, dotándola de un "lenguaje" a través del cual comunicar su disponibilidad para el juego.[10] Pero no se trata sólo de preservar una continuidad dentro del mismo sexo, ya que superpuesta a la transmisión de este ritual femenino aparece un corte entre dos generaciones. Al peinar a la Japonesita "a la moda," la Manuela manipula una cabellera que ella ya no tiene ("Comenzó a peinarse. Tan poco pelo. Apenas cuatro mechas que me rayan el casco. No puedo hacerme ningún peinado. Ya pasaron esos días," p. 62), y la juventud de la Japonesita es la juventud ausente de su propio cuerpo desgastado:

La Manuela terminó de arreglar el pelo de la Japonesita en la forma de una colmena. Mujer. Era mujer. Ella se iba a quedar con Pancho. El era hombre. Y viejo. Un maricón pobre y viejo (p. 67).

Este desplazamiento de atributos configura una imagen especular de la Manuela,[11] imagen hasta cierto punto perfeccionada con respecto al original puesto que descarta los obstáculos que se presentan a la posesión de la Manuela por Pancho, acto que se prefigura en las primeras páginas de la novela: el físico grotesco y el sexo masculino. Es *a través de* la Japonesita que la Manuela puede ser poseída por Pancho.

Pero la posesión en *El lugar sin límites* siempre es problemática. El proceso generador del texto no va a privilegiar esa unión "normal" de macho y hembra así como relega al trasfondo la unión de otras parejas análogas (don Alejo/ Misia Blanca, Pancho / Ema) cuya función es establecer un nivel básico de verosimilitud *contra* el cual se recorta el proceso formal de construcción por inversiones. Las operaciones que transforman el relato, que lo articulan sintagmáticamente, se identifican con este proceso y no con una posible orientación mimética o con las convenciones del relato realista, es decir, no con las prescripciones del discurso oficial. El texto, por lo tanto, busca alternativas que garanticen la supervivencia de la ficción: Pancho no sólo no posee a la Japonesita sino que hará el papel del macho invertido al convertirse en la víctima sexual de la Manuela (quien después será la víctima corporal de Pancho). Este nuevo desplazamiento del contacto erótico se comienza a manifestar cuando el propio órgano sexual aparece (simbólicamente) como objeto de posesión (posesión solipsista, masturbación):

> Su camión colorado. Acariciar a su camión colorado y no a la Japonesita con su olor a ropa.... Suyo. Más suyo que su mujer....Si quería, podía correrlo por el camino longitudinal que era recto como un cuchillo, esta noche por ejemplo, podía correrlo como un salvaje, tocando la bocina a todo lo que daba, apretando lentamente el acelerador para penetrar hasta el fondo de la noche... (p. 160).

Pero luego la Manuel entra (literalmente) en escena siguiendo las reglas de un doble juego de inversiones: primero entrega a la hija para aplacar a Pancho; Pancho no es aplacado sino incitado y violenta (pero no viola) a la Japonesita. Acto seguido, la Manuela misma se entrega para rescatar a la hija, pero en la operación de rescate no actúa ni como hombre ni como mujer, sino como una especie de "marimacho:" "Esas no son mujeres. Ella va a demostrarles quién es mujer y cómo se es mujer... Se pone el vestido de española por encima de la cabeza..." (p. 150). La sangre virginal que no corre en el cuadro anterior correrá en la secuencia final de la novela pero sólo gracias a un desplazamiento más,[12] ya que el acto que Pancho comete con el cuerpo de la Manuela no es sexual (o no sólo sexual) sino criminal. El vestido de española reinstaura la dialéctica central del personaje: ocultar el sexo (deseo de posesión) versus revelarlo (objeto de posesión). Este es el "juego" de la Manuela, y su número de baile sólo quiere mantener la distancia entre el deseo y su objeto aplazando una consumación imposible o, al menos, fuera del juego. Rasgar el vestido equivale a instituir significados fijos (*un* sexo, *un* nombre) que detienen el desplazamiento de los significantes constitutivos de la ficción. La primera vez que el disfraz revela su *detrás* (seducción de la Manuela por la Japonesa) se muestra un sexo que, sin embargo, es recuperado por el juego: la seducción es declaradamente un espectáculo (su móvil es una apuesta y el hecho es presenciado por espectadores) cuando no una "comedia." Pero en la secuencia final, cuando se desgarra el disfraz ("Cruza el alambrado cubierto de zarzamora sin ver que las púas destrozan su vestido," p. 177) se revela un nombre que el juego no puede recuperar:

> Parada en el barro de la calzada mientras Octavio la paralizaba retorciéndole el brazo, la Manuela despertó. No era la Manuela. Era él, Manuel González Astica. El. Y porque era él iban a hacerle daño y Manuel González Astica sintió terror (p. 175).

Al tomar el juego en serio los perseguidores se propasan porque transgreden el límite que separa las convenciones lúdicas de las convenciones culturales: Pancho al ver su machismo cuestionado y su honor mancillado frente a un testigo ("Ya pues compadre, no sea maricón usted también...," dice Octavio, p. 174) debe reafirmar su hombría mediante un acto brutal que suprime la ilusión del juego. La Manuela es referida a un nombre que genera una cadena metonímica de *significados*: virilidad, responsabilidad y, sobre todo, paternidad que, con respecto al juego, son lo *otro*:

bueno, bueno, chiquilla de mierda, entonces no me digas papá. Porque cuando la Japonesita le decía papá, su vestido de española tendido encima del lavatorio se ponía más viejo, la percala gastada, el rojo desteñido, los zurcidos a la vista, horrible, ineficaz... (p. 66).

Para que la ficción pueda compaginarse debe privilegiarse el estatuto del juego a costa del estatuto de los valores oficiales. El vestido o disfraz de la Manuela significa, por un lado, juego, pero el juego es una serie de desplazamientos (de identidades, de inversiones o de relaciones invertidas) que articulan una sintaxis *paralela* al discurso oficial y que aparece siempre amenazada por el prestigio de las prescripciones sociales. Por otro lado, el vestido significa femineidad, pero es obvio que la femineidad de la Manuela es "de mentira," ilusoria, y que para participar de ella hay que estar "en juego," creer en la ilusión. Enderezar el mundo al revés que pone en movimiento la Manuela implica contrarrestar la proliferación de significantes lúdicos (y, por definición, las inversiones) e imponer los significados culturales que la Manuela subvierte, pero ante todo implica el fin de la ficción (lúdica y literaria). El último capítulo de la novela significa este final de modo polisémico y no sólo por su posición: cuando cae el telón sobre la Manuela se hace la oscuridad en la sala,[13] los espectadores se retiran (don Céspedes) o se van a dormir (las putas) y el discurso narrativo se refiere a una doble ausencia, la de don Alejo y la de la Manuela. El escenario queda vacío y la página en blanco.

## Don Alejo y las formas de la posesión

Don Alejo es la figura paterna por excelencia en la novela, tanto por la forma de gobierno que emplea en sus tierras—el "paternalismo"— como por su relación con la Manuela. En las tres actuaciones del travestí la presencia (o ausencia) del hacendado es significativa y determina la integridad del juego. En el espectáculo de la seducción su función de corifeo es obvia ya que convierte a todos los personajes en partícipes del juego, como protagonistas o espectadores. Además, si por un lado es cierto que "juega" con la Manuela (o la posee) a través de la Japonesa, por otro no se puede olvidar que es don Alejo quien delimita y protege el espacio lúdico donde las diferentes imposturas de la Manuela pueden ser inconsecuentes.[14] Una de las condiciones que impone don Alejo es que él y los demás tengan derecho a mirar pero desde *detrás* de una ventana, es decir, de algo que separa y que también enmarca y limita. El proteccionismo del hacendado es aún más evidente cuando la Manuela baila por primera vez frente a Pancho:

> que se acordara del año pasado, cuando Pancho Vega anduvo en el pueblo para la vendimia y se presentó en su casa con una pandilla de amigotes prepotentes y llenos de vino— capaz que hasta hubiera corrido sangre si en eso no llega don Alejandro Cruz que los obligó a portarse en forma comedida... (p. 10).

En efecto, correrá sangre cuando don Alejo ya no pueda obligar a Pancho. La relación entre estos dos personajes dentro de la "frase" narrativa es nuevamente de sujeto a objeto: don Alejo posee a Pancho porque es su padre (adoptivo) y su acreedor, doble relación que se va debilitando hasta que la interdicción paterna ("Que no sepa yo que te has ido a meter donde la Japonesita a molestar a esa gente," p. 50) es transgredida[15] y las dueñas del prostíbulo victimizadas.

Una interdicción, etimológicamente, es algo dicho que se interpone entre dos, o sea, un límite. Como el título lo indica, Donoso quiere proponer un lugar (un texto) sin límites, o más exactamente, se propone un texto cuya dialéctica estructural consista de un simultáneo marcar y borrar de límites. El acto de inscripción es un gesto de asentimiento cultural que remite al segundo nivel de verosimilitud señalado por Jonathan Culler,[16] y en este sentido es un acto mimético, un "espejo" del mundo tal como éste se construye en la novela realista y en su variante regionalista. Así, don Alejo se comporta paternal y despóticamente porque esa conducta es "típica" del patrón rural latinoamericano. Pero esta escritura realista se debe borrar parcialmente para instalar sobre ella otro discurso: el de la ficción asumida como tal y que proyecta una imagen verdaderamente especular (una imagen invertida) del concepto cultural "realidad." *El lugar sin límites*, entonces, se puede conceptualizar como un doble juego de espejos: por un lado, se reflejan en uno las convenciones del realismo, y por el otro, un segundo espejo las invierte. El pasaje entre uno y otro para situarse en el territorio de la ficción se efectúa mediante el borrar de límites, mediante su transgresión. No poder transgredir un límite (por ejemplo, el canal que separa las viñas de don Alejo del pueblo) significa el final de la ficción, del escribir como juego de inversiones.

El texto, por lo tanto, no va a privilegiar la interdicción de don Alejo sino su transgresión, y esta operación se lleva a cabo de modo heterogéneo puesto que se postula una motivación realista (Pancho se libera económicamente de su patrón porque con la ayuda de Octavio salda su deuda) pero también otro tipo de semiosis literaria. Varios enunciados novelescos apuntan directamente a la muerte inminente de don Alejo ("Me dijo que se iba a morir," comenta don Céspedes, p. 155), pero hay otros que se refieren al mismo acontecimiento de modo indirecto. El símbolo de esta muerte son los cuatro perros sueltos. El soltarlos a los cuatro vientos es el último acto de poder del hacendado pero a la vez constituye —en otro nivel— la transgresión de su propia interdicción contra Pancho, porque esos cancerberos desmandados y temidos que nadie puede ubicar *se transforman* en Pancho y Octavio, igualmente móviles y desmandados por el campo en persecución de la Manuela. Cuando la alcanzan y se le echan encima ferozmente se reitera un momento anterior del relato en que los perros de don Alejo se abalanzan con la misma ferocidad sobre un pedazo de carne cruda que don Céspedes les tira.

El poder de don Alejo se eleva a la potencia del mito, lo cual marca una distancia con respecto al género regionalista al que la novela remite. Su epígrafe establece un nivel simbólico que conlleva una inversión central:[17] el pueblo es un infierno pero es posesión de un personaje cuyos atributos divinos se subrayan desde el principio: "Habían comenzado a molestar a la Japonesita cuando llegó don Alejo, como por milagro, como si lo hubieran invocado. Tan bueno él. Si hasta cara de Tatita Dios tenía..." (p. 12). Sin embargo, como los demás niveles textuales, una inversión genera otra. La lectura del mito judeo-cristiano que propone el enunciado citado —lectura de izquierda a derecha, como "corresponde"— se invierte cuando se empieza a elaborar el carácter más bien diabólico de don Alejo. Como el dios de Job, la figura divina de *El lugar sin límites* es implacable:

> Yo quería no tener asco de la carne de esa mujer que me recordaba la casa que iba a ser mía con esta comedia tan fácil pero tan terrible, que no comprometía a nada, pero...y don Alejo mirándonos. ¿Podíamos burlarnos de él? Eso me hacía temblar. ¿Podíamos? ¿No moriríamos, de alguna manera, si lo lográbamos? (p. 144).

En el mismo acto sexual (y teatral) de la seducción de la Manuela don Alejo aparece como el que condena a las criaturas a las llamas del infierno:

> don Alejo mirándome, mirándonos, nosotros *retorciéndonos,* anudados y sudorosos para complacerlo porque él nos mandó hacerlo para que lo divirtiéramos ...(p. 145; subrayado añadido).

El juego de don Alejo, sin embargo, no se reduce a la función de mero espectador del espectáculo que él mismo monta en esa casa que "se estaba *sumiendo"* (p. 21), sino que abarca al pueblo entero. Así como don Alejo es un senador que instaura sólo leyes lúdicas, como propietario hacendado inscribe las transacciones económicas en un sistema de significación también lúdico. Según Caillois, en el juego "Il y a déplacement de proprieté, mais non production de biens."[18] También en la novela de Donoso los trámites del hacendado son tautológicos: dueño del lugar, don Alejo vende lotes de tierra baratos a largo plazo con la promesa de un futuro próspero basado en la electrificación del pueblo. Cuando este proyecto no se materializa, el ex-propietario busca readquirir lo que antes había sido suyo. Don Alejo, entonces, es un inventor de ilusiones (el pueblo es su ficción) que, como las de la Manuela, terminan en el desenmascaramiento: "No. La electricidad y el Wurlitzer no fueron más que espejismos que durante un instante, por suerte muy corto, la indujeron a creer que era posible otra cosa" (p. 78). La desilusión de la Japonesita[19] (su salida "etimológica" del juego), o, mejor dicho, la lectura del pasaje entre su ilusión y su desilusión (o entre un entrar y un salir, un comienzo y un final) reitera la construcción global del *sujet* de la novela, su marco: al principio de la lectura el vestido roto de la Manuela se remienda, lo cual instaura la ficción; al final, el vestido remendado se vuelve a desgarrar, lo cual la clausura.

Desde el punto de vista de la Manuela, por otro lado, don Alejo es un jugador que hace trampa. El hacendado no pone todas las cartas sobre la mesa cuando manifiesta su deseo de comprar la propiedad que antes había cedido, dejando abierta la posibilidad de que el proyecto de la electrificación fuera sólo una maniobra:

Pero ella, la Manuela, era muy diabla, y no la iba a engañar. Lo conocía desde hacía demasiado tiempo para no darse cuenta de que algo estaba tramando. Siempre había querido pillarlo en uno de esos negocios

turbios de que le acusaban sus enemigos políticos
(p. 75).

Don Alejo oculta un secreto así como la Manuela
oculta un sexo y un nombre, pero se trata de dos tipos
inversos de enmascaramiento ya que el de la Manuela
genera el juego mientras que el del hacendado lo imposibilita. Por muy ambigua que quede la naturaleza
de sus negocios (los designios del Señor son inescru-
tables...), el hecho incontrovertible es que condenan
al pueblo, lo cual remite por medio de la inversión
a un apellido (Cruz) cuya promesa de redención no
se cumple.[20] Así, el poder de don Alejo trasciende el
plano realista al situarse también en un plano doblemente simbólico: el del mito (donde don Alejo aparece
como dios que condena a sus criaturas al infierno) y
el del juego (corifeo que juega con sus protegidos y
que termina el juego dejándolos en desventaja, es decir, que los ilusiona para luego desilusionarlos).

El nivel verbal: los enunciados

El nivel simbólico también se construye a partir
del nivel verbal, y en particular, del uso figurado del
lenguaje. *El lugar sin límites* presenta, en efecto, una
organización autónoma del discurso que revela una
verdad aplicable en mayor o menor grado a todo texto
literario, y es que su escritura se realiza desde *dentro*
del lenguaje. A la pretendida transparencia de la práctica realista se opone la opacidad del discurso narrativo: los significantes aplazan su referencia a los significados para solidarizarse entre sí en un juego de des-

134

plazamientos metonímicos o metafóricos. Si se toma como punto de partida la presencia simbólica del infierno, se obtiene la siguiente cadena de significantes: fuego—calor (sexual)—Lucifer (Pancho como hijo rebelde del dios don Alejo), todos los cuales remiten al infierno por metonimia. Este proceso se complementa con uno metafórico, ya que por abstracción del sema "rojo" se integran otros significantes a la cadena: el vestido rojo de la Manuela (y su chal rosado), el vino, la sangre.[21] La autonomía del nivel verbal del texto se consolida por medio de la motivación recíproca de estos significantes (todos los subrayados son añadidos):

> Olía a jabón Flores de Pravia aunque en el salón hubiera bebido litros de *vino*, y entonces mi mamá se *prendía como una antorcha*... (p. 161);

> Pancho, de pronto, se ha callado mirando a la Manuela. A eso que *baila* allí en el centro... nadie ve lo que le sucede debajo de la mesa, pero que no puede ser, no puede ser y toma una mano dormida de la Lucy y la pone allí, donde *arde* (p. 170);

> Agarró fiesta. Le entró el *diablo* al cuerpo. Lo conozco. Me ha hecho esto otras veces. Los hombres le convidan *trago*, él *baila*... (p. 186).

A nadie se le escapa, naturalmente, que estas expresiones (y otras: "Trata de conseguir que el maricón se *caliente* contigo," p. 109; "Don Alejo llegó a las ocho bastante *achispado*," p. 93) existen ya en la lengua,[22] que se trata de metáforas lexicalizadas. También

135

se sabe que el texto literario, que es un tipo de organización discursiva superpuesto a la organización del lenguaje, tiene la capacidad de desautomatizar la percepción de estas metáforas al incluirlas en un nuevo sistema de relaciones. Aparte de las relaciones distributivas que se manifiestan en los ejemplos dados, existen relaciones integrativas que se deben considerar. Así, el fuego es metafórico porque significa *consumación* (pasión, erotismo) o *consumición* corporal:

> Siquiera electricidad, decía, siquiera eso, yo la oía quejarse siempre, de tantas cosas, de la hoguera en el estómago, quejarse monótonamente, suavemente, al final, tendida en la cama, hinchada, ojerosa (p. 59).[23]

Pero el fuego también es un referente literal del discurso narrativo, como cuando ilumina el interior del prostíbulo desde el chonchón, las brasas o las velas.[24] La luz, por otro lado, es también literal (el texto entero está marcado por un constante juego visual, cinematográfico, de luz y sombra, de prender y apagar luces) lo cual no quita que se integre en un discurso metafórico:

> Pero los ojos.... Dos redomas iluminadas por dentro. Cada ojo brillaba entero tragado por el iris traslúcido y Pancho sintió que si se inclinaba sobre ellos podía ver, como en un acuario, los jardines submarinos del interior de la Japonesita (pp. 156-57).[25]

Así como el signo luz genera su contrario, lo mismo ocurre con fuego (→agua) y calor (→frío). Literalmente llueve y se inunda la casa, pero metafóricamente hay

personajes asociados con el calor (la Japonesa) así
como los hay asociados con el frío (la Manuela).

La enunciación

Si en el plano del enunciado los desplazamientos
verbales tienden a afirmar la presencia organizada
del texto, aquéllos que se manifiestan en el plano de
la enunciación afirman, por el contrario, su búsqueda.
Desde esta perspectiva el hecho sobresaliente es la
inestabilidad de la narración, la falta de una voz pri-
vilegiada que se encargue de la enunciación narrativa
o que diga el texto desde un punto de vista consecuente. En este sentido, la transición entre el capítulo IX
y el X es ejemplar. El capítulo IX termina en una obvia
nota de expectativa: la Manuela ha decidido dejar su
escondite para entrar al burdel a confrontar a Pancho, y antes de hacerlo "se persigna como las grandes
artistas antes de salir a la luz" (p. 152). Su entrada,
sin embargo, se pospone a través de todo el capítulo
siguiente que no puede parecer sino digresivo ya que
se ocupa de otros aspectos de la historia y, además,
trasciende este nivel —donde se sitúa la expectativa
del lector— para elaborar la ausencia de don Alejo
simbólicamente. No obstante, la incomodidad de la
transición se debe imputar en gran parte a la introducción de una perspectiva sorpresiva (ya que el relato
se narra predominantemente desde el punto de vista
de la Manuela) y secundaria (los acontecimientos los
registra un personaje que se mueve en el trasfondo—
don Céspedes). Esta perspectiva móvil se complementa con la inestabilidad pronominal que ha sido comen-

tada por la crítica especialmente con referencia a *El obsceno pájaro de la noche,* novela de la cual *El lugar sin límites* es un "gajo."[26] En ambos textos el modo narrativo es un constante desplazamiento entre la voz de un narrador impersonal que narra en tercera persona y las voces de los personajes, sin que se marquen límites en el paso de un pronombre a otro:

> El Intendente se hallaba siempre de viaje o estamos haciendo gastos demasiado importantes en otra región ...(pp. 53-54);

> Tan flaca, por Dios, a nadie le voy a gustar, sobre todo porque tengo el vestido embarrado y las patas embarradas y se quita una hoja de parra que se le pegó en el barro del talón y avanza hasta la luz... (p. 152).

Incluso cuando los pronombres permanecen fijos se advierte una oscilación en el registro verbal: los personajes imitan otras entonaciones o se salen del tono en que hablan por lo general. La Manuela, por ejemplo, imita de vez en cuando un tono infantil:

> Claro, es que una es tan chiquilla, la gitanilla, un primor, apenas una niñita que va a bailar y por eso no tiene senos, así, casi como un muchachito, pero no ella, porque es tan femenina, el talle quebrado y todo... (p. 150).

Pancho, por otro lado, a veces se sale del tono agresivo e imperativo con que habla para caer en una especie de desesperación verbal:

Me quiero reír. No puede ser todo así, tan triste..., y esta noche voy a tener que ir a dormir a mi casa con mi mujer y no quiero, quiero divertirme, esa loca de la Manuela, que venga a salvarnos, tiene que ser posible algo que no sea esto, que venga (p. 165).

Lo que estos fenómenos narrativos recalcan es que la autonomía del discurso prevalece por sobre la autonomía de los personajes (si éstos se quisieran ver como personajes realistas). Pero a nivel del modelo lúdico esas voces precarias se solidarizan con personajes y lugares igualmente precarios:

> Pero de pronto la Japonesita le decía esa palabra [papá] y su propia imagen se borroneaba como si le hubiera caído encima una gota de agua y él entonces se perdía de vista a sí misma, mismo, yo misma no sé, él no sabe ni ve a la Manuela y no quedaba nada, esta pena, esta incapacidad, nada más, este gran borrón de agua en que naufraga (p. 67).[27]

Lo que no se borra son las marcas de la escritura, su problemática, que se sitúa en los intersticios, entre una impostura y otra, una voz y otra. Esos desplazamientos aseguran la continuidad de una ficción que se arma a base de discontinuidades (a nivel de personaje, de voz narrativa, de organización capitular, de la sintaxis), pero en ellos acecha también la posibilidad del final y la reimposición de un orden de significados culturales sustentados por la historia en relación a los cuales la ficción, como el juego, es y se sabe efímera y anómala.

# NOTAS

[1]El título de la novela alude al problema de los límites de este espacio: ¿dónde termina el escenario? ¿Dónde acaba el juego y se reimponen los significados oficiales: el machismo, la paternidad? ¿Es posible jugar también fuera del prostíbulo, en el pueblo de don Alejo? ¿Constituye el canal que separa al pueblo del fundo— en las orillas del cual se rasga definitivamente el disfraz de la Manuela —un límite no ambiguo? Esta ambigüedad constituye un campo móvil sobre el que se va fundando la escritura.

[2]"Figura" en el sentido que le da al término Roland Barthes en *S/Z*: "Comme idéalité symbolique, le personnage n'a pas de tenue chronologique, biographique; il n'a plus de Nom; il n'est qu'un lieu de passage (et de retour) de la figure" (pp. 74-75).

[3]Ver "Escritura/travestismo" en *Escrito sobre un cuerpo* (Buenos Aires: Sudamericana, 1969), p. 44.

[4]"Le Discours du carnaval," 29.

[5]Así la clasifica Todorov en "Tropos y figuras," en *Literatura y significación*, tr. Gonzalo Suárez Gómez (Barcelona: Planeta, 1971), p. 231. Su tipología, curiosamente, omite el oxímoron que quizás podría incluirse en la columna "semántica" (donde se enumeran dos figuras de contradicción) o en la columna "signo-referente," donde aparecen cinco figuras de los contrarios.

[6]José Donoso, *El lugar sin límites* (Barcelona: Bruguera, 1977), p. 86. Todas las citas de la novela remiten a esta edición.

[7]"...no, no, tú eres la mujer, Manuela, yo soy la macha...," p. 147.

[8]Los nombres de algunos de los personajes son problemáticos: o son sobrenombres (la Japonesa, la Japonesita), pseudónimos (la Manuela) o apellidos recuperables a nivel simbólico (Cruz). Recordar lo que se dijo antes sobre la carnavalización de las estructuras familiares. Estos son nombres-disfraces o nombres desplazados de su lectura normal y patronímica (incluso don Céspedes, ya que por lo general "Céspedes" es apellido y no nombre).

[9]En ciertos momentos la Manuela afirma ante la Japonesita su condición de madre y no de padre (pp. 173, 174).

140

[10]La Japonesita "se ilusiona" con Pancho. La raíz etimológica del verbo (*in-lusio*: en juego) es significativa.

[11]En toda imagen especular hay inversión pero también identidad: la hija es físicamente una réplica del padre (no tiene las cejas o pómulos de la Japonesa, ni su corpulencia. En cambio, es flaca y tiene los senos de la Manuela). El espejo, como referencia literal del discurso narrativo, es un objeto lleno de información. Ante él ocurre una transferencia de identidades; más adelante, la Manuela cuestiona ante un espejo su impostura femenina: "Vio su propia cara en el espejo.... las velas, a cada lado, eran como las de un velorio.... Morir aquí, mucho, mucho antes de que muriera esa hija suya que no sabía bailar pero que era joven y era mujer y cuya esperanza al mirarse en el espejo quebrado no era una mentira grotesca" (p. 69).

[12]Otro tipo de desplazamiento: la Japonesa, enamorada de don Alejo, no se convierte ella misma en su amante sino que le consigue al hacendado *otras* putas (pp. 89-90). También hay un momento en que los desplazamientos se coartan: don Alejo incita a la Manuela pero le advierte que "era broma nomás" (p. 101).

[13]"La Japonesita se había sentado frente a don Céspedes, al otro lado de la llama de carburo, que iba achicándose. La achicó hasta dejarla convertida apenas en un punto en el pico del chonchón" (p. 181). También se habla en estas páginas del final del "fantasear."

[14]Al finalizar el espectáculo de la seducción, cuando los protagonistas se despojan de sus respectivas máscaras, la Manuela dice: "...nunca más porque ahora ya no existe ese tú, ese yo que ahora estoy necesitando tanto..." (p. 148). El "ahora" indica el momento posterior en que la Manuela tiene que hacerle frente a Pancho para defender a la Japonesita. Por lo tanto, el enunciado destaca la diferencia entre la virilidad como impostura (como un significante del juego) y la virilidad como responsabilidad (como significado *fuera* del juego).

[15]El mecanismo de la transgresión (que es también transgresión de los límites lúdicos) es, sin embargo, ambiguo pues don Alejo enuncia la interdicción y a la vez incita a Pancho a desobedecerla: "—Tu padre, a quien Dios guarde en su gloria, no me hubiera aguantado que yo le hablara así. Era un hombre de veras. ¡El hijito que

le fue a salir!" (p. 44). Esta incitación reaparecerá más tarde ya no en el nivel del discurso sino en el de la historia cuando la Manuela entre a demostrarle a Pancho "cómo se es mujer," oponiéndose así a la función masculina de don Alejo en la incitación.

[16] *Structuralist Poetics*, pp. 141-45.

[17] Hay otras inversiones: en el pueblo-infierno de nombre bíblico hace frío y llueve. Además, el pueblo es una Estación (¿las estaciones del Calvario?) pero los personajes se condenan a sí mismos a quedarse permanentemente.

[18] *Les Jeux et les hommes*, pp. 16-17.

[19] Esta desilusión remite a la de don Alejo, quien piensa que sus proyectos han fracasado, y a la de la Manuela, que "podía haber sido reina" de todos los burdeles del lugar.

[20] Hay aquí otra inversión a nivel simbólico: la Manuela es "diabla" (cf. supra) pero puede salvar: "esa loca de la Manuela, que venga a salvarnos...," p. 165.

[21] Es cierto que algunos de estos lexemas pueden funcionar como significados, pero el mecanismo del proceso simbólico es precisamente convertir un significado en significante. Ver Michel Le Guern, *La metáfora y la metonimia*, tr. Augusto de Gálvez-Cañero y Pidal (Madrid: Ediciones Cátedra, 1976), p. 45.

[22] María Luisa Bastos ha estudiado un problema similar con respecto a Rulfo. Ver "Clichés lingüísticos y ambigüedad en *Pedro Páramo*," *Revista Iberoamericana*, 102-103 (enero-junio, 1978), 31-44.

[23] Cf. p. 46: "...y cuando caiga en cama con úlcera, un fuego que me quema aquí..."

[24] Hay un cliché que se literaliza. La Manuela dice: "Y tú pidiéndome que te proteja: si voy a salir corriendo a esconderme como una gallina en cuanto llegue Pancho" (p. 64). Efectivamente, más tarde la Manuela se esconderá "como una gallina" en el gallinero adyacente a la casa (p. 141).

[25] Este complejo metafórico se retoma en las pp. 164, 168 y 171.

[26]José Donoso, *Historia personal del "boom"*, p. 106.

[27]En la p. 169 se habla de borrar el pueblo.

## Capítulo 4

*El obsceno pájaro de la noche:* la Historia y las historias

### El espacio del texto

En 1958 Donoso, ubicado dentro de un marco cultural que se le irá haciendo más y más estrecho, publica una novela fácilmente identificable con las convenciones realistas de la novela decimonónica, aunque "puesta al día" por una temática de tipo existencialista. Pero el texto de *Coronación* no muestra la factura homogénea característica de una novela segura de su identidad sino que su final carnavalesco parece descartar las convenciones sobre las cuales está construida. Retrospectivamente se puede ver que esa escena carnavalesca está reclamando los derechos y el valor de la ficción como una búsqueda de su propia libertad, por sobre el prestigio otorgado a un espacio semiótico (el de las convenciones) ya reglamentado y —en el caso del realismo— convertido prácticamente en una ideología que trasciende los lindes de la literatura. El discurso carnavalesco es, en efecto, la transgresión de cualquier discurso

145

institucionalizado. Cuando en 1970 aparece *El obsceno pájaro de la noche,* el lector— ya no el mismo lector original de *Coronación* sino uno condicionado por las novelas más significativas de la nueva narrativa latinoamericana—se exalta precisamente ante la liberación absoluta del espacio ficticio, que proclama su autonomía con la misma insistencia obsesionada con que se marcan los límites constitutivos de los dos espacios principales de la novela. Traducir un proyecto de liberación en términos de un encierro es sin duda una paradoja que sin embargo no resulta inquietante en una novela tan paradójica como *El obsceno pájaro.* El ejercicio de la libertad absoluta linda con la anarquía y exige la necesidad de una limitación para que la producción textual se convierta en construcción significante. El discurso novelesco (que en *El obsceno pájaro* es siempre discurso meta-novelesco, auto-referencial) insiste en la dominación de los espacios por parte del mismo personaje desdoblado— el Mudito en la Casa y Humberto en la Rinconada —pero a la vez insiste en el cuestionamiento de esta dominación por la imposición de una autoridad externa, la de don Jerónimo. Por otro lado, el espacio cerrado tampoco garantiza la construcción de una ficción "normal," no monstruosa. Humberto no puede comenzar a escribir su crónica de la Rinconada aunque ya tiene personajes, estructura y anécdota en mente, "todo ese mundo bulléndole adentro de la cabeza.... Era un mundo sellado, ahogante, como vivir adentro de un saco."[1] El motivo del encierro es en sí paradójico y ambiguo: por una parte promete la posibilidad de un mundo ordenado y manejable, pero para que ese mundo se construya se requiere la apertura de lo encerrado. En otras palabras, la transformación, el desplazamiento, la sustitución.

El discurso narrativo no deja ninguna duda de que tanto la Casa como la Rinconada son metáforas de la ficción, o quizás de la imposibilidad o problemática de la ficción. La Casa no es sólo una construcción anárquica que crece sin orden ni planeamiento sino también un espacio laberíntico donde se pierde el hilo de la narración y también su "centro," o sea su origen y fin. La simetría perversa de los laberintos—la duplicación y multiplicación de pasadizos que pueden ser otros o el mismo—es evidente en la construcción de la novela, donde los motivos tienen sus dobles invertidos y los personajes proliferan detrás de máscaras que simulan esconder un rostro central para disimular que no esconden nada. La Casa es también el espacio del *trompe l'oeil*, de las perspectivas falsas: espacio-espejismo que rehusa admitir la posibilidad de un mundo externo al de la ficción del cual ésta deba ser un "espejo." Uno de los lugares privilegiados dentro de la Casa es la portería, que controla o modaliza el pasaje entre el adentro y el afuera, pasaje nunca propuesto como una continuidad sino como crisis. Derribar los muros de la Casa y mezclar esos espacios heterogéneos implica nada menos que el fin de la ficción: "Sí, recuerdo los muros. Pero no recuerdo nada más, y el futuro se prolongará sólo hasta el momento que caigan. Falta poco para que todo esto concluya como debe concluir" (p. 538).

En el otro espacio—la Rinconada teratológica—también se observa la vocación de "borrar el mundo de afuera" (p. 484). Este lugar, secreto como los manuscritos del Mudito que se guardan debajo de su cama, está modalizado por capas de monstruos organizados jerárquicamente que esconden al hijo de don Jerónimo. El centro de este laberinto concéntrico, sin embargo, es problemático en el sentido de que varios enunciados textuales niegan la existencia del primogénito. El vacío que se instala donde debiera haber un centro remite a otra de las metáforas a través de las cuales el texto enuncia su proceso de producción: los paquetitos escondidos debajo de otra cama de la Casa (la de la Brígida) que la Madre Benita desenvuelve obsesivamente buscando "la clave para saber lo que la Brígida quiso decir" (p. 31), la "unidad" (p. 32) de su discurso. Pero las capas de envoltorios contienen sólo un vacío central, un significado ausente. No hay unidad sino la dualidad o heterogeneidad típicas de lo monstruoso. El texto es un cuerpo híbrido, un injerto que no puede disfrazar sus costuras, un cuerpo como el de las estatuas de los santos que las viejas arman arbitrariamente con fragmentos dispares de otras estatuas.[2] Esta especie monstruosa de *bricolage* se esconde lejos de la mirada pública, como Boy: ambos nacen deformes y después de un parto laborioso. Si se considera que el "autor" del texto, Humberto Peñaloza, se paraliza ante la página en blanco,[3] el nacimiento de la ficción resulta tan "milagroso" como el del niño conjurado por las viejas, que en otra de sus encarnaciones es el propio Boy. Por último, la Rinconada teratológica es explícitamente una ficción, una invención de alguien aunque la identidad del autor sea ambigua. En un nivel el autor de ese universo es don Jerónimo, que idea el encierro de su hijo, rehace el mundo a su imagen y semejanza, y contrata a Humberto para que escriba la crónica de su creación. Pero en otro nivel es éste el creador:

Un cosmos limitado, un presente inalterable y continuo.
Es imposible que un ser como Jerónimo invente cosas
así.... No. Fue invención de Humberto Peñaloza para
vengarse de Jerónimo (pp. 410-11).[4]

Esta venganza se lleva a cabo en términos explícitamente literarios: "Tengo muchas páginas en blanco
esperando que yo escriba tu fin, tengo mucho tiempo
para inventarte el fin más abyecto," proclama Humberto (p. 472). En uno de los múltiples niveles de ficción la venganza del secretario se cumple cuando su
patrón muere ahogado. Al mismo nivel parecería
pertenecer una cita de lo que podría ser el final de la
crónica de los Azcoitía, que naturalmente se solidariza
con su comienzo.[5] Este último narra la creación del
mundo de la Rinconada, mientras que aquélla narra la
muerte de don Jerónimo. Estos pasajes constituirían
el libro de Humberto (en rigor, uno de ellos, ya que
existe otro —aparentemente de poemas cursis—que
don Jerónimo tiene encerrado en su biblioteca), el
mismo libro (sin parte central) cuya existencia niega
Emperatriz en un diálogo con su primo: "En realidad,
no escribió jamás nada, Jerónimo" (p. 488). Obviamente, en el nivel definido por Humberto como emisor
de un discurso literario y por don Jerónimo como
destinatario del mismo, la existencia de tal discurso
es de una ambigüedad irreducible; pero en otro nivel
configurado por la instancia de José Donoso como
autor y la instancia empírica de un lector cualquiera,
sí existe un discurso literario, al cual se puede referir
el análisis de Emperatriz:

Humberto no tenía la vocación de la sencillez. Sentía

149

necesidad de retorcer lo normal, una especie de compulsión por vengarse y destruir y fue tanto lo que complicó y deformó su proyecto inicial que es como si él mismo se hubiera perdido para siempre en el laberinto que iba inventando lleno de oscuridad y terrores con más consistencia que él mismo y que sus demás personajes, siempre gaseosos, fluctuantes, jamás un ser humano, siempre disfraces, actores, maquillajes que se disolvían... (p. 488).

## El lenguaje y el espacio del juego

Así como los personajes de la crónica de Humberto son "disfraces, actores, maquillajes," así también el lugar al que esa crónica remite es un espacio declaradamente lúdico. El mundo de la Rinconada se funda en el mismo momento en que se inventan sus reglas, que se establecen espontáneamente, sin necesidad de aludir a ninguna regla prefijada: "...don Jerónimo... les daba plena libertad para que se inventaran un orden o un desorden propios, tal como él inventaba un orden para su hijo" (p. 235). Esta licencia total incluye incluso el derecho a reformular las reglas del juego según el arbitrio del jugador que haga el papel de rey en ese mundo jerárquico. Así, Boy puede decirles a los monstruos, "si no quieren que los eche y que rompa este paraíso, tienen que jugar a mi juego y obedecerme" (p. 484). El juego de don Jerónimo pierde vigencia y genera no su final sino un juego dentro del juego. En un principio este personaje autoriza y supervisa el juego, pero luego tiene que convertirse en actor y someterse a reglas impuestas por los otros actores. Esto implica una inversión de roles: de poderoso, don Jerónimo pasa a ser víctima humillada de los caprichos de su hijo; de ser "normal" pasa a ser monstruo por el solo hecho de encontrarse en un mundo donde la monstruosidad es la norma. Además, los papeles protagonizados por los otros actores (Boy, los monstruos de primera categoría) son inciertos: Boy declara que "fingirá" hacer el papel que su padre le había prescrito (p. 486); en otro momento don Jerónimo registra esta incertidumbre al preguntarse si los monstruos fingen o no aversión hacia él. Toda esta ambigüedad alcanza su apoteosis en el baile de disfraces cuyo tema es la Corte de los Milagros, delirio narrativo en que se pierden todas las distinciones: máscara/rostro, Jerónimo/ Humberto, vigilia/sueño, antes/ahora, lo mismo/lo otro, lo uno/lo doble, Rinconada/Casa, etc.

El espacio complementario de la Rinconada, que podría rebautizarse "Casa de Ejercicios Lúdicos," es también un espacio abierto a la licencia del juego. Las viejas que lo habitan se organizan y reorganizan en grupos secretos en torno al juego del niño milagroso. En el curso de la narración ese niño se multiplica en varios avatares (muñeco de trapo, Damiana-guagua, el Mudito), así como unas viejas sustituyen a otras para transmitir el secreto del niño del mismo modo indeterminado en que se transmite la conseja de generación en generación. Este juego de sustituciones caóticas se organiza algo cuando ingresa a la Casa Inés, que se convierte en figura corifea. Ella hace llegar a la Casa todo tipo de juegos de tablero cuyas reglas consiguen ordenar el tiempo anárquico de las viejas. También invaden la Casa sus valiosas posesiones personales que ella apuesta contra los andrajos de las viejas. Al ganárselos Inés va usurpando sus identidades, convirtiéndose en un ser tan indistinto como ellas:

> Mientras tanto, duermes en el catre de la Zunilda Toro
> que reemplazó el tuyo, con una camisa de dormir de
> la Ema, tomas té en una taza de la María Benítez, te
> cubres con el chal de la Rita, en lugar de cartera andas
> con una bolsa sucia de no sé quién en las manos, usas
> las medias que le has ido ganando a la Dora y a la
> Auristela y los calzones de la Lucy... (p. 428).

El juego de sustitución se completa cuando Inés se
roba las voces de las viejas, impostándolas, disfrazán-
dose de ellas.

Por lo tanto, *El obsceno pájaro de la noche* no es
sólo una productividad textual que se mantiene en
base a la *différance* derrideana y que se "origina" en
la falta de origen, en la descentralización.[6] Es también
un modelo del lenguaje en el sentido de que pone en
juego los dos procedimientos fundamentales del sistema
lingüístico: la sustitución (o selección) y la combinación
de unidades, que operan respectivamente en el plano
paradigmático y en el sintagmático.[7] La sustitución,
operada por la máscara, es quizás uno de los rasgos
más obvios del texto, pero este procedimiento coexiste
con la combinación sintagmática. Un ejemplo claro
sería el juego de sustituciones y permutaciones entre
las parejas Jerónimo/Inés y Humberto/Peta Ponce
(capítulo 13, concluido en la p. 294). Los pares masculinos se sustituyen ambiguamente entre sí al igual
que los femeninos, pero a la vez se narran las dos combinaciones posibles de cada actor masculino con los
personajes femeninos. En realidad, la interdependencia
y el *foregrounding* de ambos procedimientos los anuncia el texto mismo:

...enfermeras blancas que...alteran a los seres, cambian
a una persona por otra o por varias, deforman a la
gente, fabrican seres que creen ser el mismo pero son
otro o quizás otros, mezclan, revuelven, intercambian,
todas las permutaciones son posibles en sus laborato-
rios blancos donde la unidad del ser no se respeta...
(p. 402).

El texto se presenta aquí como un discurso descentrado
y fragmentado que busca su orden mediante diferentes
combinaciones sintagmáticas de sus posibilidades
sustitutivas. Discurso, entonces, *bricoleur* que es evidentemente un juego, el juego del lenguaje: "porque
esto de armar seres, organizar identidades arbitrarias
al pegar trozos con más o menos acierto, era como un
juego..." (p. 327). Ahora, el juego del lenguaje tiene
dos proyecciones, al igual que el juego *tout court*.
Paradigmáticamente, el lenguaje es "a field or free-
play of infinite substitutions in the closure of a finite
ensemble".[8] Este modelo se puede trasladar homó-
logamente al campo del juego entendido como "play"
(donde la máscara opera sustituciones limitadas por
el discurso cultural) y al campo del texto de *El obsceno
pájaro*, donde la ausencia de centro permite sustituciones múltiples pero organizadas (cerradas) por
estructuras recurrentes (cf. infra). El texto es lenguaje
pero es también como *el* lenguaje, es decir, un *sistema*
de diferencias y similitudes. Por otro lado, el juego del
lenguaje también se puede entender en el sentido de
"game," o sea, de *reglas* de combinación sintagmática.[9]
En el lenguaje la transgresión de estas reglas resulta
en un solecismo; en el texto de *El obsceno pájaro*, en
la monstruosidad de "fragmentos" (sintagmas) heteró-

153

clitos yuxtapuestos en un mismo cuerpo.

## "Différance" y carnaval

Z. Nelly Martínez distingue entre descentralización del texto, idea que toma del "aparato conceptual" de Derrida, y desplazamiento del centro, que engendra la polifonía carnavalesca comentada por Bakhtín, en otras palabras, "la confrontación dialógica de las diversas posibilidades de interpretación de un significado anterior al discurso."[10] A la vez, identifica un lugar de convergencia de ambos discursos al hablar de una "polifonía de la descentralización." Es difícil disentir de estas ideas: el texto de Donoso se abre a la dispersión de los significantes al saberse múltiple pero simultáneamente intenta retractarlos, retraerlos a un lugar central que es puro espejismo. Esta dialéctica, además, sí está organizada en términos de significados anteriores al discurso narrativo. Pero es notoria la omisión en el artículo citado de toda referencia al grotesco carnavalesco, que constituye un obvio discurso de la apertura. Vale la pena recordar ciertos comentarios de Bakhtín sobre el particular.[11] El término "grotesco," dice el estudioso soviético, fue aplicado en un principio a un tipo de pintura ornamental caracterizada por el entrelazamiento de formas vegetales, animales y humanas, transformadas las unas en las otras sin ninguna consideración por los límites que las debieran separar (p. 41). Así, el grotesco es una imagen festiva de la metamorfosis continua, de lo inacabado e inacabable. Bakhtín también explica, en sus propios términos, que como discurso el grotesco

154

está constituido por dos figuras: la hipérbole y el oxímoron. Aludiendo a la primera, habla de una exageración festiva de lo material y corporal debida a que el carnaval celebra no al individuo sino a toda la comunidad, que siempre está regenerándose (p. 28). (De aquí que sean las protuberancias sexuales del cuerpo objetos privilegiados por la hipérbole). Con respecto al oxímoron, Bakhtín declara que el rasgo distintivo del grotesco es una ambivalencia suscitada por la yuxtaposición de lo opuesto en una misma imagen: lo elevado y su rebajamiento, lo viejo y lo nuevo, la muerte y el nacimiento (p. 33). Las imágenes grotescas, añade, "sont ambivalentes et contradictoires, elles apparaissent comme difformes, monstrueuses et hideuses considérées du point de vue de toute esthétique 'classique' " (p. 34). Considerada desde la perspectiva de cualquiera de estas dos figuras, es decir como una celebración de una constante regeneración comunal o de una ambivalencia irreductible,

> L'image grotesque caractérise le phénomene en état de changement, de métamorphose encore inachevée, au stade de la mort et de la naissance, de la croissance et du devenir (p. 33).

En vista de estos comentarios resulta imposible no afirmar que el discurso narrativo de *El obsceno pájaro* está modelado por un discurso carnavalesco de connotaciones grotescas. Las metamorfosis que relativizan el espacio textual son demasiado obvias para volver a mencionarlas. Baste señalar que los espacios del texto en que se desdobla el espacio textual marcan los límites de la dialéctica transformativa (la Rinconada

155

es un lugar que se hace, la Casa uno que se deshace), a la vez que marcan la imposibilidad de mantener estos límites: los enunciados referentes a uno de estos espacios siempre producen signos que remiten al otro. (A don Jerónimo se le "confunden" ambos espacios, p. 175). Además, la hipérbole opera libremente como figura del discurso narrativo, y se deja leer, por ejemplo, en el poder excesivo de los Azcoitía,[12] o en el número de monstruos y viejas, o en sintagmas específicos como el que narra las relaciones sexuales de la Iris con artesanos, comerciantes, académicos, caballeros, generales, abogados, senadores, etc. (p. 96). El oxímoron, por último, más que figura es código narrativo (como categoría lógica, es la "inversión" que recorre toda la producción de Donoso) y, como tal, organiza el texto en todos sus niveles. Así, el grotesco se puede originar en la inversión de roles (una de las viejas que se contonea sugestivamente como la Iris, que asume el papel entre infantil y lúbrico de la huérfana), o de categorías (lo bello es lo monstruoso y vice-versa; los desposeídos poseen el poder). O puede producirse por la síntesis ambigua de lo opuesto: la Inés que es también la Peta Ponce; o por la yuxtaposición (mencionada específicamente por Bakhtín y emblematizada en la estatuilla de Kertch que representa una vieja encinta) de la muerte y el nacimiento. El discurso de la novela practica este acercamiento tanto metafóricamente (la Damiana, vieja decrépita que hace el papel de la guagua de Iris) como metonímicamente (la colectividad de viejas al borde de la muerte que se ocupan del nacimiento milagroso). Todo esto, sin mencionar, por supuesto, a los monstruos de la Rinconada, que exhiben no sólo toda la deformidad de lo grotesco sino que también generan la parodia carnavalesca al cubrir sus cuerpos con prendas de vestir deliberadamente escogidas. Cada monstruo exhibe su propio estilo sartorial, su propio concepto de la moda: ropas atléticas para Basilio, sotana *wash and wear* para el hermano Mateo, sedas y tules para Emperatriz, etc. Demás está decir que el grotesco no conforma un texto estático, pues tanto el poder hiperbólico de don Jerónimo como la monstruosidad generan sus opuestos: el poder de los desposeídos, la monstruosidad de lo bello (o la belleza de la monstruosidad). Además, el texto no *instituye* ni un término de la dialéctica ni el otro, sino que elabora la ambigüedad de su oposición.

## Discurso histórico y discurso novelesco

Aunque las connotaciones grotescas del discurso del carnaval no agotan el proceso modelador del discurso narrativo de *El obsceno pájaro de la noche*[13] (también habría que considerar entre otros aspectos el discurso transformativo de la máscara), su discusión basta para establecer el grado máximo de apertura de la producción textual. Pero en *El obsceno pájaro*, como ya se afirmó, se dispersa el significante pero también se lo revoca. No hay "centro" en el sentido de que no se logra la coincidencia entre significante y significado. Es decir, la novela no llega a conformar un signo que remita a un discurso ya constituido y "con sentido;" al contrario, se instala en un desplazamiento constante entre significantes, en un *décalage* entre significante y significado. Pero si no existe este centro (o si se lo vacía para que haya ficción), sí existe en cambio una dialéctica estructural que opone al discurso abierto del carnaval (y del juego)[14] el discurso cerrado de los valores culturales. La cultura en *El obsceno pájaro de la noche* se manifiesta como un imperativo de historicidad, como la fundación, preservación y traspaso de un discurso que por un lado es el repositorio de eventos históricos y por otro la articulación de valores (pragmatismo, materialismo, virilidad, aristocratismo) que estabilizan y dan sentido al devenir de la historia, que la interpretan.[15] La factura de este discurso histórico junto con los valores que instituye conforma uno de los paradigmas estructurales de *El obsceno pájaro,* y frente a él se erige un discurso transformativo que desplaza las formas oficiales hacia otro orden y las traduce en otro lenguaje: el del carnaval y el del juego.

El discurso histórico se propone ante todo como discurso *consecuente,* esto es, que cuenta acontecimientos de importancia y los cuenta "en secuencia," de principio a fin, enlazándolos en un orden causal que se pretende situar fuera del discurso mismo, en los hechos narrados. Por oposición, el discurso novelesco es notoriamente *inconsecuente.* Para comenzar, la "historia" de la novela no tiene principio ni fin, su marco es arbitrario. No se puede negar que Donoso ha observado cierto orden en la compaginación de los diversos capítulos y al hacerlo ha logrado enmarcar su novela, aunque sea de modo precario. Si uno se atiene a los espacios representados es fácil comprobar la existencia de un principio de organización: la acción comienza en la Casa, luego se desplaza hacia la Rinconada (o las Rinconadas ya que en rigor la presencia de la pareja "luminosa," Jerónimo e Inés, rige una y la presencia de los monstruos la otra) para terminar nuevamente en la Casa. Además, al principio se habla del eventual traspaso de la Casa al Arzobispado y del consecuente desbande de las viejas, y hacia el final, cerrando este ciclo de expectativa, efectivamente la Casa es clausurada y las asiladas se mudan a un nuevo establecimiento. Subrayando este tipo de delimitación hay otras a diferentes niveles: la novela comienza con la muerte de una sirvienta cuyas cenizas serán preservadas en el mausoleo de los patrones, y se cierra con la anulación del Mudito, cuyas cenizas se dispersan en el viento. También, al principio misiá Raquel promete mandar una limosna de su fundo y al final llegan los hiperbólicos y grotescos zapallos que no tienen sentido alguno y, se diría, que carnavalizan la escena final de la novela.

Pero lo que sí se puede negar es que el comienzo de *El obsceno pájaro* condicione u organice una lectura de los capítulos venideros, y en este sentido se podría comparar con el comienzo de una novela como *Cien años de soledad* que no sólo organiza la lectura sino que también describe la génesis de un mundo:

> Macondo era entonces una aldea de veinte casas de barro y cañabrava construidas a la orilla de un río de aguas diáfanas que se precipitaba por un lecho de piedras pulidas, blancas y enormes como huevos prehistóricos. El mundo era tan reciente, que muchas cosas carecían de nombre y para mencionarlas había que señalarlas con el dedo.[16]

He aquí un comienzo que maneja sin desvíos los hilos principales de una narración que contará la historia

159

de este pueblo mítico y de los personajes que lo habitan generación por generación. Yuxtapuesto a éste, el principio de *El obsceno pájaro* parece engañoso. El primer acontecimiento descrito en la novela de Donoso es la muerte de la Brígida, y la primera inquietud que asalta al lector (o quizás re-lector) es que ninguno de los personajes mencionados tiene un papel central de protagonista. Cierto es que este comienzo exhibe la funcionalidad que corresponde a todo elemento de una novela: se presenta a ciertos personajes importantes (el Mudito, la Iris, la Madre Benita) en el ámbito en que viven a la vez que se alude a su miseria y se prefigura la insistencia en el objeto insignificante y el motivo del detrito. Pero esta funcionalidad es de limitado alcance, y nada muestra esto mejor que esa referencia velada, tímida, enigmática al "niño que va a nacer" (p. 31). Hay una gran contradicción estratégica entre el desarrollo de este motivo, que en realidad constituye lo que más se acerca a la fábula de la novela, y su presentación escamoteada. En términos formalistas la referencia al niño aparece a primera vista como un motivo estático, como parte de una descripción de actos rutinarios emprendidos por las viejas, pero más tarde se revelará como un motivo asociado y, en particular, como un motivo de introducción sin duda tan prestigioso como la introducción de las tareas de un héroe comentadas por Tomachevski.[17] Los motivos de introducción, como el mismo crítico afirma, reclaman el apoyo de motivos suplementarios para concretarse. Sin embargo, cuando se le da al lector una nueva unidad de información acerca de este misterioso nacimiento (p. 44), no consigue borrarse la impresión de que algo falta, de que el asunto se trata con una familiaridad desmentida por la incomodidad del lector ante la aparente omisión informativa.

El final de *El obsceno pájaro de la noche* aparece igualmente minado, aunque es cierto que el texto hace un intento de privilegiarlo. Al desalojar las asiladas su lugar de residencia parecen olvidar el atado de sacos compuesto por capas y más capas en cuyo centro está encerrado el Mudito, quien declara: "Soy este paquete" (p. 537). Afuera se rezaga una vieja inexplicable que carga el saco al hombro y se dirige a la orilla del río. La noche es fría y para satisfacer su necesidad de calentarse, vacía el contenido en una hoguera, y entre los objetos que van cayendo al fuego (sin que figure la persona del Mudito) se encuentran ciertos papeles que quedan convertidos en ceniza. Es decir, el Mudito se anula como narrador y como personaje de su fábula. Como narrador, porque en determinado momento hay un desplazamiento narrativo del interior del saco —del yo— al exterior y a la voz de una tercera persona (p. 540); como personaje, porque pierde las llaves que le daban una función en la Casa (la vieja "saca la llave de siempre y abre," p. 541) y porque el espacio que habita se angosta hasta la nada. En resumen, el final repite dramáticamente el motivo fundamental de *El obsceno pájaro,* específicamente, que se trata de un texto que no se realiza, y al repetirlo se imposibilita de añadir esa visión de totalidad que para Lotman es la característica del final novelístico: "Et pourtant la fonction codante dans le texte narratif contemporain est confiée au début, et la fonction "mythologisante" du sujet à la fin".[18] Nuevamente vale la pena acudir a una novela como *Cien años de*

161

*soledad* que se cierra del modo más neto posible, con el cumplimiento de una profecía, que para Shlovski es uno de los artificios preferidos por la *nouvelle* para completarse:[19]

> Aureliano no pudo moverse. No porque lo hubiera paralizado el estupor, sino porque en aquel instante prodigioso se le revelaron las claves definitivas de Melquíades y vio el epígrafe de los pergaminos perfectamente ordenado en el tiempo y el espacio de los hombres: *El primero de la estirpe está amarrado en un árbol y al último se lo están comiendo las hormigas* (p. 349).

El hecho mismo de que se pueda demarcar un primer y un último miembro de una serie revela hasta qué punto es inamovible el marco que impone García Márquez a su novela. Esto, naturalmente, no se puede afirmar del final de *El obsceno pájaro,* novela que parece capaz de acomodar más repeticiones y transformaciones ya que su estructura no es lineal. De hecho, desde el momento en que la novela se postula como no realizada es imposible pedir que su final sea una resolución de su desarrollo, que sea algo más que otro espejismo. Y no debe sorprender la problemática que se desprende del marco de la novela. Lotman escribe: "Si le début du texte est lié à un degré quelconque à la modalisation de la cause, la fin alors dynamise la marque de but."[20] Causa y propósito son atributos del pensamiento historicista que en la novela de Donoso sólo se manifiesta para subvertirse.

En el discurso histórico el pasaje de un principio a un fin no depende sólo de la causalidad sino también de la cronología. En el discurso narrativo de *El obsceno pájaro de la noche* la cronología es un espejismo más. El texto de la novela reconoce esto abiertamente:

> Las viejas como la Peta Ponce tienen el poder de plegar y confundir el tiempo, lo multiplican y lo dividen, los acontecimientos se refractan en sus manos, curvan esos trozos y los enroscan organizando estructuras que les sirven para que se cumplan sus designios (pp. 222-23).

Inclusive el embarazo de la Iris, al ser milagroso y consecuentemente al no tomar en cuenta los consabidos nueve meses, no serviría para estructurar una cronología a pesar de que a partir de él se intenta construir una trama. El lector tiene que contentarse con referencias temporales vagas ("alguna vez en el pasado, lejos, lejos," p. 83; "Mucho después," p. 102), con indicaciones que sólo tienen un valor local, intracapitular (por ejemplo, en el capítulo inicial hay dos referencias consecutivas que establecen la muerte de la Brígida sin contradecirse—"antenoche," p. 25, y "hace cuarenta y ocho horas," p. 26), o con una ilusión de continuidad que no soporta un escrutinio crítico y verificador ("usted misma la enterró hace un año," p. 308; "Hace seis meses que no sé nada de ella...," p. 321). Espejismo cronológico que se hace particularmente evidente mediante ciertas referencias al tiempo histórico de la primera guerra mundial (p. 168, p. 170), cuyo prestigio se subvierte al quedar aislado, fragmentado y sin posibilidad de coherir. En un sentido global la ilusión cronológica es una monstruosidad más puesto que es una imagen hecha de fragmentos irreconciliables: el tiempo que transcurre en la Casa es un año, pero el que transcurre en la Rinconada abarca los diecisiete años de Boy (p. 486), cuyo nacimiento coincide con la fundación de ese mundo teratológico.

Si el mecanismo del discurso histórico se puede reducir por el momento a los índices causales y cronológicos que organizan el origen y final de la historia, es obvio que el discurso narrativo de *El obsceno pájaro* los subvierte, pero es importante advertir que esa subversión se articula en el lenguaje del juego y del carnaval. En este discurso transformativo la causalidad dista mucho de ser rigurosa y puede aun ser inexistente. El orden del pasaje entre disfraz y disfraz es puramente sucesivo, así como

> la 'mise ensemble' des signes du carnaval, ne paraît pas relever d'un geste syntagmatique. La logique qui les réunit, c'est essentiellement une logique de l'énumération...ou une logique du défilé.[21]

Este vacío causal abre a la novela posibilidades bastante peculiares. Igual al juego reglamentado ("game") que comienza y termina autónomamente y en diferentes ocasiones, las secuencias narrativas de *El obsceno pájaro* constituyen una multiplicidad de comienzos y finales que se pueden ordenar o combinar de varias maneras. Ningún orden queda descartado aunque algunos son preferibles a otros. A este respecto la crítica ha hablado de una "sintaxis del juego," de una estructura-rompecabezas que se arma *post-festum* y que se normaliza en el propio proceso productivo de la novela.[22]

## La verosimilitud

Este tipo de sintaxis inconsecuente obliga al lector a encarar el problema de la motivación y de la verosimilitud de un modo radical. A veces, claro, algún lector confronta el problema de modo más bien extremista: "The narratorial voice... proliferates events [sic] with a manic inventiveness that utterly disregards verisimilitude".[23] En realidad, *El obsceno pájaro de la noche* es una novela que no se resigna a la indeterminación total sino que busca construir una verosimilitud como parte inherente de su desarrollo. En este sentido se puede constatar que Donoso emplea un artificio bastante similar al que Genette le imputa a Balzac cuando comenta "le démon explicatif" del autor de la *Comédie Humaine:*

> sa manifestation la plus fréquent et la plus caractéristique est bien la justification du fait particulier par une loi générale supossée inconnue, ou peut-être oubliée du lecteur, et que le narrateur doit lui enseigner ou lui rappeler; d'ou ces tics bien connus: "Comme tous les vieilles filles...".[24]

En la novela de Donoso hay un pasaje que responde a esta descripción:

> Esta, un personaje sin importancia, igual a todas las viejas, un poco bruja, un poco alcahueta, un poco comadrona, un poco llorona, un poco meica, sirviente que carece de sicología individual y de rasgos propios... (p. 43).

Al consignar o inventar un estereotipo de esta índole (poco importa que el lector pueda o no comprobar empíricamente la verdad del enunciado, basta con que se parezca al discurso generalizado de la opinión pública ya que lo verosímil no es lo verdadero) el texto reduce la distancia que se produciría de otro modo entre la conducta extravagante de las viejas y aquélla del lector normal permitiéndole a este último naturalizar la extrañeza de tal comportamiento.

Pero el recurso más difundido para naturalizar la narración es, como lo indica Genette, la imposición de una motivación (que es siempre una máscara de determinación causal) para justificar tal o cual acto o aseveración por medio de un raciocinio que se apegue a modelos extraliterarios. En la novela de Donoso la necesidad de este tipo de naturalización se manifiesta, por ejemplo, al comienzo del sexto capítulo en que el Mudito se declara padre del niño de la Iris negando que se trate de un milagro y contradiciendo su afirmación anterior de que al convertirse en la séptima vieja ha anulado su sexo. Por estas mismas razones, su osada declaración, "Yo soy el padre del hijo de la Iris," parece arbitraria y el propio narrador lo reconoce implícitamente al proceder a una justificación de su enunciado y así satisfacer las necesidades de la lectura que, en las palabras de Genette, "exige que la fiction soit prise dans une illusion, même imparfaite et a demi-jouée, de réalité" (p. 20):

Yo espiaba la venida de Romualdo. Me las arreglaba para que la Iris pudiera salir, salía yo al poco rato, cambiaba mi cabeza por la cabeza del Gigante y hacíamos nanay. Romualdo había comenzado a comprarse un reloj-pulsera a plazos, pagándolo con el dinero que yo le daba a cambio de prestarme la cabeza del Gigante. Después que la María Benítez examinó a la Iris y dijo que sí, que claro que estaba esperando..., esa misma tarde le dije a Romualdo que no volvería a necesitar la cabeza del Gigante (p. 94).

Hay una solidaridad bastante consciente entre los hechos descritos en este párrafo y los que se comentan en páginas anteriores, que pasan entonces a servir de testimonio, al punto de que incluso se trata de construir una cronología exacta. Pero si bien este intento de verosimilitud puede tranquilizar al lector a estas alturas del relato, más adelante, cuando se le imputa a don Jerónimo la paternidad del niño y, aún más, cuando se niega que exista niño alguno, se revela como la ilusión o espejismo que en el fondo es, lo cual inevitablemente cuestiona cualquier secuencia causal o lógica que postule el texto para conformarse a la plausibilidad extraliteraria.

Sin embargo, es posible hablar especulativamente de una motivación global, a pesar de que la disposición de la novela recuerda el caos laberíntico aludido por el narrador de "El jardín de senderos que se bifurcan," de Borges:

En todas las ficciones, cada vez que un hombre se enfrenta con diversas alternativas, opta por una y elimina las otras; en la del casi inextricable Ts'ui Pên, opta—simultáneamente—por todas. Crea, así, diversos porvenires, diversos tiempos que también proliferan y se bifurcan. De ahí las contradicciones de la novela.[25]

La novela de Ts'ui Pên, aparte de ser laberíntica y caótica (como la de Donoso), es infinita porque no se resigna a una determinación exclusiva. Pero Genette, quien ha intentado desprender una teoría de lo verosímil a partir de la arbitrariedad fundamental de todo relato que se ajuste a la lectura más que a la especulación, alega que del mismo modo en que la frase gramatical va acumulando restricciones a medida que se enuncia, también el relato toma en cuenta lo ya escrito para continuar su elaboración. Por otra parte Genette, basándose en una analogía con la lingüística saussureana para la cual la arbitrariedad del signo lingüístico sólo es justificada por su función, identifica la arbitrariedad del relato con la funcionalidad de determinada unidad narrativa oponiéndola a la motivación, que es siempre un caso de ilusión realista. Esta ilusión realista también la propicia el relato, y particularmente cuando el lector se pregunta el *por qué* de los hechos en lugar del *para qué*, es decir, cuando busca establecer una causa en vez de rastrear un efecto. Así, la lógica narrativa es básicamente retrógrada ya que postula un caso en el que un efecto determina su causa. En el relato hay que referir todo tipo de determinación psicológica, sociólogica, o de cualquiera otra especie a una finalidad, que puede ser de índole estética (como en el caso citado por Genette de *Madame Bovary* y *La Chartreuse de Parma*), efectuarse por encadenamiento lineal (cuando una narración se orienta hacia una escena climáctica preconcebida), o seguir una determinación en haz, como en el caso del *Quijote* donde las diversas aventuras se motivan menos las unas a las otras de lo que dependen en realidad de la motivación central de la novela, la locura del caballero:

168

La motivation est donc l'apparence et l'alibi causaliste que se donne la détermination finaliste qui est la règle de la fiction: le *parce que* chargé de faire oublier le *pour quoi?*—et donc de naturaliser, ou de *réaliser* (au sens de: faire passer pour réelle) la fiction en dissimulant ce qu'elle a de concerté...c'est à dire d'artificiel (pp. 19-20).

Para Genette toda obra tiene una finalidad (un *telos*) desde la cual se ordenan los diversos elementos y que es la *donnée* fundamental de la misma, la idea, el concepto literariamente eficaz que luego se pasa a naturalizar levantando una estructura de motivaciones psicológicas y causales. ¿Cuál es la finalidad de *El obsceno pájaro de la noche*? Proponerle al lector un deslumbrante universo ficticio compuesto de retazos heterogéneos de texto que la propia novela enumera:

el color miel de Inés, la muerte de la Brígida, el embarazo histérico de la Iris Mateluna, la beata que jamás llegó a ser beata, el padre de Humberto Peñaloza señalando a don Jerónimo vestido para ir al Club Hípico, y su mano benigna, bondadosa, Madre Benita... (p. 263).[26]

Estos elementos dispares que no encuentran un sistema convencional de integración se motivan, en último término, por la presencia dentro de la novela de un escritor impotente, improductivo, motivación que por muy paradójica que sea puede constituir un sistema global de verosimilitud.

169

El tiempo y los tiempos

Como consecuencia de las características asumidas por el sistema de motivación y verosimilitud en *El obsceno pájaro de la noche* y en especial por la existencia de diversos porvenires bifurcados y paralelos, el lector no puede evitar compartir con el Mudito la "seguridad de que mi tiempo se prolongará sin origen y sin fin" (p. 297). De hecho, esta perpetuidad o indeterminación temporal que el Mudito "experimenta" en la clínica del doctor Azula donde se lo somete a un siniestro trasplante de órganos, es el tiempo del juego de sustituciones, tiempo sin límites ni forma que no llega a organizarse, como si los engranajes de la máquina del tiempo resbalaran unos sobre otros sin llegar a enganchar. Hablando del carnaval, Julia Kristeva enfoca este problema desde otro ángulo:

> No existe el tiempo en la escena carnavalesca, o, si se prefiere, no existe la linealidad temporal, sino que *todo el cronos* está allí en su presencia masiva y condensada (subrayado original).[27]

En ambos casos se trata de un tiempo abierto a todas sus posibilidades, y como tal se opone al tiempo cerrado y único de la historia. En el tiempo de la ficción todo puede pasar, y pasar de modo múltiple y contradictorio: de aquí las muchas versiones de la conseja, o del origen del Mudito, o de la paternidad del niño milagroso que también es Boy. Un episodio similar es aquél en que se narran los disturbios públicos a causa de las elecciones. De acuerdo a la versión ofi-

170

cial, difundida por los medios noticiosos, don Jerónimo es herido por un balazo disparado por alguien en la multitud. Pero según la versión de Humberto es este mismo quien recibe el impacto: "La crónica no registra mi grito porque mi voz no se oye. Mis palabras no entraron en la historia" (p. 204). Hay otro orden de significaciones detrás de la máscara histórica, máscara que impone el cacique de la conseja al tapar con su poncho la mitad de lo que acontece en su casa, escindiendo lo posible en una versión oficial y varias versiones de "autenticidad" sospechosa. El reverso de la historia no es sólo el espacio suprimido por el cacique (avatar de don Jerónimo): es también la Casa (lugar recóndito olvidado por el tiempo) y la Rinconada, lugar aislado y situado fuera del tiempo, o en un tiempo propio. En ambos espacios, además, se organizan confabulaciones para preservar el tiempo interno e impedir que don Jerónimo reimponga el tiempo histórico: ya sea el tiempo del progreso, en el primer caso, o el tiempo de la genealogía en el segundo:

> Le contaron a Boy los pormenores del proyecto de su padre: casarlo con una prima fea, que tuvieran hijos y nietos, que viviera en la ciudad, que se dedicara a la política, a los negocios, que fuera socio del Club de la Unión. Que se termine la Rinconada, eso quiere (p. 492).

El padre como detentor de la Ley traduce aquí la amenaza que el significado histórico presenta en todo momento al juego del significante en *El obsceno pájaro de la noche,* juego tan exasperado que niega incluso la materialidad del texto. Es decir, que niega el fundamento exigido por el discurso histórico para que un acontecimiento tenga significado.

## La firma, el nombre

En efecto, a cierto nivel *El obsceno pájaro* es una novela imaginaria: o los signos no se dan cita sobre la página o se queman los manuscritos. Esta ausencia de texto (particularmente de la crónica de Humberto) niega no tan sólo la existencia del significado histórico sino la posibilidad misma de una historia, ya que el discurso que la organiza se basa en la documentación oficial que atestigua por escrito la existencia de un evento. Se trata de un discurso verificatorio que identifica la verdad con lo registrado y registrable. El documento circula por las páginas de *El obsceno pájaro* bajo la forma de una amenaza recurrente: los papeles que firma don Jerónimo y que determinan la demolición de la Casa. Los *otros* papeles—los manuscritos del Mudito escondidos debajo de la cama—se proponen como "pasaporte" a la historia: el libro de Humberto aseguraría la existencia firmada y consignada de su autor, su ingreso al "archivo" literario de la cultura. Pero este texto verificatorio de Humberto no se realiza o, según otra versión, se realiza cuando don Jerónimo (haciendo el papel de mecenas) *suscribe* cien ejemplares del libro para luego fondearlos en su biblioteca, suprimiéndolos tan efectivamente comi si el libro jamás hubiera existido. En cualquier caso el protagonista de la historia (don Jerónimo) censura al protagonista de la ficción (la ficción de ser autor), ya sea "confiscando" el libro o inquietando la existencia de la Casatexto. Esta dialéctica entre dos discursos se puede leer también en otro nivel, el de la ficción que sí se compagina y que el lector tiene entre manos. Aquí se trata de una ficción materializada que se produce a contrapelo del discurso histórico, privilegiando una forma de diseminación a-histórica, inestable, fluctuante. Diseminación a la vez sintagmática (desplazamiento del discurso hacia la periferia)[28] y paradigmática (discurso que propone variantes sustitutivas de un original perdido: el patio central de la Casa, el origen del Mudito, la primera versión de la conseja, etc.). Es el "dicen" de las viejas, siempre mutable, siempre contradictorio, nunca con un sentido fijo: "Concédame por lo menos el privilegio que tienen las viejas, de decir cosas que no significan nada" (pp. 528-29). Este decir que cita y reitera sin cesar la sabiduría y tradiciones populares (seculares y religiosas) es un retazo de texto *desprendido* del discurso histórico-cultural y de su imperativo de significación, porque su función en la novela es articular los juegos inconsecuentes que llenan el tiempo vacío de las viejas. Es un discurso de todos, sin autoridad, sin firma.

La firma es la institución del nombre, pero en *El obsceno pájaro de la noche* el valor del nombre es relativo a su institucionalización histórica. Llamarse Azcoitía es referirse por metonimia a la historia, a la fundación nacional. En tiempos de la independencia "Los Azcoitía se cubrieron de gloria. Todos los patriotas hablaban de ellos" (p. 50). A la inversa, llamarse Peñaloza es un solecismo:

un apellido feo, vulgar, apellido que los sainetes usan como chiste chabacano, símbolo de la ordinariez irre-

173

mediable que reviste al personaje ridículo (p. 98);

mi padre trazaba planes para mí, para que de alguna
manera llegara a pertenecer a algo distinto a ese vacío
de nuestra triste familia sin historia ni tradiciones
ni rituales ni recuerdos... (p. 99).

Hay dos tipos de ritos que la novela propone para
llenar el vacío familiar de los Peñaloza. Por una parte,
"Las reglas y las fórmulas, el ritual tan fijo y tan es-
tilizado como los símbolos de la heráldica" que "inscriben" la imagen de los elegidos como don Jerónimo
en un "medallón de piedra" o en un "friso eterno"
(p. 179). Estos son los ritos culturales acordados por
todos. Por otro lado, los ritos lúdicos acordados sólo
por unos pocos en el espacio y tiempo del juego. Los
primeros, desde la perspectiva de Humberto y pese
al imperativo paterno, son un espejismo; los segundos,
una práctica. Paródica o grotescamente, la lucha que
emprende Humberto por "pertenecer" tiene por escenario la Rinconada teratológica y no el mundo social
en que se mueve don Jerónimo,[29] e incluso en ese escenario de monstruos a sueldo Humberto es rechazado
por su insignificancia, por no ser ni monstruoso ni
bello sino mediocre. Ni siquiera su firma en un libro
(el que guarda don Jerónimo en su biblioteca y que
reitera el nombre del autor nueve mil trescientas veces)
le garantiza a Humberto su pasaje a la historia. El
libro es cursi y retórico, y su destino es terminar entre
las llamas de un fuego carnavalesco:[30]

Más libros, más papeles al fuego y mis libros y mis
papeles en que arde mi nombre hacen crecer el ámbito

174

generoso al que ellos, que ya han sido sometidos a las intervenciones quirúrgicas que borran sus rostros, están entrando para calentarse... (p. 153).

El fin del libro hay que entenderlo en un sentido carnavalesco, es decir, como un acto generativo (o regenerativo). Esas siluetas borrosas (proyecciones simbólicas del autor) no desaparecen sino que se transforman y figuran en el discurso bajo la forma de un "otro," por medio del disfraz:

> los reconozco bajo sus disfraces: el príncipe oriental, turbante, barba negra, manto, uñas largas....pliegues imperiales...que descubren el brillo de la cota de malla que es un chaleco que se desintegra, flecos que son tiras, jubones que son pijamas viejos, emblemas que son parches, penachos que son greñas, hasta que caigo consumido con mi último papel y mi último ejemplar (pp. 153-54).

La figura que se enuncia en este pasaje como metáfora de la producción textual es carnavalesca, oximorónica: el príncipe mendigo, que remite al anonimato (y marginalidad) del *clochard* pero también a la posibilidad de constituir a un sujeto mediante el disfraz. En efecto, Humberto, personaje anónimo e inidentificable (como las viejas y los mendigos)[31] —y por lo tanto sustituible—, asume diferentes máscaras y hace diferentes papeles para convertirse en el sujeto de su propio enunciado: escritor, secretario de don Jerónimo, Mudito, séptima vieja, guagua, perro de la Iris, Gigante, bufón, niño milagroso, imbunche. Los enunciados narrativos organizados en torno a los distintos actores esconden

175

o enmascaran al sujeto que habla, como en la teoría de Lacan: el sujeto de la enunciación (la subjetividad) se reprime y sólo aparece en el orden simbólico (por ejemplo, el lenguaje) por medio de un desplazamiento, o sea, como un otro que no puede coincidir con el original borrado. La pérdida o falta en el origen (en el caso de los Peñaloza, la pérdida *del* origen) es lo que engendra el deseo. Pero en *El obsceno pájaro de la noche* el deseo de ser otro es en sí una imposición paterna, una impostura tan obvia como el "disfraz de caballero" que el padre le compra al hijo para que se acostumbre al papel indicado. A este despojamiento del deseo, sin embargo, se opone un deseo propio: ser escritor.

Algunas de estas máscaras se inscriben dentro de un campo semántico común. Así, la impotencia es un "sema" que caracteriza al escritor que no puede engendrar un texto y a la séptima vieja que se despoja de su sexo, que lo guarda debajo de la cama con los paquetitos y los manuscritos. O la degradación, que unifica al perro de la Iris y al bufón de Inés. Otras son ambiguas: el Mudito, que de acuerdo a ciertos enunciados narrativos sí es capaz de emitir un discurso y cuya primera palabra en el tiempo de la lectura es, significativamente, "Nada" (p. 86). Otras son grotescas, carnavalescas: la guagua peluda que crece encogiéndose. Pero todas las máscaras producen y son producidas por un proceso de transformación. Cuando el Mudito es el Gigante, por ejemplo, hay un obvio cambio de tono y perspectiva que corrige pasajes anteriores: "La Iris no conduce, yo la conduzco a ella" (p. 91); "todo puede desvanecerse ante mi estatura descomunal" (p. 90); "Nada en mí titubea. Ni mis manos

encendidas ni mi sexo entusiasmado..." (p. 92). La
máscara no opera sólo el pasaje entre el sujeto de la
enunciación y un sujeto plural del enunciado; también
abre el espacio de la ambivalencia carnavalesca. El
Mudito es por un lado el niño milagroso de Inés, pero
por otro es el Humberto que intenta violarla en la
cama donde ambos duermen (pp. 463 y ss.). Pero el
juego de sustituciones también "juega" con su final.
El final de las transformaciones se propone por lo
menos en dos versiones, una de las cuales es el "chalet
suizo" de juguete preparado por el Mudito para retener a Iris: "Te juro que envidio tu existencia protegida
dentro de la cajita de música. Guardaré esta encarnación final sin permitir que te escapes y te transformes
en otra cosa..." (p. 130). La producción lúdica convertida en un producto que puede ser también monstruoso: el imbunche, "Todo cosido, los ojos, la boca,
el culo, el sexo, las narices, los oídos, las manos, las
piernas" (p. 289). Como ha visto Alicia Borinsky, el
imbunche es un "signo cerrado," una "negación del
cambio,"[32] un rechazo empecinado de lo otro. Como
tal es una imagen monstruosa de la *identidad*, el centro
que no se encuentra en los paquetitos. Pero sobre todo
se trata de una imagen ambivalente porque remite
al mismo tiempo a la verdad grotesca del personaje
sin máscaras y a su preservación, al situarse más allá
de todo despojamiento: "estoy a salvo aquí dentro
de esto de donde jamás he salido" (p. 538), declara
el narrador encerrado dentro de capas de sacos. Esta
ambivalencia descarta la posibilidad de que el final
de las sustituciones constituya también el final de la
ficción en vez de una de sus posibilidades. El tiempo
lineal no se instituye: en el final está el comienzo, ya

177

que esas capas de sacos que envuelven y protegen al personaje son también un útero. Se establece así una posibilidad de salida: "hay alguien afuera esperándome para decirme mi nombre y quiero oírlo..." (p. 539).

Impostación de la voz

La búsqueda del nombre es también la búsqueda de una voz narrativa. Así como detrás de las imposturas no hay un rostro central estable, tampoco hay una voz central que organice el juego de las impostaciones. Hay, en cambio, una apertura del espacio textual hacia una polifonía exacerbada que mezcla voces, tonos, perspectivas, tiempos, pronombres y registros, y borra sus límites. Como afirma Alicia Borinsky, "La lectura se vuelve... desconfiada. Las distinciones entre narradores y los niveles de 'verdad' a los que ellos aluden son imposibles de separar."[33] La novela contiene incluso una especie de modelo de su ambigüedad narrativa: el juego del teléfono:

> —Mira, este juego es así: voy a marcar un número de teléfono y voy a entablar una conversación. Tú tienes que contestar como si estuvieras al otro lado de la línea, pero sin equivocarte, y adivinar quién esta hablando con quién (p. 436).

En la primera vuelta del juego la Inés imposta la voz de la Madre Benita e Iris la del Padre Azócar, suprimiéndose la voz desconocida que contesta la llamada. Cuando llega el momento de revelar las identidades de los interlocutores, Iris comprensiblemente se turba, combinando los nombres de modo equivocado: "La Madre Azócar hablando con el Padre Benítez" (p. 441). En la segunda vuelta Inés es Jerónimo e Iris hace el papel de Inés. En ambos casos el texto dicho por el personaje impostor es absolutamente indistinguible del que diría el personaje impostado. El lector que intentara determinar la identidad de estas voces se confundiría tanto como Iris si no supiera que estos discursos se emiten dentro de un marco explícitamente lúdico y que están reglamentados por convenciones de duplicidad. O mejor, si el marco lúdico se desmontara y estos textos impostados se mezclaran con el resto de los textos narrativos, el lector no podría adivinar que es Iris quien habla como Inés, o Inés quien habla como la Madre Benita. Lo cual significa, por supuesto, que la impostación es generalizada, normal. Las reglas del juego que se explicitan en la p. 436 en realidad están vigentes a través de todo el relato, dicho por voces que tienen nombre (como lo tiene Iris cuando habla como Inés) pero que son disfraces detrás de los cuales se oculta otro sujeto de la enunciación, y detrás de éste otro, y así sucesivamente. Este juego de desplazamientos narrativos (de pronombres pero también de tiempos)[34] no se detiene aunque a veces parece estabilizarse al hacerse cargo del relato una tercera persona, que aparentemente instaura una perspectiva organizadora, una distancia entre su subjetividad y la objetividad de lo que cuenta. Tal es el caso del capítulo 11 que consigna, quizás como parte de la crónica de la Rinconada, el noviazgo de Inés y Jerónimo, narrado por una voz segura e impersonal que parece desmentir la perspectiva limitada y el tono nervioso de la voz del Mudito. Pero esta postura na-

179

rrativa se revela al final del capítulo como impostura, y la tercera persona como máscara de ese yo ubicuo y fluctuante que no es de nadie y es de todos: "Desde esa noche Jerónimo e Inés jamás han estado solos en el lecho conyugal. Cualquier sombra, la mía, la de Boy, la de la Beata, siempre los acompaña" (pp. 186-87). Al finalizar el juego del teléfono una voz incorpórea pide hablar con Humberto, pero otra voz alega que "nadie puede querer hablar con él porque tienen que saber que es mudo" (p. 447). Esta segunda voz es la de Humberto, la del Mudito y, simultáneamente, una voz "otra." Superposición de voces fundada, además, en la obvia contradicción voz/mudez.

Queda claro, entonces, que la voz autónoma y unida en torno a sí misma es un espejismo en *El obsceno pájaro de la noche:* el destinador del discurso es a veces anónimo y plural, otras un impostor cuyo disfraz se rasga revelando una perspectiva de otras voces. (Y a veces el destinatario mismo es inexistente, otro espejismo: es el caso del monólogo disfrazado de diálogo). El tono o registro narrativo, por otra parte, no es más estable que los otros aspectos de la narración de la novela. Ciertos críticos han destacado esta peculiaridad:

When the chaotic world demands it, there is a corresponding chaotic language. When the motive is idealized, the language is also endowed with traces of Darío's "*modernismo,*" such as in the idyllic walks of Jerónimo and Inés through the parks of la Rinconada. The Language [sic] is also baroque, like a cornucopia of colors in the luxurious and Pantagruellian banquets of la Rinconada....[35]

Adriana Valdés, por su lado, habla de una "retórica de cartón piedra" que se configura al narrarse la historia de la Rinconada,[36] y Z. Nelly Martínez declara:

> Las varias voces que encarnan las diversas subjetividades en conflicto instauran el diálogo en el plano personal...del discurso. Al nivel transpersonal las voces representan no subjetividades, sino diversos estilos literarios confrontados y comprometidos en la praxis dialógica que fundamenta la bivocalidad y la polifonía.[37]

La multiplicación de los estilos se puede ver como función de la ausencia de un centro productivo del relato y su reemplazo por varios centros de producción que nunca se llegan a sintetizar:

> Esta conseja es elástica, fluida y quién sabe si una de las múltiples variantes...lograba estirarse hasta sintetizar la conseja de la niña-bruja con la tradición de la niña beata, devolviendo así la plenitud de su potencia a ambas (p. 356).

La potencia generadora (de un texto o al menos de un texto íntegro) es lo que le falta al personaje de Humberto como escritor, y su incapacidad de detentar el poder autorial libera a la ficción de una determinación unívoca. En *El obsceno pájaro,* en efecto, hay varios personajes que se adueñan de ficciones: las viejas y los monstruos *confabuladores,* el Padre Azócar ("—¡Cuentos del Padre Azócar, Madre Benita! ¡No sea inocente!," p. 14), el Mudito ("yo hilvano la fábula en tu oído para salvarme," p. 343), y la Damiana,

181

propugnadora de una versión "realista" desdeñada por el narrador:

> Estás segura, pobre vieja, que el Gigante es el padre. Que Romualdo fue el único que ocupó la cabeza del Gigante. En tu mente tradicional existe un padre que hay que buscar para cargarlo con el hijo. No sabes el otro lado de las cosas, las docenas de padres que escondió la máscara del Gigante, lo que yo tramé antes que tú comenzaras con tu pobre historia realista: familia, madre, padre, hijo, casa, mantener, dar alimentos, sufrir... esas cosas, sigue creyéndolas, Damiana, urde tu historia de felicidad vulgar, de tristeza cotidiana mientras yo, con el vapor que se concentra y se hace sólido, voy urdiendo algo nacido de la libertad anárquica con que funcionan las mentes de las ancianas de las cuales yo soy una (pp. 138-39).[38]

El discurso narrativo se presenta así como una doble subversión del discurso histórico por su anarquía y por su falta de autoridad.

## Hombres y mujeres

Hay un último aspecto de la oposición entre la Historia y su negación lúdica que cabría considerar. Uno de los valores sostenidos por el discurso histórico es la masculinidad, valor que ordena la sociedad jerárquicamente en términos de una división sexual y que prescribe guiones explícitos para la conducta de cada cual. Las mujeres Azcoitía son y deben ser

mujeres discretas, silenciosas en su mundo de costuras
y sirvientes y enfermedades y visitas y novenas, con
los ojos gachos sobre las sedas multicolores del bastidor
mientras las ásperas voces masculinas se enardecen
discutiendo cosas que nosotras no entendemos ni
debemos entender porque nosotras sólo entendemos
cosas sin importancia como el calado que adorna el
borde de un escote, o si vale la pena encargar a Francia
guantes de cabritilla, o si el cura de Santo Domingo
es buen o mal predicador (pp. 50-51).

Pero a esta división de labores se superpone una estructura jerárquica de amos y siervos en la cual la
supremacía masculina es indiscutible:

> Y no sería extraño, Madre Benita, que Inés haya sen-
> tido algo de eso: al fin y al cabo ella, como yo, no era
> más que una sirviente de don Jerónimo, una sirviente
> cuyo trabajo era dar a luz un hijo que salvara al padre
> (p. 212).

Inés se convierte así en una metonimia de todas las
mujeres (amas y sirvientas) e incluso de todos los personajes marginales que pueblan la novela: artistas
bohemios, monstruos, mendigos, viejas. El poder
supremo del hombre nivela a todos los demás personajes borrando en cierto sentido los límites entre sus
papeles sociales. Se instauran así dos tipos de relaciones
dominantes: la subordinación (de todos al uno) y la
complicidad (entre todos contra el uno). O modificando
un poco este postulado: la autoridad jerárquica de la
señora sobre las sirvientas se puede articular sólo en
el lenguaje lúdico. Mandar a las sirvientas es un "juego"

comparado con el mandato que el discurso histórico destina al hombre. Inés se convierte en la corifea lúdica de las viejas cuando se hace extirpar el útero, órgano que centraba su participación en el orden cultural e histórico. De aquí la exaltación de la concepción inmaculada a que se juega en la Casa, juego que equivale a la exclusión del hombre. Esta exclusión sólo es pensable dentro del orden de significaciones religiosas y mágicas que moviliza la novela y que desde el punto de vista del discurso histórico es un desorden subversivo o un discurso insignificante (como la capilla que es execrada y despojada de su significado y se transforma en un garito: "rezamos pero también jugamos," dice en algún momento el narrador).

La equivalencia entre orden religioso y orden lúdico es también aparente en el culto de la beata, un juego en el que no todos creen. La fe es atributo de las mujeres en esta novela: ellas son las que creen en la dudosa existencia de una beata y en la concepción inmaculada de un niño milagroso. Los hombres, en cambio, desdeñan cualquier preocupación que no sea pragmática, materialista. Para ellos el nacimiento de un niño es un acto primariamente biológico que tiene consecuencias definidas e inmediatas: preservar el apellido familiar (hasta en el nombre son las mujeres súbditas de los hombres: Inés de Santillana pasa a llamarse Inés de Azcoitía) y los intereses económicos y políticos que dependen de él. Con razón dice Inés de su marido: "El no tiene fe. A ustedes se los digo en confianza. Su aparente piedad es sólo política, nada más..." (p. 452). Esta suerte de positivismo masculino va asociado a la preeminencia que otorgan al progreso y a la producción. Para ellos lo improductivo—la Casa—carece

"de vigencia en el mundo contemporáneo" (p. 49),
y por lo tanto es el dominio del sexo femenino, compuesto de seres a-históricos:

> Estoy segura que esta Casa no ha salido de las manos
> de los Azcoitía porque una sucesión de mujeres pia-
> dosas que ya nadie recuerda, cada una a su manera,
> con sus mañas, con sus debilidades, con sus pequeñas
> tretas y secretos que no registra la historia, ha ido
> impidiendo que su marido se desprenda de esta Casa...
> (p. 376).

Las mujeres, entonces, rescatan lo inútil y lo improductivo "siempre por motivos irracionales, totalmente
subjetivos, imposible comprender esos motivos," como
dice el texto a continuación del pasaje citado.

La relación que entablan las mujeres con lo que no
sirve va aún más lejos, porque no sólo atesoran los
desperdicios sino que convierten el dinero—epítome
de lo productivo—en objeto lúdico. En este sentido,
la "inversión" de un capital adquiere un significado
irónico: los hombres invierten para que el dinero rinda
beneficios materiales; las mujeres invierten (o subvierten) la naturaleza misma del dinero que ya no sirve
para comprar o acumular beneficios sino para jugar.
Esto se puede ver claramente en la relación económica
entre Raquel Ruiz y su sirvienta Brígida, cuyos ahorros
se "centuplican" en manos del marido de su patrona,
famoso corredor de la bolsa. Pero cuando el marido
muere y Brígida le da sus poderes notariales a misiá
Raquel, lo que empieza como transacción económica
normal pronto se convierte en juego (caracterizado,
además, por una ostensible inversión: la patrona se

185

convierte en empleada de la criada):

> Y me gustaba hacerle las cosas a la Brígida, Madre
> Benita, para qué le voy a negar que me entretenía,
> y que ese dinero suyo, inútil, cuyo único destino era
> acrecentarse sin que sirviera para nada, era mucho
> más mío que todo lo que heredé.... Y así como mis
> amigas se entretenían jugando al bridge yo me entre-
> tenía amasando esa fortuna inservible, hipotética,
> yo ayudaba a que creciera como un cáncer, sin rela-
> cionarse con nada, sin servir para nada. Era un juego
> (pp. 311-12).

Pero misiá Raquel no es la única que plantea el sistema
económico a nivel lúdico. La propia Inés en sus juegos
con las viejas invierte la norma económica al inter-
cambiar sus valiosas prendas—"pieles, perlas, brillantes, zafiros" (p. 420)—por los zarrapastrosos objetos de las viejas: chancletas desportilladas, chales
deshilachados, abrigos, mechones de pelo. En este
tipo de transacción el sentido común económico según
el cual el visón y el astracán valen más que una gorra
de baño color frambuesa pierde vigencia y es sustituido por una nueva y arbitraria relación entre los
objetos. Si fuera del juego se puede hablar de una
jerarquía de valores, dentro de éste lo jerárquico se
relativiza, pasando el nuevo modo de intercambio—
en el que el azar reemplaza a la planifación—a decla-
rarse independiente del orden sostenido por don Jerónimo. Adecuadamente, la "inversión" económica de
Inés pondría la fortuna entera de los Azcoitía al servicio
de una causa perdida e irónica: la reconstrucción de
la Casa para que se perpetúe el nombre de Inés de

Azcoitía (p. 451), nombre que remite a un personaje despojado de identidad.

## Conclusión

La escisión sexual del discurso en *El obsceno pájaro de la noche* implica automáticamente la dominación de un sexo por el otro. El discurso femenino es, desde la perspectiva de su contraparte masculino, improductivo y sobre todo irracional, subjetivo, incomprensible. El discurso masculino propone la producción, tanto de bienes materiales como de herederos, a la vez que disimula su relatividad ideológica detrás de una máscara de naturalidad. Al declarar al sexo femenino "irracional" el discurso masculino revela sus propios prejuicios utilitaristas con respecto al lenguaje. El significante sólo se admite como instrumento del significado, que en todo momento lo precede y lo dirige. La utopía del discurso masculino (que reprime la libertad del significante) es la correspondencia exacta de sonido y sentido y la transparencia del significante, de modo que se pueda enunciar un lenguaje lo más claro y lo menos ambiguo posible. Semióticamente, es una utopía "icónica" que al pretender identificar significado y significante de hecho elimina al tipo de texto que *El obsceno pájaro* es, texto construido a base del *desliz* del significante y la destrucción del vínculo entre las dos partes del signo. El discurso del texto se solidariza, por lo tanto, con el discurso femenino (ambos rehuyen la semiología icónica del documento histórico y de la fotografía comprobatoria), pero también con el discurso insignificante de las viejas, el de la magia, el de la religión, el de los monstruos y el de la ficción. Todos éstos son lenguajes censurados, limitados y desprestigiados por la historia. Ninguno de ellos tiene una función utilitaria, y por lo tanto, el espacio semiótico que les corresponde es el del juego y el del carnaval. Es un espacio, para reiterar, terriblemente ambivalente, porque a la vez que se exaltan sus propias significaciones, se configura la nostalgia de las *otras* significaciones, las prohibidas más allá de sus límites. Pero más allá de esos límites se producen objetos que esclavizan al lenguaje y sus textos y que lo liberan sólo para proclamar el poder de sus propietarios. En cambio, el poder del escritor de *El obsceno pájaro* consiste sólo de alusiones al poder. Es y tiene que ser una inminencia que nunca se llega a producir, o que, como la magia y la religión y el juego, se produce sólo tautológicamente, se revela sólo a los que ya creen. Círculo cerrado de significaciones que pueden transformarse nada más que en sus propios términos. En última instancia, este estrecho círculo de creyentes es una imagen varia del pequeño grupo de lectores que —como las viejas que devotamente escuchan la leyenda del chonchón y de la nana-bruja en la Casa—"creen" en la literatura y no la sacrifican en aras de un imperativo materialista y utilitario. La modernidad literaria comienza cuando la literatura se convierte en una religión en la que a veces sólo cree el poeta o narrador destituido por la sociedad positivista. Humberto el escritor es un personaje igualmente marginal y destituido que sufre un infierno privado, pero que también es redimido por cada nuevo converso. El discurso metatextual de *El obsceno pájaro de la noche,* entonces, no postula sólo la imagen del escritor de la novela;

también proyecta la imagen de su lector, al cual se le exige que crea en la ficción con la misma ingenuidad y desapego con que el niño cree en el juego y los celebrantes en el carnaval.

[1]José Donoso, *El obsceno pájaro de la noche* (Barcelona: Seix Barral, 1970), p. 245. Ver también p. 266 y p. 342. Todas las citas de la novela remiten a esta edición.

[2]En una conferencia dictada en la Universidad de Emory ("The Making of a Novel: *The Obscene Bird of Night*," 11 de mayo de 1981) Donoso hizo el siguiente comentario respecto a una de las fases iniciales de la composición de *El obsceno pájaro:* "I thought I had abandoned 'El último Azcoitía,' and was now writing, rather desperately, a completely different novel. But people from one novel began visiting the other. The central crony in the novel of "miserabilismo" became the nanny in the novel of pride. From this novel, one day in a museum, don Jerónimo meets Humberto Peñaloza and makes him his secretary. The bitch began to whine in both novels. The monsters invade the novel of the convent, and so forth. It was like watercolors running into each other until I could no longer make out which was which, what stood where, what belonged in which."

[3]"...sí, don Jerónimo..., él tiene la culpa, debe pagar las consecuencias de su osadía cuando esa tarde en el Museo Antropológico le dijo que era alguien, escritor, bueno, entonces, que escriba, pero no escribe nada, se lo lleva hablando de lo que va a escribir, una biografía suya, una biografía de la beata familiar, una novela, un ensayo filosófico, cambia todos los días,... cada vez que se sienta a la máquina termina con la página en blanco metida en la Olivetti..." (pp. 279-80).

[4]También el Dr. Azula es una imagen posible del autor: cose, sutura, combina y recombina fragmentos de cuerpo, crea monstruos y él mismo es monstruoso.

[5]El comienzo y posible final de la crónica aparecen calcados, repetidos dos veces cada uno (p. 161, p. 259; p. 164, p. 507).

[6]Ver Z. Nelly Martínez, "*El obsceno pájaro de la noche:* la productividad del texto," *Revista Iberoamericana*, 110-111 (enero-junio, 1980), 51-65.

[7]A una conclusión parecida llega Alfred J. Mac Adam: "It is

precisely this idea of metaphor versus metonymy, of continuance versus closure, that is enacted in José Donoso's *El obsceno pájoro* [sic] *de la noche*...: the idea that the characters are nothing more than permutations of the poles of narrative, metaphor and metonymy, the idea that these poles are in opposition, and the idea that the only possible subject of the narrative is the narrative itself, that the text is a self-consuming, self-generating verbal object." En "José Donoso: Endgame," *Modern Latin American Narratives* (The University of Chicago Press, 1977), p. 111.

[8]Jacques Derrida, "Structure, Sign, and Play in the Discourse of the Human Sciences," *The Structuralist Controversy*, eds. Richard Macksey & Eugenio Donato (Baltimore: Johns Hopkins University Press, 1972), p. 260.

[9]"It is at least curious to remark that most 20th century thinkers who have considered the problem of language—Husserl, Saussure, Wittgenstein, Hjelmslev— at one time or another all chose the concept of "game," and particularly chess, as a model for their thinking.... A game appears both as a system of constraints, reducible to rules, and as an exercise in freedom, a distraction" (A.J. Greimas, "About Games," *Sub-Stance*, 25 [1980], 31).

[10]"*El obsceno pájaro de la noche:* la productividad del texto," 53.

[11]Las citas siguientes se refieren a la sección introductoria de Mikhail Bakhtine, *L'Oeuvre de François Rabelais et la culture populaire au Moyen Age et sous la Renaissance.*

[12]Quizás se pueda decir que dentro del panorama político y económico de ciertas sociedades latinoamericanas el poder del oligarca sea en sí hiperbólico. Pero aquí no se trata de caracterizar un discurso de esta índole, sino un discurso ficticio: el que funda la Rinconada.

[13]El grotesco también se podría considerar como uno de los *efectos* posibles del discurso carnavalesco. Otros efectos serían la ambigüedad, la parodia y la espectacularidad, todos ellos producidos en el texto.

[14]Se reitera que la relación entre estos discursos que no admiten un límite fijo entre sus campos semánticos (disyunción) ni un iso-

morfismo total (conjunción) es no-disyuntiva. Ambos se pueden considerar como *aspectos* de un mismo discurso "pseudo-transgresivo" con respecto al discurso cultural.

[15]¿Hasta qué punto son los significados de este discurso anteriores al discurso narrativo de *El obsceno pájaro de la noche*? Una lectura ingenua (como la de George McMurray en "Nuevo vuelo deslumbrante del pájaro donesco") identifica el "lugar" de este discurso con el lugar "real" de cierta clase social chilena. Con mayor lucidez el propio Donoso dice que el escritor "no tiene clase, sino que se la fabrica: su clase social... es inevitablemente obra de su propia imaginación, otra obra de ficción. Es posible que yo haya inventado mi propia burguesía —que bien pueda no tener nada que ver con una "burguesía real"— para poder ser su víctima y odiarla y admirarla y sacar de allí mis tensiones y mi fuerza" ("Los pájaros de la noche de José Donoso," entrevista de Elsa Arana, *Plural*, 34 [julio, 1974], 67). En realidad y hasta cierto punto, las oposiciones sociales de la novela están estructuradas no a partir de una imagen real sino a partir del clásico tópico latinoamericano de la civilización versus la barbarie (don Jerónimo, recién vuelto de Europa, se queja en cierto momento de lo burda y primitiva que es la vida en su "tierra americana," p. 171). La existencia de este nivel de abstracción lo confirma Adriana Valdés al declarar que en "la novela no hay, propiamente, visión de clases sociales. La existencia de los personajes sólo conoce dos formas: la de los patrones y la de los sirvientes, anverso y reverso de una misma clase." ("El 'imbunche:' Estudio de un motivo en *El obsceno pájaro de la noche*," *José Donoso: La destrucción de un mundo* [Buenos Aires: Fernando García Cambeiro, 1975], p. 154).

[16]Gabriel García Márquez, *Cien años de soledad* (Buenos Aires: Sudamericana, 1967), p. 9. A esta edición remiten todas las citas de la novela.

[17]Ver "Temática," *Teoría de la literatura de los formalistas rusos*.

[18]Yuri Lotman, *La Structure du texte artistique* (Paris: Gallimard, 1973), p. 309.

[19]Ver Víctor Shklovski, "La construcción de la 'nouvelle' y de la novela," en *Teoría de la literatura de los formalistas rusos*.

[20]*La Structure du texte artistique,* p. 306.

[21]Laurent Jenny, "Le Discours du carnaval," 29.

[22]Ver Hugo Achugar, *Ideología y estructuras narrativas en José Donoso,* pp. 288-89.

[23]John Caviglia, "Tradition and Monstrosity in *El obsceno pájaro de la noche,*" *PMLA,* 1 (enero, 1978), 33.

[24]Gérard Genette, "Vraisemblance et motivation," *Communications,* 11 (1968), 10. Todas las citas de Genette remiten a este trabajo.

[25]*Ficciones* (Buenos Aires: Emecé, 1956), p. 107.

[26]Esta enumeración no pretende ser un catálogo exhaustivo, sólo quiere tener cierto valor heurístico. Curiosamente, en la entrevista con Rodríguez Monegal, Donoso localiza un "origen" de la novela, ese momento en que en cierta calle de Santiago ve al enano monstruoso siendo conducido en un imponente automóvil por un chofer de librea ("José Donoso: La novela como Happening," 518-19). Este origen coincide con el fragmento original de la novela (el comienzo de la crónica de Humberto), es decir, el que se escribió primero y que—según ha afirmado Donoso en algún momento—se incluyó sin cambios en la edición definitiva de *El obsceno pájaro.* En su conferencia de la Universidad de Emory Donoso pasa revista a los otros momentos "originales" de la novela (los personajes de Inés y Jerónimo, una imagen del patriciado chileno, la Casa y la Rinconada, la Iris Mateluna, la perra amarilla, etc.), que aparecen revueltos y sin síntesis incluso en el tiempo biográfico.

[27]*El texto de la novela,* p. 233.

[28]En un doble sentido: discurso que se constituye en torno a un vacío central, y que es emitido por personajes periféricos (las viejas, los monstruos, los desamparados).

[29]Así como uno de los dobles de Humberto—el Mudito—lucha por pertenecer al grupo de las siete brujas.

[30]La idea del fuego carnavalesco la sugiere Myrna Solotorovsky en "Configuraciones espaciales en *El obsceno pájaro de la noche,* de José Donoso," *Bulletin Hispanique,* 1-2 (enero-junio, 1980), 173.

193

³¹Pero a diferencia de los monstruos, que tienen cada uno su "tipo." Don Jerónimo, como personaje singular, tiene así dos versiones negativas: el anonimato (relación antitética) y la singularidad paródica de los monstruos (relación grotesca).

³²"Repeticiones y máscaras: *El obsceno pájaro de la noche*," *MLN*, 2 (marzo, 1973), 289. Ver también Adriana Valdés: "Se ha extirpado el ochenta por ciento, dice la larga metáfora de la sustitución e injerto de órganos. Contra esa pérdida de identidad, el ser imbunche es un refugio" ("El 'imbunche:' Estudio de un motivo...," pp. 141-42).

³³"Repeticiones y máscaras," 293. Ver también los comentarios al respecto de Zunilda Gertel en "*El obsceno pájaro de la noche:* Des-encarnación, transformación, inexistencia," *Chasqui*, 1 (noviembre, 1976), 27-28.

³⁴La crítica ha comentado bastante el paso del yo al tú o al él pero no ha reparado tanto en el travestimiento narrativo (invisible en los dos primeros pronombres singulares) y especialmente en el desplazamiento del yo al nosotros. Benveniste ha dicho que el " 'nous' N'est pas un 'je' quantifié ou multiplié, c'est un 'je' *dilaté* au-deià de la personne stricte, à la fois accru et de countours vagues.....D'une manière générale, la personne verbale au pluriel exprime une personne amplifiée et diffuse. Le 'nous' annexe au 'je' une globalité indistincte d'autres personnes" ("Structure des Relations de personne dans le verbe," *Problèmes de Linguistique générale* [Paris: Gallimard, 1966], pp. 234-35). En *El obsceno pájaro* se dibuja con insistencia esta "globalidad indistinta de personas:" las viejas de la Casa que hablan en nombre de una tradición popular. Discurso plural, reiterativo, relativo en el cual el Mudito disuelve el suyo propio.

³⁵Zunilda Gertel, "Metamorphosis as a Metaphor of the World," *Review* (otoño, 1973), 23.

³⁶"El 'imbunche:' Estudio de un motivo...," 134.

³⁷"*El obsceno pájaro de la noche:* La productividad del texto," 53. Se podría agregar que el texto alude a otra retórica (una especie de "meta-lenguaje" interno) cuando se refiere a los esfuerzos literarios de Humberto: " 'Un talento incipiente que apenas se atreve

a salir de su crisálida, pero con promesas de frutos de alta sensibilidad artística, de sentimiento refinado bordeando en lo enfermizo...,' " (p. 283).

[38]Irónicamente, el propio narrador favorece más tarde una versión realista y simple. Ver p. 359.

*Capítulo 5*

*Casa de campo:* la carnavalización del discurso alegórico

I. *Casa de campo* y la novela del dictador

La narrativa latinoamericana de los años setenta se ha caracterizado, entre otras cosas, por la aparición explosiva de una especie de sub-género temático —la novela del dictador— cuyas hebras individuales se publicaron casi simultáneamente a mediados de la década: *El recurso del método,* de Carpentier (1974); *Yo el Supremo,* de Roa Bastos (1974) y *El otoño del patriarca,* de García Márquez (1975). Esta extraña conjunción de novelas, que se podría calificar de "mini-boom" si el término fuera respetable, no puede sino evocar otra ilustre novela latinoamericana anterior como obligado punto de referencia: *El Señor Presidente,* de Asturias (1946), con lo cual se completa un cuarteto que como tal no ha pasado desapercibido por la crítica, y que incluso ha dado lugar a un conato de polémica entre aquellos que aseguran los méritos superiores de Roa Bastos por haber aludido en su novela a una figura histórica concreta, y otros que alaban los méritos de Carpentier y García Márquez por la razón opuesta.[1] Sin embargo, no todos los críticos practican tal invasión de la descripción por la prescripción. Aparte de una valiosa monografía de Angel Rama sobre el tema,[2] existe una tipología de la novela del dictador que consiste en tres clases: novelas de dictaduras en las cuales no se perfila nítidamente un dictador *(Amalia, La mala hora, Conversación en la catedral)*, novelas que giran en torno a dictadores y períodos específicos *(El Señor Presidente, Yo el Supremo)*, y novelas que se construyen abstractivamente "a partir del *objeto dictador,* como concepto extensivo a toda una *clase,*" donde cabría colocar *El recurso del método* y *El otoño del patriarca.*[3] Aunque esta tipología quizás no satisfaga a todos los lectores, en el presente contexto puede resultar útil como hipótesis de trabajo.

La década de los setenta ha resultado ser también la década de la dictadura en el Cono Sur, que en ninguno de los respectivos países se ha impuesto tan espectacularmente como en Chile. La motivación del golpe militar de 1973, como asimismo sus manifestaciones y el carácter del dictador de turno, difieren muy poco de los regímenes dictatoriales novelados o aludidos por escritores como Asturias o Carpentier. La concentración personal del poder, las aspiraciones a la perpetuidad, la intervención norteamericana para "desestabilizar" un régimen constitucional, la represión física e intelectual, la hueca retórica justificatoria y el militarismo son motivos que definen la historia latinoamericana en más de una latitud y en más de una época. Tampoco difiere la dictadura chilena de otras en cuanto a su destino "literario," ya que casi al cerrarse esta década de dictaduras y novelas de dictadores aparecen los fatídicos hechos históricos chilenos de 1973 —velados y transformados— en el espejo de otra notable novela: *Casa de campo,* de Donoso (1978).[4] Curiosamente, y a pesar de que la novela alude a los protagonistas y antagonistas, verdugos y víctimas del golpe militar, y a pesar de que se construye mediante la imbricación de varios discursos sobre el poder, ningún crítico parece haberle otorgado un sitial entre las otras novelas de dictadores de la misma década. Este hecho podría revelar diferencias determinantes entre *Casa de campo* y sus problemáticas precursoras, diferencias detrás de las cuales, sin embargo, se esconde una interesante afinidad.

Es evidente, en primer lugar, que la novela de Donoso no se centra en la biografía de un dictador tanto como en un acontecimiento histórico. Tampoco se deja clasificar fácilmente en la tipología ya citada de Miliani, dentro de la cual parecería caber en la primera categoría porque en *Casa de campo* se siente la presencia ubicua de una dictadura que es fácil localizar en el tiempo y el espacio (como sucede, por ejemplo, en *Amalia* o *Conversación en la catedral*). Pero es más difícil aceptar que en la novela de Donoso la dictadura se limite a ocupar el plano de fondo sin que se llegue a perfilar en primer plano el dictador, cuya presencia es tan indirecta pero tan indudable como la del dictador del *El Señor Presidente,* novela que Miliani usa como ejemplo de su *segunda* categoría. El factor que parece situar a *Casa de campo* en otro orden tipológico es el modo *alegórico* del texto donosiano, que no comparte con ninguno de los textos narrativos sobre dictadores publicados en los años setenta ni tampoco con el Asturias de *El Señor Presidente,* aunque ocasionalmente *El recurso del método* haga uso de ese procedimiento. En efecto, el enfrentamiento entre el Primer Magistrado y el Estudiante en la novela de Carpentier se describe alegóricamente:

> Y se contemplaban ambos, el Amo, el Investido, el Inamovible, y el Débil, el Soterrado, el Utopista.... Era el de Arriba, para el de Abajo, un arquetipo, un ejemplar de histórica muestra.... Ahora el Protagonista de las alegorías revolucionarias...era este individuo que tenía delante.... Y era el de Abajo, para el de Arriba, otro personaje folklórico..., como el clásico estudiante de novela rusa...[5]

El procedimiento generalizado de Carpentier, sin embargo, no es éste sino —como el de García Márquez en *El otoño del patriarca*— la presentación de un dictador emblemático cuya biografía alude a varios dictadores históricos pero que constituye un objeto semiótico independiente de cualquier vida individual. Además, el signo alegórico en Carpentier y en Donoso funcionan distintamente: en *El recurso del método* la alegoría del personaje u objeto carente de identidad individual lo erige en síntesis o modelo de una clase entera, ya sea "dictadores" u "opositores."[6] En *Casa de campo,* por el contrario, el signo alegórico no remite a todo un campo conceptual multiforme y variado sino a personajes y acontecimientos específicos y circunscritos dentro de un período histórico concreto. En los apuntes privados de Donoso, consignados mientras se escribía la novela, aparecen las siguientes identificaciones alegóricas:

El caserío, con las casas colocadas en círculo alrededor de una esplanada... es una metáfora para el Estadio Nacional, como centro de detenimiento y de tormento.

Antropofagia es la libertad crítica, los errores y los nuevos partidos y las revisiones. Lo que más temen los Ventura es, justamente, no el comunismo-stalinismo institucional, sino la libertad individual y crítica.

Tal vez, para darle variedad, el monólogo de Wenceslao puede ser, como tuve la idea hace días pero no la anoté, en el exilio, amargo, recordando... cómo fue ese año —ese *día*— de la Unidad Popular, la irrealidad del régimen de Allende-Adriano, el entusiasmo, los errores, la crítica...[7]

De estos ejemplos se puede inferir que las referencias alegóricas de la novela de Donoso no constituyen un modelo sincrético sino un sistema de alusiones específicas a conceptos o personajes históricos reconocibles, aunque no hay duda de que la novela también alude a una problemática generalizada en toda la América Latina —la alianza entre los intereses oligárquicos y los intereses extranjeros con la consecuente explotación del campesinado— que muchas veces ha engendrado o mantenido regímenes dictatoriales.

## *Casa de campo* y el discurso alegórico

El modo alegórico de *Casa de campo* fue aceptado y discutido por la crítica periodística y académica desde la aparición misma de la novela. Quizás el artículo más detallado sobre el respecto sea el de Luis Iñigo

Madrigal, quien establece cuidadosas correspondencias entre lo que él llama el "contenido manifiesto"
del relato y el "nivel del pensamiento mentado en serio:"
los Ventura son la oligarquía (en un sentido decimonónico); los niños, las capas medias; los nativos, el
proletariado (pero también los indígenas precolom-
binos, habría que agregar); la servidumbre, las Fuerzas
Armadas, etc. Este crítico también alude a un doble
nivel de referencia al que remite la fábula de la novela:
los grandes tópicos de la historia latinoamericana,
y los acontecimientos específicos del golpe militar
de 1973.[8] A pesar de que las correspondencias alegóricas identificadas por Iñigo Madrigal son indiscutibles,
su trabajo puede ser rebatido en dos respectos importantes relacionados el primero, al tipo de novela que
es *Casa de campo,* y el segundo, al tipo de discurso
narrativo con que se ha articulado la problemática
del poder dictatorial en más de una novela latinoamericana reciente, incluida la de Donoso.

La primera objeción es, en un primer momento,
de tipo teórico, e implica el concepto de alegoría manejado por Iñigo Madrigal que, justo es decirlo, es el
concepto tradicional propuesto sobre todo por Angus
Fletcher pero que ya ha entrado en un proceso de
revisión fundamental.[9] Tradicionalmente, la alegoría
se ha visto como una relación paralela entre dos discursos, uno materialmente presente en el texto (un
discurso *singular*), y el otro existente en el mundo de
las ideas, valores, principios y preceptos (discurso
cultural). Así, se ha confundido por siglos un tipo
genérico de literatura narrativa (la alegoría) con un
método hermenéutico o crítico (la *alegoresis*). En
realidad, el "otro" significado del discurso alegórico

202

no existe en un espacio ajeno al texto sino en la posibilidad de una polisemia en el discurso textual, generalmente explotada por la paronomasia o el juego etimológico. Estos juegos de palabras generan episodios narrativos diseñados para comentar las implicaciones éticas y axiológicas del lenguaje. El discurso alegórico es, además, marcadamente intertextual en cuanto remite en último término a un "pre-texto" (la Biblia, la *Eneida,* el lenguaje del rito o del mito) que sirve como fuente de los principios normativos que regulan a una cultura. Una de las relaciones posibles entre el pretexto y el texto alegórico es la misma ironía que despliega Donoso en el discurso del "autor" de *Casa de campo.* Maureen Quilligan escribe:

> When the pretense of allegory is that the narrative is not a commentary on the pretext, but is its own independent story, the reader's recognition of the existence of the pretext takes shape as a gradual ironic discovery that there is something more here than meets the eye (Q, 133).

Evidentemente, en *Casa de campo* no se puede hablar de un pretexto en un sentido fundador del término, ya sea social, moral, o éticamente, sino que más bien cabría hablar de un "pasaje" del texto de la historia que funciona como pretexto.[10] Pero sí se recorta un discurso autorial irónico que afirma la autonomía de la ficción y su total dependencia del capricho del autor, discurso *contra* el cual el texto asume su carácter alegórico.

Por último, en el discurso alegórico genérico, el papel del destinatario (específicamente del lector ya

203

que toda alegoría existe por escrito) es de máxima participación semiótica. El lector de una alegoría se convierte en personaje alegórico y la lee en el mismo grado en que es leído por ella. Su participación es en el fondo una complicidad que toma la forma de un aprendizaje semiótico: las alegorías contienen sus propias instrucciones para leerlas. En *Casa de campo* ese lector en apariencia dominado, sometido a la obediencia y a la pasividad por el autor-tirano que controla todos los hilos de la representación ficticia, es en sí una versión irónica del lector decimonónico, no menos de lo que la figura del autor en la novela es una parodia consciente de la persona autorial tan frecuente en la novelística del siglo pasado. La propia Maureen Quilligan apunta:

> the relationship between author, story, and reader in the nineteenth-century novel is, at a play, sharply defined. The story stays on stage, the author hovers in the wings, and the audience stays firmly glued to their seats (Q, 253).

Es obvio que el lector ideal de *Casa de campo* no se queda pegado al asiento de la platea esperando ansiosamente el resultado de tal o cual peripecia (como algunos de los personajes), sino que posee la clave para abrir otra red de alusiones que el autor le parecería cerrar cada vez que impone el peso de su autoridad junto con la exigencia de una lectura "canónica" y única. Si, como afirmaba Donoso, la antropofagia remite en *Casa de campo* a la libertad crítica que se opone a la mentalidad dictatorial, el planteo de la novela juega a otro nivel esta misma oposición, asumiendo el lector la posición crítica que genera la lectura alegórica y el "autor" la posición autoritaria que pretende negarla.

## Donoso y Swift: Alegoría y carnaval

Estos comentarios no quieren insinuar que *Casa de campo* sea una alegoría en el sentido estricto y genérico del término. Como escribe Maureen Quilligan, "Just as some works are satires and others are satirical so some works are allegories, while others are merely allegorical" (Q, 18-19). Según esta perspectiva, la novela de Donoso no es una alegoría sino meramente alegórica, lo cual también es cierto de una obra famosa y precursora que se puede tomar como modelo hermenéutico de *Casa de campo: Gulliver's Travels,* de Jonathan Swift.[11] Como es sabido, detrás de las fantásticas narraciones de los viajes y aventuras de Gulliver se esconde una red de alusiones políticas que incluye referencias veladas a guerras, procesos legales, facciones, instituciones, personajes e ideologías remitibles a la Inglaterra de los primeros años del siglo XVIII, que es justamente el momento en que se publica la obra de Swift (1726). Por lo tanto, y como también sucede en el caso de Donoso, las alusiones alegóricas son coetáneas de la factura y recepción del texto, y por lo general se refieren a problemas controvertibles del momento que forzosamente comprometen al autor. Swift, por supuesto, era en sí mismo una figura polémica que tuvo más de un roce con estadistas poderosos y cuyo involucramiento en la vida pública, la causa irlandesa y en los conflictos eclesiásticos de su época le ganó no pocos enemigos. (La publicación anónima o pseudónima de la gran mayoría de sus obras —incluida *Gulliver's Travels*— no deja de servir de comentario a esta situación). Donoso, por otro lado, se enfrenta a un régimen militar notoriamente represivo, lo cual genera una serie de posibilidades angustiosas que el escritor apunta en sus cuadernos privados pero a las cuales se sobrepone para completar y publicar la novela, trasladándose luego a vivir a ese mismo escenario. En ambos casos, el problema del compromiso se soluciona mediante un discurso alusivo, paródico e irónico que, como el tradicional bufón cortesano, habla desde una posición relativamente inmune.

No obstante, la relación entre *Gulliver's Travels* y *Casa de campo* (ambas novelas de algún modo "infantiles:" una leída muchas veces como aventuras imaginativas y fantásticas "propias de niños" y la otra construida a base de personajes infantiles) es más profunda aún en materia de las tradiciones que las estructuran. El libro de Swift es uno de los ejemplos más brillantes de la sátira menipea, género detalladamente estudiado por Bakhtín y que el crítico soviético remite a la tradición carnavalesca. Algunos de los rasgos genéricos de la sátira menipea son: comicidad, desapego de cualquier verosimilitud externa, el cuestionamiento de ideas, valores y principios, escenas escandalosas o de comportamiento excéntrico, contrastes oximorónicos, la inserción de otros géneros, y la actualidad de los problemas y soluciones que conforman su "contenido".[12] Resulta claro de este resumen que no es en el plano genérico donde se dan cita los libros de Donoso y Swift, que no comparten los rasgos más determinantes de la sátira menipea. Pero el discurso genérico de la menipea puede ser remitido a un discurso más amplio y abarcador que es el *carnavalesco,* y cuyo estatuto tipológico no es de género sino de modo.[13] Bakhtín es bastante explícito sobre la naturaleza carnavalesca de la sátira menipea cuando afirma, por ejemplo, que algunas de estas sátiras describen directamente celebraciones carnavalescas, o que la representación del Olimpo cn este género tiene la estampa del carnaval: "free familiarization, scandals and eccentricities, and crownings and discrownings are typical of the Olympus of the menippea."[14] Lo mismo se puede decir de la descripción del "underworld," lugar en que a veces se encuentran y nivelan el emperador con el esclavo y el rico con el pobre, cuando no se invierten las categorías pasando el esclavo a ostentar la corona del emperador. Bakhtín establece otras relaciones entre sátira menipea y carnaval que no dejan duda sobre la afinidad entre ambos discursos,[15] pero hay que recordar que para este estudioso existe un carnaval primordial (al que toma como modelo en el pasaje recién citado) y un carnaval degradado y puramente formal que caracteriza la literatura carnavalesca después de la segunda mitad del siglo XVII, cuando el pueblo deja de estar directamente involucrado en las celebraciones carnavalescas que se hacen así menos complejas y más decorativas, trasladándose desde la plaza pública a las cámaras privadas (por ejemplo, las mascaradas). Esta distinción es importante porque el primer concepto del carnaval (como función cultural viva) modela *Gulliver's Travels,* mientras que el segundo concepto (carnaval como espectáculo) modela *Casa de campo.* El hecho es que en esta novela se alternan o superponen

207

tres diferentes códigos cuyas relaciones y referencias construyen el espacio textual: un código novelesco (al que obedece la construcción de una trama, de personajes, "hechos de estilo," e incluso las intervenciones del autor),[16] uno alegórico (que organiza las referencias extratextuales e históricas), y uno carnavalesco que autoriza una serie de procedimientos de enmascaramiento e inversión.

Al considerarse estos diferentes códigos como discurso[17] se perfila la cuestión de las relaciones entre ellos, especialmente entre el discurso alegórico y el carnavalesco. Teóricamente hablando se puede arriesgar la afirmación de que ambos son discursos incompatibles, ya que el primero busca reafirmar el valor del pretexto y, por ende, de los valores, principios y mitos que normalizan y regulan la vida social, mientras que el segundo busca subvertir o invertir los mismos valores y jerarquías normales. Además, el pretexto alegórico, que según Quilligan puede ser "any text which offers a legitimate language to articulate the sacred" (Q, 100), es por naturaleza un texto solemne, hierático, absoluto y, por lo tanto, no puede sino convertirse en el objeto paródico de los textos carnavalizados. Incluso la paronomasia alegórica pierde su carácter lúdico y carnavalesco porque su fin es vindicar un discurso oficial monológico y cerrado (autoritario), mientras que en el discurso carnavalesco los juegos de palabras tienen por función abrir el campo del lenguaje y exasperar sus procedimientos, multiplicando inevitablemente su azar y arbitrariedad, su desorden.[18] Pero si es cierto que el discurso alegórico es incompatible con el carnavalesco, ¿cómo es posible la existencia de textos alegórico-carnavalescos como *Gulliver's*

*Travels* o *Casa de campo*? Justamente porque estos textos no son alegorías en el sentido riguroso y genérico del término, y no lo son porque prescinden del pretexto que daría forma al contenido ideológico. En el libro de Swift la falta de un pretexto como la Biblia (razonable de esperar en un autor que es también un diácono) es obvia dado el misantropismo del que se ha acusado a Swift y las "pullas" que se le hicieron en vida sobre la integridad de su cristianismo. En *Gulliver's Travels* no se revalida ningún valor preestablecido ni se exploran las implicaciones éticas de los textos sagrados de la sociedad; al contrario, se postulan valores contrarios a los establecidos y aborrecidos por los cánones sociales, porque el modelo que adopta Swift para abordar cuestiones trascendentales le viene de la sátira menipea y no de la tradición alegórica. Es decir, se subvierte la exigencia del pretexto, sin la cual no puede haber alegoría. En el libro de Donoso, por otro lado, la cuestión de los valores se trata de modo carnavalesco, suspendiéndose todo juicio absoluto y entregándose la narrativa a un juego de vaivenes y ambigüedades sin resolución.

## Carnavalización de la dictadura: *El Señor Presidente*

Resumiendo un poco: *Casa de campo* es una ficción del poder que construye una imagen del poder como ficción y carnaval. En la novela el poder se apoya en la ficción verbal de los antropófagos, cuya explotación y subyugación los Ventura hacen aparecer como un hecho natural, como una misión poco menos que sagrada. Pero éstos no logran mantenerse en el ápice de la pirámide social. La pirámide se convierte en una montaña rusa que de tumbo en tumbo va perdiendo su forma jerárquica y va configurándose de varios otros modos posibles, distorsionando funambulescamente la máscara del poder que cubría el rostro oligárquico de los Ventura. Estas metamorfosis carnavalescas están compuestas por la disolución y reconstitución de diferentes grupos de poder, por la sustitución de cabecillas y programas, y por la inversión de los valores. Ficción y carnaval, pues, que con todo no son privativos de *Casa de campo* en cuanto elaboración novelesca de una problemática histórica latinoamericana ampliamente novelada. El poder, que se apoya en una ficción verbal en *Casa de campo,* tiene su contraparte en las ficciones constitucionales de muchos regímenes latinoamericanos, así como en las ficciones partidistas o ideológicas con que varios dictadores han enmascarado la persecución pura y simple del poder. La ética de la verdad es fácilmente reemplazable por su máscara, especialmente en aquellos regímenes terroristas que se defienden y perpetúan mediante el funcionamiento de policías secretas y delatores e informantes. Estos grupos nebulosos que operan a base de sospechas, rumores y ficciones grotescas borran no sólo sus identidades anónimas sino el límite entre la verdad y la mentira, de modo que la verdad ya no puede volver a funcionar por sí sola, como valor absoluto, sino que pasa a las manos del mejor postor. Las víctimas son condenadas "legalmente" (cuando hay necesidad de espectáculo para mantener un simulacro de justicia) a base de cargos fabricados que carnavalizan (aunque con resultados trágicos) el proceso legal y sus instituciones. Esta carnavalización grotesca del proceso legal la monta Asturias en el capítulo XXIX de *El Señor Presidente,* que refiere el "juicio" del licenciado Carvajal falsamente acusado de haber asesinado a uno de los esbirros del dictador. El proceso se desarrolla como una "comedia bufa" dentro de la cual el acusado se siente como "el principal actor," y cuyo resultado está decidido de antemano. Además, el reparto de esta farsa es paródico, circense: no sólo están los miembros del tribunal perdidamente ebrios, sino que los testigos son unos pordioseros sacados de alguna Corte de los Milagros. La descripción *serial,* o *desfile* de estos pordioseros es deliberadamente carnavalesca:[19]

> *Patahueca,* con cara placentera de borracho, tieso, peinado, colocho, sholco, no perdía palabra de lo que leían ni gesto del Presidente del Tribunal. *Salvador Tigre* seguía el consejo con dignidad de gorila...El *Viuda,* alto, huesudo, siniestro... *Lulo,* rollizo, arrugado, enano... *Don Juan de la leva cuta,* enfundado en su imprescindible leva, menudito, caviloso, respirando a familia burguesa en las prendas de vestir a medio uso que llevaba encima... A la sordomuda seguía *Pereque,* un negro con sólo una oreja como bacinica. Y a *Pereque,* la *Chica-miona,* flaquísima, tuerta, bigotuda y hediendo a colchón viejo[20] (Subrayados originales).

El acusado es condenado a muerte, pero hay otra sentencia en la novela que aunque prescinde del espectáculo carnavalesco de un juicio legal se articula no obstante en un lenguaje afín. Cara de Angel, el favorito del dictador que se ha regenerado mediante el amor, es enviado por su jefe a Washington con el pretexto de intervenir en su favor ante los políticos norteamericanos, pero cuando Cara de Angel llega al punto de transbordo es arrestado por un mayor del ejército y reemplazado por su propio doble, quien continúa la misión diplomática ficticia. El ex-favorito es encerrado en prisión donde se desintegra físicamente y donde le espera una ficción aún más cruel, cuando sus verdugos le "plantan" un impostor en su celda quien inequívocamente le sugiere a Cara de Angel que su añorada esposa es ahora la querida del dictador. Las imposturas en la novela de Asturias no se detienen aquí (habría también que mencionar las anónimos a los que el relato alude —textos enmascarados— y el propio título —"Presidente" como máscara de dictador—), pero la recurrencia del lenguaje carnavalesco en las otras novelas de dictadores hace pensar en un fenómeno general íntimamente relacionado al abuso del poder en la América Latina, o a su discurso, para ser más exactos.

## El otoño del patriarca

Así por ejemplo, Julio Ortega, comentando *El otoño del patriarca,* identifica un "código de la cultura popular" que no es otra cosa que la práctica carnavalesca tal como la describe Bakhtín, "código que recibe, procesa y genera la escritura del espectáculo del poder."[21] Dentro del contexto dictatorial, donde el poder ha usurpado la historia, ésta aparece formulada como comunicación y, por ende, como un proceso de significación que supone

212

un sistema de desplazamientos, reducciones, parodias y, en general, una práctica carnavalizadora —a través del disfraz, el banquete, la fiesta, la risa, etc.— que al mismo tiempo que se levanta como una ocupación natural del espacio público, se instaura como una celebración de la perpetuidad del pueblo.... El poder disolvente de esa energía responde así al malestar de la historia y libera en la conciencia un lugar propio de identidad (O, 430).

Ortega continúa su análisis señalando que si la falsa muerte del patriarca (en realidad, muerte de su doble) inaugura el carnaval de la liberación popular, no por esto deja de haber un comportamiento populista del poder que consiste en un "falso carnaval" cuyo fin es imponerse a la cultura popular de modo en apariencia natural (O, 431). Esta imposición es lo suficientemente exitosa como para que ciertos episodios del libro permitan afirmar que el poder del patriarca se localiza de algún modo en el pueblo y responde a sus motivaciones. Por ejemplo, el pasaje siguiente:

no me dejaban caminar con la conduerma de que écheme en el cuerpo la sal de la salud mi general, que me bautice al muchacho a ver si se le quita la diarrea porque decían que mi imposición tenía virtudes aprietativas más eficaces que el plátano verde, que me ponga la mano aquí a ver si se me aquietan las palpitaciones que ya no tengo ánimos para vivir con este eterno temblor de tierra, que fijara la vista en el mar mi general para que se devuelvan los huracanes, que la levante hacia el cielo para que se arrepientan los eclipses...[22]

Este pasaje atestigua la operación de un código mitológico que se desentiende de la historia y de la cronología, y cuya licencia le permite al poder apropiarse de los repertorios de la cultura popular (en cierto momento, el patriarca le regala a Manuela Sánchez un eclipse de sol). Importa señalar que este código se construye a base de dos figuras carnavalescas: el oxímoron y la hipérbole.[23] Ortega afirma que "la mitología del poder actúa por un proceso de inversiones" (O, 436) y comenta varios ejemplos concretos de operaciones oximorónicas que terminan creando un mundo al revés. La hipérbole, por otro lado (y como sucede en el discurso carnavalesco), es tan ubicua que funciona más bien como código y no figura. De hecho, el poder del patriarca es tan hiperbólico que trasciende incluso a su detentor. Este, al quedar excluido de su propio poder, se llega a convertir en espectador del carnaval del poder, fabricado a base de simulacros, de un doble que figura tanto en la persona de Patricio Aragonés como en la persona del propio patriarca cuando se reconoce en un discurso televisado que él no grabó. Este espectáculo resulta de las manipulaciones de un poder rival y doble (el de Sáenz de la Barra), de un "poder-espejo" que por una parte invierte los términos del poder (como cuando los albañiles le gritan órdenes y obscenidades a un viejo cualquiera que resulta ser el patriarca, p. 227); por otra, este poder-espejo opera el desconocimiento y la alienación en la conciencia del patriarca:

> duerma tranquilo general, le decía, el mundo es suyo, le hacía creer que todo era tan simple y tan claro que lo volvía a dejar en las tinieblas de aquella casa de

nadie que recorría de un extremo al otro preguntándose a grandes voces quién carajo soy yo que me siento como si me hubieran volteado al revés la luz de los espejos... (p. 234).

Las marcas carnavalescas del discurso narrativo de *El otoño del patriarca* le permiten a Ortega afirmar con gran acierto que la novela de García Márquez es "una reflexión sobre la tragedia política desde la comedia cultural" (O, 433),[24] concepción dialógica inseparable a su vez de una reflexión sobre la práctica del carnaval.


## El recurso del método

Esta última marca también la escritura de *El recurso del método,* de Carpentier, en el doble sentido en que el poder, a la vez que funciona como corifeo de una representación carnavalesca en el nivel referencial de la novela, también se articula o formula a sí mismo en el lenguaje de la ficción y la máscara. Al Primer Magistrado de Carpentier le toca presidir sobre un período de inusitada prosperidad en su país (conscientemente desubicado en el relato) como resultado de la situación de los mercados europeos durante la primera guerra, y el súbito influjo de capital *disfraza* a la capital de lugar próspero:

Porque en ficción se vivía. Sin percatarse de ello, las gentes se integraban en una enorme feria de birlibirloque, donde todo era trastrueque de valores, inversión de nociones, mutación de apariencias, desvío de

215

caminos, disfraz y metamorfosis.... Todo estaba al
revés (p. 194).

Luego sigue un inventario detallado e hiperbólico de
la inversión de valores, y el relato de la carnavalesca
temporada de ópera que inaugura el Primer Magistrado
como un intento más de "civilizar" su tierra latinoamericana, y que se debe cerrar con *Un baile de máscaras* de Verdi. En este punto el carnaval se generaliza
a toda la población, que sale a las calles con sus do-
minós a cantar, bailar y fornicar. Todo este capítulo
de contenido carnavalesco está contrapunteado, sin
embargo, por atentados terroristas contra los asis-
tentes al Teatro Nacional y por la eficaz construcción
de la Prisión Modelo que pronto se colma de presos
políticos. Se trata evidentemente de un carnaval vi-
ciado y corrompido por la operación de ideologías
y contra-ideologías monológicas que permiten sólo
un simulacro de apertura y debate. Se trata, además,
de un carnaval manipulado por el Primer Magistrado
para convertirlo en celebración de su propio poder
(de un poder *cualquiera,* lo cual de por sí corroe la
práctica carnavalesca), cuyo apoyo popular es otro
simulacro.

El poder del Primer Magistrado se articula, por
otro lado, en términos de la máscara, particularmente cuando tiene que ser defendido ante la oposición,
alegorizada en el relato por la figura del Estudiante.
En el momento de enfrentar a este personaje, el narrador dice: "El Primer Magistrado había preparado
cuidadosamente su escenografía" (p. 233), a lo cual
el Estudiante hace eco más tarde cuando piensa: "todo
aquí es teatral: el modo de recibirme, la luz en la cara,

216

ese libro en la mesa" (p. 236). Ambos personajes se enfrentan en términos de papeles culturales pre-existentes en la cultura latinoamericana. Para el Primer Magistrado, el Estudiante es *el* poeta provinciano de los premiados en Juegos Florales y *el* intelectual débil y enfermizo; al contrario, para éste el Primer Magistrado es el tirano *clásico,* el cacique subido de tono. Esta cuestión de los roles o máscaras impersonales que crean en un primer momento el diálogo social e interpersonal, y que asume tanta prominencia en el ejercicio de un poder que maneja a las personas, está siempre presente en la conciencia del Primer Magistrado en la forma de la retórica apropiada a cada ocasión. En el episodio en cuestión hay una valiosa reflexión sobre el particular:

> no valerse del estilo frondoso, de *Plegaria en el Acrópolis,* que un joven de nueva generación hallaría ridículo, sin caer —extremo opuesto— en el vocabulario guarango y barriotero que lo encanallaba.... Optó, pues, por el tono humanístico y pausado, ignorante del tuteo habitual entre nosotros, que creaba, por su exotismo en este mundo de jaranas y confianzas, un inmediato distanciamiento, mayor que el de la mesa que los separaba (p. 237).[25]

Estas posibles variantes retóricas corresponden a una multiplicidad de roles o máscaras que el Primer Magistrado puede adoptar como encarnación del poder: ante el Estudiante, efectivamente, hace el papel de padre, maestro, tirano y mecenas. El poder no se diluye en estas múltiples posibilidades sino que por definición las abarca todas, todas le pertenecen. El tirano de

217

Carpentier, específicamente, puede asumir varios papeles porque detrás de las variantes no hay un original fijo. El rostro no existe detrás de la máscara del poder, así como también falta el nombre propio:

> Pasará lo mismo que con las esculturas romanas de mala época que pueden verse en muchos museos: sólo se sabe de ellas que son imágenes de Un Gladiador, Un Patricio, Un Centurión. Los nombres se perdieron. En el caso suyo se dirá: 'Busto, estatua, de Un Dictador. Fueron tantos y serán tantos todavía, en este hemisferio, que el nombre será lo de menos.' "

Sería ingenuo pensar que la carencia del nombre del dictador en la novela de Carpentier (y en otras, incluyendo la de García Márquez cuyo patriarca tampoco tiene nombre) es un hecho histórico o cultural que la novela "refleja." Históricamente los dictadores tienen nombre. Más vale hablar de un hecho cultural *creado* por la producción literaria a partir de datos culturales pre-existentes, y que existe en el lugar de la articulación entre literatura y cultura. El que ha experimentado el poder oculto e ilimitado de un dictador no puede reconciliar su experiencia de ese poder con la experiencia del hombre que lo detenta. Es decir, el poder absoluto como mito existe ya en la cultura latinoamericana, aunque sus elementos logran una coherencia más eficaz sólo en las producciones literarias de esa cultura.[26]

## Conclusiones

¿Qué conclusiones se pueden sacar con respecto

a esta cultura de la proliferación del discurso carnavalesco en las novelas ya mencionadas sobre la dictadura?[27] Obviamente, como lo ha afirmado ya Bakhtín, las jerarquías del poder constituyen el objeto privilegiado de la parodia carnavalesca,[28] pero la proliferación de este tipo de discurso en novelas latinoamericanas podría obedecer también a factores de índole cultural y económica privativos de la historia de América Latina, en particular de su dependencia colonial y neo-colonial. Como afirma Julio Ortega, "Uno de los orígenes del poder dictatorial es la fase colonial de nuestra historia, el otro es su fase imperialista."[29] En ambos casos el ejercicio del poder dictatorial —orientado económicamente hacia afuera y amparado las más de las veces por potencias extranjeras— es un atentado alienante contra una cultura popular que se afirma en su propia ambivalencia mediante la práctica de la carnavalización. Ariel Dorfman postula una tesis parecida al comentar los mismos pasajes de *El recurso del método* subrayados en el presente trabajo. Los cambios que experimenta la nación y que generan el carnaval de la europeización vienen de afuera y no corresponden a ninguna exigencia propia de ésta, por lo cual el país adquiere un carácter ficticio e ilusorio. El propio Primer Magistrado, por supuesto, es un personaje extranjerizante y cosmopolita que con frecuencia deplora su destino latinoamericano y el de su patria bárbara y retrasada. Pero, como apunta Dorfman, el Primer Magistrado descubre en cierto momento que su poder mismo, con el cual creía gobernar completamente a su nación, es subdesarrollado y dependiente:

El gran teatro del mundo, la vida es sueño, el engaño es ilusión, la vida se nos presta, revelación del verdadero Dios (o rey) todopoderoso que componía detrás de la cortina: tema del barroco español que cobran [sic], en este libro, un sentido social y tercermundista obvio. El pícaro americano se percata de la auténtica estructura del mundo, de su situación objetiva en la jerarquía de la existencia y en la jerarquía del subdesarrollo; si lo anterior fue un sueño o una obra teatral, es porque otros armaban la escenografía o escribían el libreto.[30]

Según la interpretación de Dorfman, el discurso carnavalesco aparece como el lenguaje de una usurpación o un enajenamiento, como sinónimo de una impostura o simulacro corregibles por medio de una práctica social o ideológica revolucionaria. Aunque es problemática la reducción ideológica de un discurso que niega toda ideología, el propio texto de Carpentier se complace en mezclar las categorías —y por tanto, en carnavalizar— al describir los cambios efectuados por el "boom" económico:

Los miserables vivían en Palacios de Fundación, contemporáneos de Orellana y Pizarro... mientras los amos moraban en casas ajenas a cualquier tradición indígena, barroca o jesuítica —verdaderas decoraciones de teatro en tonalidades de Medioevos, Renacimientos o Andalucías Hollywoodianas, que jamás habían tenido relación con la historia del país.... El nuevo Correo Central tenía un magnífico Big Ben. La nueva Primera Estación de Policía era Templo de Luxor.... El Presidente de la Cámara alojaba a su querida en una pequeña abadía de Cluny, revestida de yedras importadas (p. 195).

Este tipo de *mésalliance* no es sino una elaboración hiperbólica de ciertos hechos de la vida latinoamericana recientemente atestiguados (en su periódica repetición) por Jorge Edwards, quien ha dicho:

> En el Chile de hoy, hay una simbiosis extrañísima de caudillismo latinoamericano del siglo XIX representado por el general Pinochet, con toda su parafernalia, con sus charreteras y capas.... Todo este mundo anacrónico, combinado con un mundo de banqueros jóvenes, sumamente modernos, en realidad —porque hoy día un banco en Chile no es como los de hace diez años— rodeados de computadoras, de aparatos electrónicos, en conexión de telex con Tokio y con Nueva York y con Hong Kong. Es una combinación alucinante de tiempos, que mezcla al mundo del pasado con el mundo del futuro en un país subdesarrollado.[31]

Si estas palabras recuerdan cierto texto famoso de Carpentier, quizás sea porque el colonialismo y neocolonialismo son la otra cara —la cara histórica— de "lo real maravilloso" americano.

II. *Casa de campo* y el modelo carnavalesco

En *Casa de campo* el discurso carnavalesco modela la práctica narrativa con igual o mayor deliberación que en las novelas de dictadores mencionadas, pero para hacerlo debe primero modelar el discurso alegórico, que le impondría a la novela un imperativo de *consecuencia* (a un cierto nivel, se entiende) ajeno

221

al carnaval. Para un crítico en particular este imperativo se cumple en la novela a pesar de la ruptura que él mismo señala en el continuo del discurso alegórico y que localiza a más o menos cien páginas del final. No es de extrañar que su porfiado intento de recuperar los capítulos rebeldes y retraerlos a una ilusoria coherencia de la alegoría resulte forzado y poco convincente.[32] El hecho es que la *inconsecuencia* del discurso carnavalesco y su rechazo de toda cerrazón o forma cerrada mina la coherencia alegórica aunque no la *pertinencia* de la alegoría. De hecho, ambos discursos se encuentran y articulan en un tercero: el de la máscara, discurso encubridor y mentiroso. *Casa de campo* es una novela que intenta rescatar la superficie como espacio de trabajo narrativo y para esto pone en juego varias estrategias, entre las cuales habría que señalar las máscaras y disfraces literales que intentan *fijar* a personajes siempre móviles; el enmascaramiento de los lenguajes del texto; la disposición o composición pictórica de la novela, que se articula sintagmáticamente mediante la yuxtaposición en un espacio común y limitado de diferentes grupos de personajes, a los que el foco narrativo privilegia alternativamente; algunos motivos, como los libros de la biblioteca de los Ventura que son pura tapa, sin volumen; y algunos enunciados: "Somos Ventura, Wenceslao; por lo tanto, nunca debemos olvidar que la apariencia es lo único que no engaña."[33] Pero, claro, las apariencias sí engañan en esta novela que se propone bajo el signo engañoso del *trompe l'oeil*. La superficie rescatada truca la perspectiva del lector, y si bien no se puede recurrir a la metáfora de las cajas chinas para aludir a los procedimientos de *Casa de campo*, sí se puede invocar la

222

metáfora de la caja de doble fondo, en cuyo fondo falso se esconde, bajo las apariencias textuales, *otro* discurso significativo: *allos*, alegoría. Pero este discurso otro es incapaz de limitar el discurso carnavalesco en cuanto éste se funda en el borrar de todo límite. Durante el tiempo carnavalesco, el carnaval *es* el mundo entero y todos sus discursos.[34] La alegoría, entonces, no se presenta como lenguaje productivo sino alusivo, y si constituyera una producción operaría dentro de otro sistema productivo (el carnaval) ya establecido, ya en marcha.[35]

El carnaval, al convertirse en mundo, invalida todo punto de referencia externo a la vez que instituye la primacía de la ficción. En este sentido, el "autor" de *Casa de campo* actúa como corifeo carnavalesco que exalta la ficción de modo explícito (aunque irónico ya que la novela no es sólo ficción) en varios comentarios que buscan extremar procedimientos ya conocidos de los lectores de Sterne y otros novelistas de los siglos XVIII y XIX. "Donoso" imposta la figura convencional del autor y se refiere a su producción como un trabajo orientado exclusivamente hacia lo artificial:

> La síntesis efectuada al leer esta novela... no debe ser la simulación de un área real, sino que debe efectuarse en un área en que la *apariencia* de lo real sea constantemente aceptada *como* apariencia, con una autoridad propia muy distinta a la de la novela que aspira a crear, por medio de la verosimilitud, otra realidad, homóloga pero siempre accesible como realidad (pp. 53-54).

Efectivamente, la novela descarta la verosimilitud en

favor de personajes, descripciones, espacios, episodios y lenguajes conscientemente estilizados, todos los cuales forman un complejo signo cuyo referente último es la literatura. Como si el *décalage* entre la verosimilitud realista y la norma propuesta por *Casa de campo* no fuera obvia, Donoso incluye en cierto momento un diálogo entre él mismo como autor y uno de sus personajes, Silvestre Ventura, pero no el Silvestre al que se alude en el resto de la ficción sino su "doble" realista. Este diálogo constituye una inversión carnavalesca (porque el personaje es más poderoso que el autor) y una exasperación del procedimiento narrativo de *Casa de campo:* el autor se convierte en personaje que lleva bajo el brazo su novela ("Casa de campo") al editor, y el personaje se convierte en narrador (a la vez que lector) cuando le cuenta al autor cómo es en "realidad" la familia Ventura, y lo castiga por falsificar y exagerar los hechos, todo esto en un lenguaje "criollo." Aparte de este tipo de efecto, el texto de Donoso incluye su propia autocrítica o poética y también alude a una versión previa de cierto episodio que el autor ha preferido corregir antes de dar el libro al público.

Así, con la elaboración de un metalenguaje o del texto como metatexto se articula no tanto el relato de una ficción como la ficción de un relato.[36] Repetidas veces el lenguaje de la novela formula el trabajo narrativo como una escenificación en el sentido más directo del término: "Aspiro sólo a establecer el proscenio para mi recitación, rico, eso sí, de bastidores, bambalinas, telones y tramoyas, y complejo de utilería y vestuario..." (p. 349). Y hacia el final de la narración: "El telón tiene ahora que caer y las luces apagarse: mis

224

personajes se quitarán las máscaras, desmontaré los escenarios, guardaré la utilería" (p. 492). Los personajes mismos, en esta novela pensada en gran parte como una sucesión de *tableaux vivants,* se llegan a convertir en actores y espectadores dentro del teatro de la ficción. En cierto momento, uno de los lacayos contempla sarcásticamente desde su "platea" a los señores "paralizados en el escenario del presbiterio, como si la maquinaria que los movía se hubiera roto" (p. 270). Y el lenguaje que consigna estos papeles mutables se constituye a sí mismo en el lugar de la metamorfosis. Los niños que no hablan como niños sino como adultos, insertan dentro de su norma discursiva, de por sí estilizada, formalizada, otro lenguaje llamado "idioma marquesal" que se refiere al ubicuo juego de "La Marquesa Salió a las Cinco:" "—Banal sería, oh atribulado vástago de los eriales, el intento de arañar el cristal de la brisa para soterrar en su meliflua cadencia nuestros secretos palaciegos como una ráfaga de perfumes violados..." (p. 436). La movilidad de un lenguaje cuyas alusiones ni los niños están seguros de poder interpretar tiene su contraparte en el discurso del narrador, que puede impostar diferentes tonos y tornar una descripción en el espectáculo de describir:

El aire otoñal, después de despejar las miasmas veraniegas, dejó al abigarrado populacho portuario persistiendo en su sociabilidad vertical, encaramado en las ventanas que jalonaban las fachadas unidimensionales como telones, las mozas tirándose un ovillo de hilo de un balcón a otro, atendiendo jaulas de tucanes y colibríes, o, inclinándose sobre las begonias carnosas como moluscos que ya se empezaban a descomponer, preguntándose cuánto durarían antes que la población vertical se redujera a camisas lavadas agitándose en la ventolera (p. 405).

Este tipo de lenguaje eleva la norma ya literaria de *Casa de campo* a una potencia más alta en cuyo registro adquiere mayor libertad para decir el carnaval con todas sus transformaciones y ambigüedades.

## El código de la ambigüedad

La ambigüedad de *Casa de campo* se fundamenta en la figura del oxímoron en dos instancias concretas. El manejo del tiempo en la novela es contradictorio, pues mientras los niños insisten que ha pasado un año entero desde que los adultos partieron de excursión hasta que regresan, éstos se empeñan en afirmar que sólo ha pasado un día. El árbitro de esta disputa podría ser el narrador, que después de todo se presenta como figura omnipotente y omnipresente, pero su discurso es cuidadosamente vago sobre este punto. Para no juzgar, el "autor" emplea el estilo indirecto libre, discurso fácil e imperceptiblemente apropiable por la voz de algún personaje, de modo que el punto de vista resulta ser siempre de alguien más y, por lo tanto, movible, ambiguo.[37] Este tiempo oximorónico funciona además como un significante alegórico porque pone en entredicho ciertas concepciones históricas vigentes a raíz de los eventos de 1973. Wenceslao, el hijo de Adriano Gomara, dice: "Hace demasiados años que se viene gestando esta excursión para que dure una sola tarde" (p. 132), lo cual es contradicho

226

por el reaccionario Juvenal, quien insiste que la excursión se fraguó en un momento reciente. Resulta obvio que la primera versión viene a ser una justificación historicista de la toma del poder por la Unidad Popular, mientras que la segunda prepara el terreno para calificarla de aberración momentánea. Los grupos tradicionales de poder en esta novela (¿pero sólo en esta novela?) niegan la historia para implantarse como dirigentes "naturales." *Casa de campo* elabora esta negación en el episodio del "antitiempo," que es la exageración práctica pero no ideológica de la inauguración del nuevo orden del *ejército* de sirvientes acaudillados por el Mayordomo: "en este antitiempo que inauguraremos usted será mi principal colaborador para detener la historia donde queremos y donde debemos detenerla" (p. 332).

A este tiempo doble se contrapone un espacio único y centralizado modelado en el sitio tópico del carnaval: la plaza pública o el lugar del desfile. Hay pocas novelas como *Casa de campo* que insistan tanto en la centralización del espacio narrativo y, simultáneamente, en la demarcación de los límites que lo separan de un espacio heterogéneo, otro. El espacio narrativo se confunde así con la novela y le sirve de escenario o de teatro. No hay que olvidar por otra parte que la práctica del carnaval aparece dominada por el concepto de los límites, porque si bien es cierto que dentro del carnaval se transgreden los límites de mil modos, también lo es que sin marcar su límite con respecto al espacio normal el carnaval no podría existir. Después de todo el carnaval es una desviación reconocible de un sistema que para dominarlo y asegurar su propio retorno lo ubica en un "lugar" definido. *Casa de campo* marca un límite no sólo entre el adentro y el afuera, sino que subdivide el interior en zonas reservadas a personajes en orden de jerarquías: afuera viven los nativos y los hipotéticos antropófagos; en el laberinto de los sótanos, los sirvientes; los niños y sus padres, en la parte principal de la casa donde, sin embargo, hay lugares vedados a los niños y vigilados por lacayos especialmente entrenados. La novela es la historia de la destrucción de todos estos límites que, por cierto, no son sólo topográficos: propasarse del límite significa minar las convenciones sociales que mantienen a los Ventura en un lugar tan privilegiado de la sociedad como el ocupado por la casa en el centro de la llanura. También hay límites sexuales que se borran en el cuerpo de ciertos personajes travestíes, y límites que hay que cruzar para salir de la niñez y entrar en la adolescencia, como el propuesto a Mauro por la posesión de Melania en el episodio de las lanzas.

Significativamente, estos espacios que coinciden con la ficción de cabo a cabo se pueblan de figuras carnavalescas. El transcurso de *Casa de campo* está pautado por juegos, ceremonias y rituales que en forma espectacular protagonizan personajes disfrazados. Incluso los padres, que a veces desautorizan el juego o descreen de él, entran en el juego representando sus propios papeles de padres. Los disfraces pueden ser metafóricos, como cuando Melania desempeña el papel de madre al principio de la novela y Juvenal, más tarde, el papel irónico, travestido del hombre de la casa durante la ausencia de los padres. O como cuando Juan Pérez disfraza su ambición de sumisión para promoverla. Es de notar que el relato incluye perspectivas desenmascaradoras, por ejemplo, la de Wenceslao.[38] Este es el personaje que siempre está consciente del detrás de la máscara y que al final enjuicia severamente a la familia:

> Desde el centro del pavimento ajedrezado,... el panorama del terror que los mantenía presos cada uno dentro de sus repeticiones e imitaciones de sí mismos, le pareció de una falsedad nauseabunda.... ¿Sabían acaso —y temerosos exageraban sus máscaras—, que todos los lacayos que estaban atendiéndolos,... llevaban pistolas cargadas y sin seguro metidas en sus fajas de seda? (pp. 433-34).

Wenceslao no sólo emite un discurso desenmascarador sino que él mismo se desenmascara, se libera de la máscara en el momento en que deja de ser la "poupée diabolique," se corta los rizos frente al espejo, y exclama ante sí mismo: "¡Hola!... Soy Wenceslao Gomara y Ventura" (p. 26). Claro que en *Casa de campo* es imposible pasar de la máscara a un rostro definitivo y céntrico, sólo es posible transformar los disfraces. Así, Wenceslao pasará de muñeca decorativa a líder de la resistencia subterránea, papel este último codificable en términos de estereotipos culturales (la cultura de la revolución) y no ya a partir de un código retórico (la retórica de la inversión) o estilístico (el preciosismo).

La presencia de niños y juegos infantiles en *Casa de campo* no quiere decir que el juego sea en la novela una práctica inocente. Al contrario, como en *Lord of the Flies,* de Golding, el juego es una práctica perturbada y perturbadora, siempre en peligro de perder su identidad mediante la violación de sus límites. *Casa de campo* prodiga el juego que no es juego en ciertos episodios inquietantes, como la parodia grotesca de la existencia de los "antropófagos," cuando Mignon le prepara una sorpresa culinaria a su padre que resulta ser la hija de éste, cocinada al horno. "No me ofenderé si no comes, es sólo un juego" (p. 86), advierte la cocinera. El episodio de las lanzas resulta inquietante por lo inexplicable. Mientras Mauro y sus hermanos desentierran secretamente lanza tras lanza, de súbito llegan al descubrimiento de que algunas de ellas ya han sido desenterradas por manos misteriosas, lo cual anula ese intento radical de ruptura, "este juego que ya no era juego" (p. 124). Pero quizás más siniestras resultan aquellas instancias en que el juego se revela como el objeto de una usurpación por parte de los grandes, por parte de la represión. Para neutralizar la amenaza que representa la huida de Casilda y Fabio con el oro, y el hijo que han procreado en ese "año" de miserias y vagancia, los grandes la ritualizan remitiéndola a un conocido punto de referencia: el juego de la Marquesa Salió a las Cinco. Lidia convierte los harapos en disfraces, al hijo en una muñeca que Hermógenes discretamente deja caer en una noria, y al año en las doce horas del juego. Sin embargo, el relato que hacen los niños sobre el caos que reina en la casa y la desaparición del oro es más difícil de neutralizar, y los grandes deben recurrir al abuso físico, a la confesión falsa y al mito de los antropófagos para reimponer su ortodoxia. Algo parecido ocurre hacia el final cuando reaparece Arabela, destruida por la tortura. La extranjera se asombra del mal estado de la niña y le pregunta la causa al Mayordomo: "—No es nada, si me permite decírselo, Su Merced —explicó el Mayordomo—. Sólo está jugando a la Marquesa Salió a las Cinco" (p. 451). Evidentemente, el juego se presenta aquí como una máscara falsificadora cuyo intento sería restituir el decoro de las apariencias y la imperturbabilidad del orden de los Ventura, su resistencia ante cualquier desperfecto. Es porque las apariencias engañan en *Casa de campo* —es decir, por su carácter de *disfraz*— que existe el imperativo de someterse a ellas, de "correr el tupido velo" que define las situaciones desde la perspectiva y la ideología de los Ventura.

El *trompe l'oeil* se presenta en cierto modo también como artificio descriptivo en *Casa de campo*. "Donoso" insiste en que el protagonista de su novela no es ningún personaje sino la "narración pura" y, paralelamente, que el rango del personaje es el de un emblema. Los niños, dice, "no son retratos, porque sus rostros no están constreñidos por los estigmas de la individualidad y de las pasiones fuera de las más formales" (pp. 372-73). Es decir, el "autor" reivindica al personaje plano (como la superficie de un cuadro, a la que toma como modelo), sin interioridad, sin volumen. Si ésta es la teoría, en la práctica se nota un intento de *fingir* un adentro, de trucar un cierto volumen del personaje. Sucede, por ejemplo, cuando se le atribuyen a Adriano ciertos enunciados evaluativos: "Balbina era incapaz de aceptar a los seres enteros;" "para Adriano no quedaba repliegue alguno en los misterios de su egoísmo" (p. 74);

> Adriano meditó que el grito de admiración de Balbina al ver todo ese esplendor enterrado no había sido más que un simulacro que disfrazaba la codicia: la

231

familia Ventura sólo era capaz de admirar algo si tenía la capacidad de adquirirlo (p. 78).

Este tipo de procedimiento se destaca bastante en una novela presentada en términos de un autor absoluto y arbitrario pero que se rehusa a juzgar o que juzga con ironía. En otras instancias el *trompe l'oeil* descriptivo se da en función del pronombre de primera persona, que sólo aparece (referido a Celeste o Juvenal) en la sección inicial del capítulo 4, pero que aparece con un virtuosismo deliberado, construido a base de una profusión de fragmentos cortos y de una alternancia vistosa entre la tercera y la primera persona.[39] Se trata sin duda de una perspectiva interior trucada, de un espejismo en que el personaje se refleja sólo para desaparecer como si fuera un "vanishing point." Lo que sí afirma este procedimiento de Donoso es una voluntad de contradicción en la novela, es decir, una voluntad de producir un discurso oblicuo que fuerce al lector a una atención perenne, y que le permita de paso su llegada al lugar histórico de los significados alegóricos.

Con todo, vale recordar que el personaje de *Casa de campo* está construido esencialmente de acuerdo a un planteo exterior y visual, construido, esto es, como imagen, y como imagen carnavalesca, para ser más concretos. Cierta actitud o perspectiva lúdica e infantil se traslada a la descripción, por ejemplo, del Mayordomo, quien aparece como figura caricaturesca o como figura sacada de alguna tira cómica:

¿Cómo no haber notado antes su mandíbula salvajemente cuadrada y su nariz de tubérculo? ¿Y su tez cetrina, sudada, y la bajeza de su frente?... ¿Hasta dónde iba a llevar las cosas este hombre de brazos simiescos, de toscas manos de luchador a paga pero enguantadas de blanco...? (pp. 273-74).

Es obvio que el "modelo" de esta descripción es una caricatura del tipo "dictador gorila" (del dictador gorila *como* tipo). También es obvia la carnavalización de la figura dictatorial, especialmente en pasajes como aquél en que el Mayordomo se contamina del fervor revanchista de los Ventura: "—¡Los aplasto no más...! —repitió exacerbado, hundiendo brutalmente en el suelo el taco de su escarpín con hebilla..." (p. 272), ahí donde el lector esperaba que se hundiera un objeto más contundente (y más viril) que un escarpín. Pero el Mayordomo no es el único personaje de la novela que pertenece a un tipo genérico. También lo son los "lacayos rutilantes, jardineros azules, cocineros blancos, [y] caballerizos pardos" (p. 286) que en determinado momento se lanzan sobre la población desprevenida de primos rebeldes y nativos. Y sobre todo lo es el Chef, "inmaculadamente vestido de Blanco [sic], con su alto bonete almidonado, sus carrillos rojizos y sus labios carnudos sobre los cuales vibraba el minúsculo acento circunflejo de su bigotito..." (p. 278). Esta tipicidad del personaje es un hecho netamente carnavalesco, como apunta Jenny:

Roussel décrit plusieurs cortèges d'ânes montés les uns par des "anglaises" les autres par des "espagnols" ou des "chinois." A travers le nombre, c'est la généralité et l'unité ethnique que le carnaval cherche à signifier...le carnaval multiplie le signe, le diffuse, lui ôte

233

l'unicité qui pourrait en faire l'absent d'un référent. Son omniprésence est comme la caution de sa non-individualité.[40]

Curiosamente en *Casa de campo* también aparecen extranjeros, uno de los cuales "no era más que un mocetón fornido inidentificable de tan genéricamente rubio" (p. 420). La identidad individual —el "estigma" que mencionaba "Donoso"— o se diluye en el tipo o se esconde tras la máscara circense, como en el caso del otro extranjero:

> Utilizaba una cornetilla para oir, varios pares de gafas que cambiaba a menudo haciendo restallar unas cajitas negras en que los guardaba, tenacillas para manejar los billetes, una leontina con brújula, dos relojes que controlaba uno contra el otro, objetos que desplegaba ante el éxtasis de Berenice y luego devolvía a los innumerables bolsillos de su práctica chaqueta de viaje (p. 419).

Esta proliferación de objetos a través de la cual se describe al personaje es en sí una hipérbole carnavalesca que anula la funcionalidad de cada objeto individual y los confunde a todos en una categoría abstracta y genérica.

## El código de la transformación

La ambigüedad de la máscara, o la máscara como exterior descriptivo no agota las relaciones del personaje con el modelo carnavalesco. La ambivalencia del carnaval, tan exaltada por Bakhtín, se puede ver como el *efecto* de otro rasgo igualmente exaltado por el crítico soviético: la metamorfosis o transformación, que por su ubicuidad en *Casa de campo* se puede considerar como un código, y cuyo emblema es el fresco *trompe l'oeil* que domina el salón principal de la casa. Naturalmente que al hablar de máscara o disfraz ya se habla de transformación, de la destitución de los signos del yo y su reemplazo por los signos de la otredad. Pero hay otro tipo de transformación que involucra a los personajes y que se puede comprender desde la perspectiva de los "motivos dinámicos" propuestos por Tomachevski, [41] es decir, aquellos motivos del relato que promueven la trama, que se responsabilizan de los cambios de una situación (o de una sincronía) a otra. La trama de *Casa de campo* es, para citar un pasaje previo del siguiente trabajo, como una montaña rusa que nunca deja de dar tumbos y que nivela y desnivela a los grupos de personajes (en relación al poder) con igual despreocupación. Así se dinamiza el relato, mediante la "renivelación" constante de los diversos grupos de poder (los adultos, las diferentes facciones de primos, los sirvientes y los nativos), con la lógica profusión de intrigas que atienden a este tipo de fenómeno. El relato se abre con la instauración en la casa de un vacío de poder que se va a ir llenando de diversos modos. Desde el principio se perfila un conflicto entre posibles líderes: Wenceslao, por un lado, y los primos que participan en el juego de la Marquesa, conflicto complicado por la amenaza de la presencia del tío Adriano quien, efectivamente, llega a ser el líder absoluto en cierto momento de la historia de la casa. Alegóricamente, Wenceslao se va a convertir en el líder de la resistencia subterránea,

Juvenal y Melania son el núcleo de la reacción, y el tío Adriano es Salvador Allende. El grupo reaccionario originalmente incluye a Mauro, pero éste rompe con él en cierto momento y se alía con sus hermanos, conformando un tercer núcleo de poder que confirma la inauguración de una "nueva época," de una historia "distinta a la de todos los días anteriores" (p. 100). Hay nuevas alianzas y dimisiones, los grupos se expanden o se contraen, luchan por ocupar el centro del escenario del poder, y se urden nuevas confabulaciones, la más notoria de las cuales es la que involucra a Casilda e Higinio y su plan de fugarse con el oro. Cuando se eclipsa el prestigio de los reaccionarios, la mayoría de los primos se alía con los nativos que pasean libremente por la casa ya no protegida por su reja de lanzas. Y cuando la autoridad tradicional se prepara a retornar y restituir el orden de siempre, lo tiene que hacer a través del ejército de sirvientes, y para esto es necesaria una transferencia del poder, una inversión de los papeles:

> Desde sus pescantes los Ventura ya no veían la refulgente librea sino que, rasgo por imborrable rasgo, el rostro del individuo del que podrían transformarse en víctimas, si de alguna manera que no comprendían no lo eran ya (p. 274).

El éxito del ejército al reimponer la autoridad, *su* autoridad, redunda en el faccionalismo interno cuando Juan Pérez le disputa el mando al Mayordomo y trata de asumir su papel de jefe máximo. Este constante realineamiento de la balanza del poder, sin embargo, no consigue reponer a los Ventura en la cúspide del poder. Al contrario, los cambios simplemente aumentan la dependencia en los extranjeros: después de todo la fortuna "subdesarrollada" de los Ventura está condicionada por la participación de los extranjeros. Hacia el final, los Ventura son vistos "en su nuevo papel de solicitantes" (p. 420), el mismo papel que Juan Pérez había desempeñado cuando vio la posibilidad de un ascenso al poder. Esta nivelación de rasgos entre señores y subalternos (como la nivelación significada por la ceremonia central del carnaval: la destitución del rey por el bufón y viceversa) es típicamente carnavalesca. Los extranjeros, entonces, surgen al final como el grupo más poderoso, y conforman —con la reaparecida Malvina— un grupo cerrado que excluye al resto de la familia. No sólo lo excluyen sino que lo desdeñan, como desdeñan la casa de campo y las tierras hereditarias y arruinadas de los Ventura. Las últimas páginas de la novela componen una especie de cuadro que compendia las oscilaciones del poder, composición centrada en la mezcla de figuras provenientes de grupos y rangos diferentes (y hasta de códigos diferentes, ya que las figuras del *trompe l'oeil* también participan de algún modo en esa celebración pictórica): quedan en la casa abrumados y "enmascarados" por la tormenta de vilanos (disfraz blanco que nivela a todos) primos, mayores, nativos y sirvientes. Esta *mésalliance* carnavalesca se repite en el grupo de los fugados, compuesto por Malvina (de los Ventura), el Mayordomo, un nativo (en sí una mezcla incómoda de nativo y *dandy*) y los extranjeros.[42] Y si estas nuevas alianzas parecen contradictorias, también lo es el concepto que la novela tiene de su final, que mantiene la ambivalencia y la falta de

237

resolución carnavalescas: "El fin, en suma: el principio, otra vez, la reanudación del tiempo..." (p. 414).

Esta movilidad o voluntad de desplazamiento también se puede leer inscrita en el nivel verbal del texto, por ejemplo, en el juego con el cliché. Decir que las gemelas Colomba y Casilda[43] son consideradas "unos tesoros" es aludir a un lugar común, pero otorgarles a estos personajes la misión de contar el oro familiar, convertirlas en escribientes del oro, es hacer un guiño travieso. El mismo tipo de juego se da con el cliché "ser una ricura" y sus variantes ("devorar a besos," "ser delicioso," etc.), sintagmas que exigen ser relacionados a las historias de antropófagos y al desenlace "canibalístico" de la historia de Amadeo, justamente el personaje a quien se amenazaba con "devorar a besos." En estos casos hay migración de referencias y transgresión deliberada entre lo metafórico y lo literal. En otros, hay un juego entre códigos denotativos y connotativos que a veces redunda en una equivalencia simbólica entre significados. En el capítulo 5 Casilda maneja a dos primos hombres: a Higinio, a quien controla por el pene, y a Fabio, que lima los dientes de una llave entre sus piernas, la llave que va a abrir la bóveda del oro, que va a iniciar una secuencia clandestina. Clandestinamente también, Fabio va a penetrar a Colomba, pero porque ésta está "sucia" esa noche, pide ser suplida por su melliza Casilda en el acto sexual.[44] Así se logra un doble juego móvil, por sustitución y desplazamiento: el que penetra no es Higinio (cuyo pene está herido por las uñas —no los "dientes"— de Juvenal, así como la llave que lima Fabio es el objeto de una agresión) sino Fabio, pero la que es penetrada (aparte de la bóveda) es Casilda y no Colomba. Los signos se hacen polisémicos (pene y llave se contagian mutuamente de sus significados) y también los personajes (Casilda "significa" también a Colomba). En términos de Bakhtín, lo monológico se hace dialógico. Sin embargo, el tejido simbólico continúa más allá de este diseño ya que también se establece una equivalencia entre oro y sexo. Fabio mete la llave en la cerradura y se abren las puertas de la bóveda. Casilda se abalanza adentro y repite el acto agresivo y sádico de Juvenal contra el pene de Higinio: "Las uñas de Casilda se hincaron con saña en la superficie de ese fardo como si quisieran sacarle sangre" (p. 177). Luego se unta la sangre del oro (¿la sangre "sucia" de su hermana?) —esa "materia mística"— por todo el cuerpo en una especie de ritual orgásmico, orgiástico. El hecho de que originalmente sea el padre quien tiene la llave, y que Casilda esté ansiosa por poseerla y ver el oro, y que el padre sea (como Higinio) desmesuradamente fuerte, aumenta las posibilidades del juego simbólico. ¿Qué tipo de proceso simbólico se pone en juego?, habría que preguntarse. La respuesta es que se trata de una *escenificación* de ese proceso, de una producción simbólica puesta en escena, es decir, de una carnavalización de la cual, paradójicamente, el texto no está o no parece estar consciente:

Luego, Pedro Crisólogo, galante como si hubiera estado espiando los modales de los Ventura para parodiarlos, ayudó a bajar a Malvina primero, para que no se enredara en los faldones de su crinolina, y luego a Casilda. Esta, al tocar su mano, al sentirse tan cerca de su bruñido cuerpo desnudo, reconoció el rostro de quien le había proporcionado su primera experien-

239

cia del oro, ese oro que aún la cubría. Comparó esta sensación con la del miedo a un ansiado ataque sexual de parte de este ser de otra raza... (pp. 220-21).

¿Cómo leer estas alusiones a Pedro Crisólogo, el nativo que ayuda a Casilda a fugarse con el oro? ¿Se trata de un discurso redundante o hay algún código o sistema que produce este tipo de alusión? Provisoriamente se puede afirmar que resulta incómoda esa reformulación prosaica de un lenguaje que en su forma original le pedía al lector un trabajo productivo, tan incómoda como la interrupción de un espectáculo cuando de súbito se encienden las luces de la sala.

Hay un último aspecto del manejo textual (del "sujet") que pone en juego la transformación de lo mismo en lo otro. El "autor" de la novela lo identifica plenamente:

> Mis lectores se estarán preguntando cuál era el secreto que produjo esta ruptura entre los hermanos, y acusando al escritor de utilizar el desacreditado artilugio de retener información con el fin de azuzar la curiosidad del lector (p. 104).

Este "desacreditado artilugio" de la retención informativa Donoso lo practica asiduamente en la novela, y su función es por lo general modificar los puntos de referencia que el propio relato va fijando, transformándolos en otra cosa. A veces, es cierto, este juego autorial es más bien inocuo y se reduce a proporcionar el efecto aludido en el pasaje recién citado: el lector no sabe muy bien a qué secreto se refieren Mauro y sus hermanos hasta unas páginas más adelante, lo cual establece una cierta seguridad de lectura rápidamente enmendada. Lo mismo ocurre, para citar otro ejemplo, en la p. 413, con respecto a la apuesta de Juan Pérez: "era una apuesta secreta que el autor no cree oportuno revelarle aún a sus lectores," pero que sí es revelada a partir de la p. 415. Aquí también se intenta "azuzar la curiosidad del lector," como aquel tipo de episodio (la revancha de Juvenal contra Cosme) que se corta *in medias res,* que se deja en suspenso. Pero hay otros casos en que la retención informativa revela que los datos novelísticos (situados en el pasado del tiempo de la lectura) son una especie de *trompe l'oeil,* o que se los ha presentado con una insuficiencia deliberada. El ejemplo paradigmático es la información aportada sobre el personaje de Malvina en la segunda sección del sexto capítulo, que no sólo modifica la concepción anterior de este personaje sino que cambia la perspectiva que el lector podía tener de una serie de hechos ya consignados por el discurso narrativo que parecían excluir a este personaje: Malvina se ha enterado de los mensajes circulados entre los nativos y el tío Adriano, de las ambigüedades del proyecto del paseo, del secreto de Mauro y de las diversas intrigas gestándose en la casa de campo. Esta "omnisciencia" de Malvina (así como el pasado un tanto escandaloso de la niña) le era desconocida al lector, y su reconocimiento atenta contra la "buena fe" de su lectura, que se vuelve más recelosa, más crítica. La narración está minada, hace trampa, sobre todo cuando el "autor" *no* se presenta para advertir que está reteniendo información narrativa. Además, esta especie de omnisciencia de Malvina es una de las formas trucadas del poder: el poder escondido tras la apariencia de la desposesión.

## Conclusión

El modelo carnavalesco de *Casa de campo* pone a
disposición de la novela un lenguaje que trasciende
las ideologías pero que le permite también aludir a
ellas, generalmente desde la perspectiva de la parodia,
aunque aquí Donoso va mucho más lejos al apropiarse
también de un discurso alegórico cuyos referentes
son eventos históricos concretos y "desenmascarables."
Aunque la novela carece de la coherencia de una alegoría no carnavalizada, es curioso constatar que en
cierto momento sí propone una solución al conflicto
alegorizado, una solución que no contradice al modelo
carnavalesco: la convivencia de todos para hacer frente
a la crisis (de los vilanos, de la historia, p. 485). El poder, sin embargo, desatiende esta admonición que la
historia tarde o temprano volverá a proclamar.

NOTAS

¹Ver los artículos de Nicasio Perera San Martín ("La escritura del poder y el poder de la escritura") y Fernando Moreno Turner ("*Yo el Supremo:* Renovación de una temática") en *Seminario sobre "Yo el Supremo," de Augusto Roa Bastos* (Poitiers: Centro de Recherches Latino-Américaines, 1976).

²*Los dictadores latinoamericanos* (México: Fondo de Cultura Económica, 1976).

³Domingo Miliani, "El dictador, objeto narrativo en *El recurso del método*," *Revista Iberoamericana,* 114-115 (enero-junio, 1981), 208-209. Enfasis del autor.

⁴Otros novelistas chilenos también abordaron el mismo tema. Ver Jorge Edwards, *Los convidados de piedra* (Barcelona: Seix Barral, 1978) y Fernando Alegría, *El paso de los gansos* (Nueva York: Ediciones Puelche, 1975).

⁵Alejo Carpentier, *El recurso del método* (México: Siglo XXI, 1974), pp. 234-35. Todas las citas de esta novela remiten a esta edición.

⁶Miliani, "El dictador, objeto narrativo...," 214-16.

⁷El primer fragmento aparece en el Cuaderno #46 (21 de febrero de 1974 al 27 de marzo de 1975), entrada del 22 de febrero de 1974. El segundo es del Cuaderno #48 (20 de agosto de 1976 al 27 de abril de 1977), entrada del 31 de enero de 1977. El tercer fragmento es del mismo Cuaderno, entrada del 23 de marzo de 1977. Se han corregido errores ortográficos pero se conservan los énfasis del autor.

⁸"Alegoría, historia, novela (a propósito de *Casa de campo,* de José Donoso)," 5-31. Ver también Alfred J. Mac Adam, "José Donoso: *Casa de Campo,*" *Revista Iberoamericana,* 116-117 (julio-diciembre, 1981), 257-63.

⁹Ver la tesis de Maureen Quilligan en *The Language of Allegory* (Ithaca: Cornell University Press, 1979), que se sigue en las páginas siguientes de este trabajo. En el texto se abrevian las referencias a este libro mediante una Q entre paréntesis seguida del número de la página correspondiente.

[10]Aunque en otro lugar Donoso califica al régimen de Pinochet de "inmundo" e "inmoral" (Cuaderno #48, entrada ya citada del 23 de marzo de 1977). Casi está demás decir que la intertextualidad de *Casa de campo* es marcada y conscientemente literaria, tal como lo demuestran varias alusiones en los diarios de Donoso a libros de Golding, Virginia Woolf, García Márquez, Marvin Peake y otros, alusiones que prescinden de una reflexión ética o filosófica. A la coherencia "centrada" de algún sistema de valores externo a la literatura se opone un discurso *bricoleur* que va tomando sugerencias de aquí y de allá, incluso de libros que se juzgan "atroces," como *La gaviota* de Fernán Caballero.

[11]Se podría recordar que el título auténtico de este libro es "Travels Into Several Remote Nations of the World, by Lemuel Gulliver." Por conveniencia se cita por su título "hereditario," dado por la tradición. También se debería pormenorizar que en cierto pasaje de sus cuadernos privados Donoso se refiere a la posibilidad (¿cumplida?) de leer *Moby Dick*, de Melville, para ambientarse en el manejo de la alegoría (Cuaderno #46, entrada del 27 de febrero de 1974).

[12]Mikhail Bakhtín, *Problems of Dostoevsky's Poetics*, pp. 93-97. modes," 76-94.

[13]Para esta cuestión del carnaval como modo y no género, ver David Hayman, "Au-delà de Bakhtine: Pour une mécanique des modes," *Poétique*, 13 (1973), 76-94.

[14]Bakhtín, *Dostoevsky*, p. 109.

[15]*Idem*, ver en general las pp. 109-111.

[16]Estas últimas pertenecen particularmente a un código narrativo de gran vigencia (aunque no de vigencia exclusiva) en el siglo XIX. Para el problema de la figuración del autor en la novela, ver Oscar Tacca, *Las voces de la novela* (Madrid: Gredos, 1973), capítulo II.

[17]Como "código" (o sea, una "perspectiva de citas" que a algún nivel resultan isomorfas), el carnaval se puede estudiar como marco o función cultural, o, en textos literarios, como un número posible de modalidades de descripción, lenguaje, relación de personajes, escenas específicas, tonos, etc. Como "discurso" el carnaval se presta a un estudio de sus operaciones como el que practica Laurent

Jenny en "Le Discours du carnaval," 19-36. Algo parecido se puede decir de la alegoría, que como código existe en cierta tradición literaria y hermenéutica; como discurso, la alegoría asume propiedades operativas: intertextualidad, auto-reflexividad, alta incidencia de paronomasia y marcación explícita del lugar del destinatario-lector (remitirse al libro ya citado de Maureen Quilligan).

[18]Recordar que para Saussure el sistema de la lengua reposa sobre el principio irracional y caótico de la arbitrariedad del signo, que la lengua misma trata de corregir y limitar imponiendo patrones y regularidades, o sea, lo que Saussure llama "l'arbitraire relatif." Ver el *Cours de Linguistique générale* (Paris: Payot, 1922), p. 180 y ss. Al nivel de las palabras el "principio irracional" de la lengua parece exacerbarse cuando los juegos verbales borran el contraste entre campos semánticos o significados diferenciados u opuestos, lo cual reduce el funcionamiento sistemático de la lengua.

[19]Recordar el comentario de Laurent Jenny sobre el "catálogo" carnavalesco: "Il faut reconnaître que la 'mise ensemble' des signes du carnaval, ne paraît pas relever d'un geste syntagmatique. La logique qui les réunit, c'est essentiellement une logique de l'énumération... ou une logique du défilé" ("Le Discours du carnaval," 29).

[20]Miguel Angel Asturias, *El Señor Presidente* (Buenos Aires: Losada, 1948), p. 205.

[21]"*El otoño del patriarca:* Texto y cultura," 430. En el texto del trabajo la O entre paréntesis seguida de un número de página se refiere al artículo de Ortega.

[22]Gabriel García Márquez, *El otoño del patriarca* (Barcelona: Plaza & Janés, 1975), p. 234. Todas las citas de la novela remiten a esta edición.

[23]Jenny, "Le Discours du carnaval," 27-29.

[24]Es difícil no pensar en cierto episodio de *El Señor Presidente* en que se carnavaliza la retórica de un anuncio oficial del gobierno, donde se escenifica una "comedia cultural" que procesa en sus propios términos la farsa electoral (ver p. 255 de la edición ya citada).

[25]Inevitablemente, la reflexión sobre el lenguaje en esta novela se convierte en reflexión sobre el lenguaje *de* la novela, como lo

demuestra una alusión paródica al propio lenguaje carpentierano (p. 171).

²⁶Asturias cuenta lo siguiente sobre la caída de Estrada Cabrera: "Yo era secretario del tribunal ante el que fue procesado.... Y comprobé que indudablemente esos hombres tienen un poder especial sobre la gente. Hasta el punto de que cuando estaba preso la gente decía: 'No, ese no puede ser Estrada Cabrera. El verdadero Estrada Cabrera se escapó. Este es algún pobre viejo que han encerrado allí.' En otras palabras, el mito no podía estar preso" (Luis Harss, *Los nuestros* [Buenos Aires: Sudamericana, 1973], p. 92).

²⁷El aspecto carnavalesco de *Yo El Supremo* ha sido propiamente estudiado por Carlos Pacheco, quien centra su análisis sobre la ambigua figura del compilador, cuya función principal es la de oponerse tanto a la palabra del Supremo como a la del autor real de la novela: "Rival, retador del primero y distanciador del segundo, el compilador se propone así como doble dialógico de ambos, capaz de neutralizar sus intentos de dictadura monológica.... Es un agente desestabilizador del sentido recto, un desmontador permanente de la univocidad y también un denunciante/practicante del embaucamiento ideológico" ("La intertextualidad y el compilador: Nuevas claves para una lectura de la polifonía en *Yo El Supremo*," texto próximo a aparecer en la *Revista de Crítica Literaria Latinoamericana*). Este diálogo corrosivo evita el congelamiento de la novela en una actitud definitiva y estática sobre la historia, y devuelve la imagen de un proceso indagador en vez de un producto terminado, cerrado sobre sí mismo. El propio Roa Bastos adhiere a esta visión bajtiniana de la novela y agrega: "la concepción de Bajtin resulta de especial importancia, porque me parece que lo grotesco, lo carnavalesco, tiene una honda relación con el mundo cultural, social, histórico de América Latina..." (entrevista aún no publicada de Carlos Pacheco a Roa Bastos, Maryland, abril de 1982). Se puede consultar también un trabajo preliminar del mismo crítico titulado "Yo/El: Primeras claves para una lectura de la polifonía en *Yo El Supremo*" y que aparecerá en las Actas del simposio "Augusto Roa Bastos y la producción cultural americana ante la historia" (Universidad de Maryland, marzo de 1982).

²⁸"The primary carnival performance is the *mock crowning* and

subsequent *discrowning of the king of the carnival,*" Bakhtín, *Problems of Dostoevsky's Poetics*, p. 102. Los énfasis son del autor.

[29]"*El otoño del patriarca:* Texto y cultura," 423.

[30]Ariel Dorfman, "Entre Proust y la momia americana: Siete notas y un epílogo sobre *El recurso del método,*" *Revista Iberoamericana*, 114-115 (enero-junio, 1981), 106.

[31]"Mesa redonda: La experiencia de los novelistas," *Revista Iberoamericana*, 116-117 (julio-diciembre, 1981), 316.

[32]Luis Iñigo Madrigal, "Alegoría, historia, novela," 25-31.

[33]José Donoso, *Casa de campo* (Barcelona: Seix Barral, 1978), p. 16. Ver también los comentarios autoriales de la p. 53 tendientes a convencer al lector de aceptar las apariencias como apariencias. Todas las citas de la novela remiten a esta edición.

[34]Dentro del planteo alegórico el comienzo de *Casa de campo* dice o reitera sus orígenes "históricos." La situación inicial es un "evacuamiento" de la clase dominante (los mayores, que se van de excursión) que crea un vacío de poder, una incertidumbre, una encrucijada. Esta situación genera un *relato* inquietante: el de Wenceslao, que es un modelo reducido del relato de Donoso, también originado por el cambio traumático del poder.

[35]En *El recurso del método* y *El Señor Presidente* no se puede hablar —como en *El otoño del patriarca* y *Casa de campo*— del lenguaje carnavalesco como mecanismo de producción. En estas novelas el discurso narrativo parece asumir un lenguaje ya existente, ya fabricado (por la cultura) al que cita y del cual se puede servir.

[36]Oscar Tacca, *Las voces de la novela*, p. 34, epígrafe de Georges Blin.

[37]Este es el "sistema" del discurso narrativo. En práctica pueden existir desviaciones. Sí existen modificaciones, como en la p. 311 donde el "autor" habla en su propia voz haciendo referencia al año que ha pasado. Pero la cláusula en que aparece esta referencia es condicional: "Mis lectores podrán medir lo absurdo de esta ordenanza *si me creen...* lo sucedido durante el año" (subrayado añadido). El sistema se puede verificar en la p. 291, en que la referencia al "año de trabajo" se debe adscribir a la "conciencia"

de los niños y nativos trabajando la tierra, y en la p. 444, donde la mención de la "corta" ausencia paternal de sólo un día proviene del discurso de las esposas de la familia.

[38]También Juan Pérez maneja una perspectiva similar, que delata el subterfugio ideológico: "Sabía que plantear las cosas como un enfrentamiento ideológico no pasaba de ser un hábil gámbito de los Ventura para recuperar lo que temían les hubieran quitado. Esa falsedad no importaba.... ¿Qué importaba que la mística guerra contra los antropófagos fuera superchería...? (p. 298).

[39]En la p. 354 comienza otra sección en primera persona, la de Wenceslao.

[40]"Le Discours du carnaval," 28. En *Casa de campo* el dibujo del tipo también se logra con una técnica metonímica, notoria por su reiteración en la descripción de los extranjeros "de patillas coloradas, narices pecosas y ojos deslavados" (p. 112). La metonimia, por supuesto, también interviene en algunos de los pasajes citados en el texto de este trabajo.

[41]Boris Tomachevski, "Temática," *Teoría de la literatura de los formalistas rusos*.

[42]Alegóricamente, este grupo significa la alianza de los militares con el capital extranjero en el Chile posterior a 1973.

[43]Gemelas "invertidas" (como en un espejo), ya que Colomba es bella y Casilda fea.

[44]La pareja de hermanas que confunden al hombre que las posee es un tópico bíblico. Jacob trabaja siete años para tomar a Raquel pero el padre de ésta le exige tomar primero a la hermana mayor (Leah). Raquel y Leah no son mellizas pero Jacob y Esaú sí lo son. El texto de Donoso "cita" el texto bíblico (Génesis 29, 16-30) pero recombinando sus elementos. Otro episodio de *Casa de campo* que alude a un lugar común bíblico (la prueba de Abraham a quien Dios pide el sacrificio de su hijo Isaac —padre de Jacob—; Génesis 22, 1-14) es el ofrecimiento que Adriano hace de su hijo Wenceslao, sacrificio interrumpido a último momento por los nativos (p. 357). Dentro de la novela esta secuencia remite al mesianismo desmesurado del tío Adriano, pero semióticamente tiene una función parecida al "pretexto" alegórico tradicional, sólo que aquí reducida, local.

248

*Capítulo 6*

*La marquesita de Loria* o la saturación del juego

En la gran mayoría de los textos narrativos de Donoso se diseña un espacio cerrado que organiza los acontecimientos de la ficción pero que también funciona como metáfora del lugar social o cultural del juego y de la plaza pública donde tradicionalmente se despliega el carnaval. Este espacio en sí puede ser mutable: el burdel/casa de familia de *El lugar sin límites;* la Casa de Ejercicios Espirituales de *El obsceno pájaro de la noche* que es también la Rinconada; la casa de campo de la novela de 1978 cuyos límites fluctúan constantemente. Pero dentro de esta mutabilidad hay cierta permanencia, que es la permanencia del límite, de la frontera. Hay poquísimos textos donosianos que no problematicen la zona fronteriza entre el afuera y el adentro en la forma de entradas y salidas, seguridad e inseguridad, lo propio y lo ajeno, etc. El adentro, claro está, es sobre todo el lugar del juego y del carnaval, que en un ámbito cultural cualquiera y en el discurso narrativo de Donoso entran en conflicto con el discurso oficial que limita ambas prác-

249

ticas. Por esto no es ocioso observar que el juego y el carnaval en Donoso se afirman a despecho y en desmedro de las figuras autoritarias que enuncian el discurso oficial (y reaccionario), y que estas figuras (como don Jerónimo o los mayores de *Casa de campo*) no ocupan el espacio cerrado aunque sí lo regulan a la distancia (los adultos de *Casa de campo* están ausentes de la mansión durante gran parte del transcurso narrativo de la novela). Así se abre la posibilidad del discurso lúdico, como un vacío de poder que se va a llenar con una producción "otra."[1]

En *La misteriosa desaparición de la marquesita de Loria* el diseño del espacio cerrado se vuelve a verificar aunque con importantes variantes. Las figuras autoritarias, por ejemplo, no desautorizan el juego y, además, son femeninas (relación que se podría presentar en forma de causa y efecto dado el lugar subordinado de la mujer en la obra donosiana, lugar asimilable al de los niños que juegan o carnavalizan para producir algo de ellos no regulado por las figuras paternas y masculinas). Sin embargo, el discurso autoritario (pero no represivo) de Blanca Loria y de Casilda se funda, como en el caso de otros discursos autoritarios y represivos masculinos que aparecen en la narrativa de Donoso, en el poderío económico que apuntala en este caso todo un mundo erótico. (Los maridos de ambas mujeres, dueños del título de la fortuna, mueren y dejan el patrimonio al alcance o a disposición de sus viudas). Las inversiones de la fortuna de los Loria, de hecho, no producen más que fantasías sexuales y la posibilidad de su realización. El dinero sirve para poseer amantes o para mantener oculto al amante que se posee (Casilda mantiene al

250

conde de Almanza mientras sostiene una relación erótica con su prima Tere), aunque hay que puntualizar que para la marquesa madre el dinero es una obsesión más fuerte que el erotismo, obsesión burguesa, acaparadora, mientras que su nuera lo acepta cuando lo tiene —como se aceptan las ganancias de un juego de azar— y no la traumatiza el perder gran parte de su fortuna mediante las intrigas de su suegra.

El dinero sirve también para elegir una actitud hacia las convenciones y reglas sociales, que lejos de obstaculizar las relaciones eróticas "libertinas" las facilitan al proveer un lenguaje común a través del cual mujeres y hombres se pueden entender espontáneamente. La marquesita sin duda las respeta: "ni ahora ni nunca estaría dispuesta a violar las convenciones, ya que veía en el hecho de acatarlas el lujo definitivo."[2] En otro lugar el discurso narrativo afirma que los rituales sociales son una "vestidura bajo la cual nada costaba ejercer otras libertades que, a condición de acatar ciertas reglas, toda dama civilizada, como ella lo era ahora, tiene derecho a ejercer" (p. 12). Disponer de la libertad de aceptar ciertas restricciones sociales significa ejercer esa libertad *dentro* de estas restricciones y por lo tanto a salvo de ellas. Una instancia específica de esta ley general es la determinación de Blanca de desempeñar su papel de marquesita en el guión que su deseo escribe.

Pero este plan maestro no toma en cuenta una falla intrínseca: cuando la libertad es excesiva y se convierte en libertinaje, ella misma se irá convencionalizando y se desgastará. Al acatar voluntariamente ciertas reglas sociales y al ejercer ciertas libertades dentro de ellas, la marquesita propone el mundo como juego, pero al no quedar ninguna posibilidad de límite entre lo que es juego y lo que no lo es, éste pierde su identidad y su valor, es decir, su sentido: todo sentido es de naturaleza diferencial. Para decirlo de otro modo, cuando hay sólo juego, el juego aburre ya que se transforma en la norma, en lo convencional. El momento inicial del proyecto erótico de la marquesita, cuando el mundo aún puede ser imaginado como el lugar donde encarne la fantasía, es el que involucra al marqués. Antes del matrimonio de ambos, la vigorosa excitación sexual del marqués aparece obstaculizada por las ropas suyas y de su amada, pero también por las reglas del decoro social, que evidentemente Blanca decide acatar. Pero el matrimonio, nunca consumado por el marqués onanista, instituye una licencia sexual total, borrando los límites entre lo prohibido y lo aceptado. Aparece entonces una nostalgia de los obstáculos —es decir, del juego erótico, del erotismo como juego—,[3] y ya que éstos dejan de surgir naturalmente Blanca los tiene que construir de modo artificial. El momento final del proyecto de la marquesita —considerado a un nivel de abstracción diferente al de la construcción temporal de la fábula— es el *ménage à trois* entre el conde de Almanza, Tere y la propia Blanca, todavía lo suficientemente inocente como para sorprenderse ante el amor homosexual y el travestismo, pero lo suficientemente experimentada como para aburrirse ante un hedonismo tan convencional como los valores de su otro amante, Archibaldo. Ante este aburguesamiento del carnaval erótico, a la marquesita no le queda otra solución que protagonizar el misterio de su propia desaparición.

Esta desaparición causa una verdadera sensación

en el Madrid de la marquesita, ciudad reducida a las dimensiones de la crónica social, donde todo el mundo y todo lugar se conoce y donde importan sobre todo las evoluciones de la moda y la difusión del chisme. Evidentemente se trata de un "afuera" que no difiere en ningún detalle fundamental de los "adentros" que proliferan en los textos de Donoso y que sitúan al juego: hay la misma familiaridad con el ambiente, la misma despreocupación, el mismo tiempo muerto que hay que revivir, las mismas figuras autoritarias (Casilda) que supervisan, etc. De hecho, la misteriosa desaparición de la marquesita de Loria es homóloga a la desaparición igualmente misteriosa de la tía Matilde en "Paseo," personaje que rompe los límites asfixiantes de la casa en que vive con sus hermanos para entregarse a un afuera desconocido cuyo mayor atractivo es constituir una otredad. La centralidad del espacio cerrado se puede observar también en *La marquesita de Loria* si se considera al Madrid del relato en forma más prosaica, más literal. Es cierto que la marquesita está siempre en movimiento: juegos de tenis, paseos por el Retiro, viajes a las habitaciones (u oficinas) de sus amantes, etc. Pero mientras más dinámica es esta movilidad del personaje más se pone en relieve el punto muerto que la centraliza y desde el cual la marquesita dirige sus operaciones ambulantes: su recámara. Es notoria en la novela la privacidad de este espacio, vedado incluso a los sirvientes personales de su habitante. El único acto sexual que esa privacidad permite es la masturbación o la fantasía sexual, y la única compañía es la del cachorro Luna. Esta relación entre la marquesita y el perro de Archibaldo es la relación central de la novela, y

253

está trabajada con deliberada ambigüedad y misterio. Para comenzar, el texto da suficientes indicaciones para dudar de la presencia de perro alguno en la habitación de Blanca, o por lo menos para dudar de que el perro de Blanca sea el mismo perro de Archibaldo: nadie ve a Luna en compañía de Blanca.[4] Evidentemente, se trata de un perro desdoblado o de doble verosimilitud: en el código de Archibaldo Luna es un animal convencional —aunque se distingue por ser de raza fina, en sí convencional en un ambiente tan refinado como el del libro— que acompaña a su amo en los paseos diarios por el Retiro, incluido ese sorpresivo paseo al final con Charo cuando Luna reaparece misteriosamente. Pero ya en el primer encuentro entre la marquesita y el pintor —narrado, como gran parte de la novela, desde la perspectiva de aquélla—[5] esta convencionalidad se comienza a inquietar mediante una descripción de Archie que sobrepasa lo meramente objetivo para penetrar en el ámbito de la fantasía. Blanca mira y admira la fisonomía del pintor:

> Blanca..., sobrecogida por su fantasía del asalto de esa barba sumida entre sus muslos, del vigor de esa lengua hurgando en vértice hasta el delirio, de esos dientes mordiéndole cruelmente el vello empapado del pubis, del calor de esos resoplidos para dominar al cachorro juguetón que tensaba la cadena... (p. 57).

¿A qué cuerpo pertenecen en realidad estos atributos: la lengua vigorosa, los dientes crueles, los resoplidos? ¿Al pintor o a su cachorro, cuyos rasgos físicos —los mismos atribuidos a Archibaldo— se pondrán más y más en evidencia a medida que progresa el relato? En el segundo encuentro entre los amantes, en cuya descripción la presencia del perro es casi tan central como la de Archie, los ojos del pintor, que antes eran negros, ahora son color gris-limón, igual a los de Luna. Parece obvio que lo que la fantasía de Blanca apropia del pintor no es tanto su propia figura —que hacia el final del relato será descartada despectivamente— sino la figura del misterioso animal, que se va separando paulatinamente de la de su dueño para adquirir vida propia y, lo que importa más, significaciones propias en otro nivel textual. Así, se puede afirmar que Luna es el signo privilegiado de la semiología del deseo que el relato pone en juego, signo metonímico (aparece asociado al deseo por y de Archibaldo) que se desplaza en dos sentidos: en dirección al pasado, en que el deseo busca ese momento de origen experimentado en las aguas caribeñas, bajo dos lunas gemelas como los ojos del cachorro (momento que no deja de recordar el tradicional nacimiento de Venus, surgida de una "concha" flotante según el cuadro de Botticelli);[6] y hacia el futuro, dirección en que la fantasía del deseo siempre excede su encarnación. Este es el suplemento que constituye (semióticamente) a Luna y que es inagotable, ya que Luna configura la *reconstitución* de un deseo escindido, no tanto por la división sexual sino más bien por la resistencia que opone el mundo externo a la fantasía de Blanca. La marquesita descubre pronto que sus amantes tienen deseos y motivos propios que a ella la enajenan; ninguno se propone como un vacío que ella pueda llenar a su manera.[7] Pero Luna sí se propone de este modo:

255

Allí estaban esos ojos límpidos como dos continentes en blanco, como páginas sin escribir, como senderos jamás transitados, dos honduras gris-oro que no expresaban nada porque sólo eran, en las que la mente de Blanca podía hundirse, y disolverse o encontrar algo que desde este lado de las lunas gemelas ella no alcanzaba a ver (p. 163).[8]

Por un lado se nota en este pasaje una voluntad de desdibujamiento, de desrealización que remite a la fantasmagórica presencia del cachorro en la habitación de Blanca; pero por otro, los ojos de Luna se proponen —un poco como los de los axolotl de Cortázar— como posibilidad de pasaje hacia lo otro, hacia el otro lado del espejo, que es el lugar hacia donde la marquesita se esfuma, y no esa Nicaragua con destino a la cual el relato anuncia prematuramente que va "a hacer un viaje... donde desaparecería por largo tiempo" (pp. 138-39).

Luna tiene otra función semiótica en el texto: es el cuerpo que borra el límite entre los opuestos[9] (nombre femenino, sexo masculino), emblematizando así una notoria propiedad del texto: la de escindir un paradigma semántico y simultáneamente borrar la incisión, como un corte en un tejido que cicatriza sin dejar huella. El paradigma se presenta en la forma de una antítesis: lo natural vs. lo artificial (pero lo natural, claro, entendido como lo que está *culturalmente* determinado como tal), y consiste en varios pares de términos opuestos que el sintagma narrativo va a disolver —como la nítida imagen de Blanca en los ojos de Luna— los unos en los otros.

El relato configura dos lugares que sirven como

sitio de esta *disolución* (relato, entonces, disoluto,
licencioso en más de un sentido). Uno es la recámara
de Blanca, donde se mezclan lo primigenio (los excre-
mentos del perro) y lo refinado (el decorado del cuarto):

> Todo estaba destrozado, la ropa de cama hecha ji-
> rones, las butacas destripadas, las mesas con espejos
> y cristales derrumbadas, su bata de brocato hecha
> tirillas, sus chinelas mordisqueadas, chupadas, des-
> figuradas, era una inmundicia, un mundo cocham-
> broso que nada tenía que ver con ella... este olor de
> orina y excrementos (p. 140).

También se mezclan lo animal y lo humano, como
en *La bohémienne endormi* de Henri Rousseau donde
se yuxtaponen un león y una figura femenina dur-
miendo al descampado bajo la luna. En el relato de
Donoso este tipo de yuxtaposición se efectúa en un
espacio cerrado, en un lujoso dormitorio que pronto
parece una jaula de zoológico.

El otro lugar donde se disuelven los límites es el
cuerpo de la marquesita, e incluso su nombre/título
(Blanca/marquesita de Loria) que se desdobla para
situarse en polos paradigmáticos opuestos. Pero estos
signos de identidad se entrecruzan: Blanca asume
conscientemente el papel de noble hasta confundirse
con él: "¡Ella era ella, la Marquesa de Loria, dueña y
señora de sí misma y de muchas otras personas y cosas!" (p. 58). A la vez, otros se encargan de señalar
lo postizo de este papel, es decir, la presencia de Blanca
detrás de la marquesita de Loria. Usualmente esta
denuncia de la máscara toma la forma del americanismo del personaje, opuesto al europeísmo (tanto
francés como español) de sus detractores/admiradores:

Casilda miró orgullosa... a Blanca. Descubrió tal concentración en su rostro desconocedor de refinamientos que no pudo sino meditar cómo algunos seres muy primitivos, por ejemplo, esta lindísima muchacha, tienen una pureza tal... (p. 23);

La conversación siguió apasionadamente remansada alrededor del tema de la belleza de Blanca: una verdadera maravilla, sobre todo ruborizada como ahora —eso era tan *primitivo*—, por los halagos de la extranjera (p. 115; subrayado original).

En rigor, esta postulación antitética americanismo/europeísmo no se origina en ninguna voz particular del relato, o, más bien, se origina en todas:

...olvidando tanto las sabrosas entonaciones de su vernáculo como las licencias femeninas corrientes en el continente joven... (p. 11);

Cuando mucho se lo comentarían a Casilda como una extravagancia de americana (pp. 118-19).

El primero de estos discursos pertenece a la voz del narrador, el segundo a Blanca, multiplicidad de voces que atestigua un origen externo de la dicotomía y que la configura como lugar común, como tópico cultural. Como bien se sabe, dentro de la historia de las ideas (Montaigne, Rousseau, incluso Sarmiento pero con signo invertido) lo primitivo americano se opone a lo civilizado europeo, oposición que el relato de Donoso expone claramente en sus propios términos, pero que también desarrolla en términos derivados. Lo americano es también la espontaneidad, de cualquier acto, incluso el sexual. Como para probarlo, la marquesita practica una especie de democracia sexual, una *mésalliance* que no respeta jerarquías ni rangos. En efecto, sus amantes —aparte de un marqués y un conde— son un chofer, un notario y un pintor. Y sin embargo la marquesita no es *solamente* espontánea sino que esta espontaneidad está sujeta a ciertas reglas y ritos sociales. De otro modo el personaje caería en un convencionalismo fácil. Ser americana es también ser inocente, un poco como el buen salvaje de Rousseau, aunque la cuestión de si la civilización corrompe no se plantea en esta novela amoral. Pero si bien la marquesita es, por un lado, una *petite ingénue,* por otro es la *femme fatale* de ciertos cuadros de Gustave Moreau y ciertos poemas de Julián del Casal: inflige la muerte a algunos de sus amantes (la muerte del cuerpo o de la esperanza), otro termina en prisión por causa de ella. Evidentemente, la sensualidad de Blanca es incuestionable, pero el personaje no se reduce a este único aspecto, cuyo contrario (la espiritualidad, el ascetismo) también se pone en juego, reiterando así la doble herencia formativa que se conjuga en el personaje: las monjas, por una parte, y por la otra, las negras caribeñas: el espíritu y la carne. A la Blanca sensual de vestidos casi transparentes, a la Blanca de piel sedosa corresponde otra Blanca luctuosa, una "especie de santa trágica, tremendista, tenebrista, una mártir horrorosa y sangrienta" (p. 164), es decir, una Blanca oximorónicamente negra, como "cisne negro," para citar palabras textuales.

Así como el cuerpo de Blanca es el sitio donde se conjugan rasgos opuestos, en el cuerpo del relato también hay un sitio (un momento) privilegiado donde

259

se instituye la inversión: la escena del carnaval para el cual Paquito se disfraza de Icaro y como resultado del cual muere de enfriamiento. Este carnaval, marcado por la inversión irónica de un Icaro que muere no a causa del fuego sino de la lluvia,[10] disuelve, mezcla tanto como divide. Lo que mezcla es una muerte metafórica de Blanca (muerte de la vigencia de cierta educación sexual y moral; muerte de un comportamiento) con el nacimiento de otra Blanca (igual pero diferente) a la manera de otra especie voladora y plumífera como Icaro —el ave Fénix. Al meditar su viudez, la marquesita piensa con júbilo en un nuevo y "enloquecedor anhelo por lo desconocido" (p. 46) que la llevará al conocimiento de múltiples amantes. Por otro lado, el carnaval separa a Blanca Arias de la marquesita de Loria, la monogamia de la poligamia, lo cerrado de lo abierto, inaugurando el desfile, la serie. También separa al amante original (Paquito) de los demás: él es el único amante legal de Blanca y el único que no la sirve.[11] Por último, la muerte carnavalesca de Paquito corresponde al acceso de su viuda al poder (social) de los Loria, ya que Blanca hereda la fortuna y el título familiares. Ambos atributos del personaje se inscriben en el orden de la significación carnavalesca. La marquesa puede ahora hacer su aristocrático papel, que le señala su lugar en el guión social pero que también la hace acreedora a la prerrogativa de "revisar" ese texto, de alterarlo a su antojo. El fundamento de estos privilegios es la fortuna lúdica de los Loria por la cual no se trabajó sino que es un regalo del azar. Con esa fortuna de fantasía la marquesita es reina por un día, porque al día siguiente la reina es derrocada de su trono por las maniobras traicioneras de su suegra.

En último término, el texto entero es una mascarada, un tejido múltiple (como disfraz de arlequín) que señala vistosamente sus costuras, los nexos intertextuales. Pero la intertextualidad de *La marquesita de Loria* se resuelve en última instancia en una reiteración de textos, discursos y tópicos, sin llegar a implicar siempre la productividad textual que se asocia al término en las reflexiones teóricas sobre el tema. En cierto sentido, el discurso del relato no es tanto un discurso productivo como reproductivo, aunque lo que se reproduce son textos. Por supuesto, no hay sólo copia o *pastiche,* pero sí se parte de un centro, de un foco —imagen visual, si se quiere, o imagen del futuro del texto en progreso— para refractarlo en variantes, en reflejos. Además, hay algo que sostiene al discurso narrativo y que le impide ser enunciación vacía, limitando así su "plural." El discurso narrativo, al contrario, se recorta como una figura reconocible y perdurable con un tono, un estilo, un juego propios. Conviene, entonces, redefinir la intertextualidad de *La marquesita de Loria* como *alusión,* atendiendo sobre todo al significado etimológico del término: jugar, bromear, bufonear. Ante todo, para jugar se necesita un escenario, que el discurso narrativo construye a partir de textos como las crónicas y artículos de *La Esfera,* que invocan un Madrid no menos irreal que el que ambienta el relato de Donoso.[12] Este juego va más lejos de la palabra escrita, ya que Donoso mantiene en *La marquesita de Loria* la articulación que existe en ciertos reportajes de *La Esfera* entre el contenido de la crónica y las ilustraciones que lo acompañan y que se reproducen en la novela de

261

Donoso. Dos ejemplos obvios: la ilustración que precede al capítulo 1 —una esbelta joven vestida de negro sentada desconsoladamente al lado de un breviario y un rosario— remite a la educación religiosa de Blanca y de Paquito, sin olvidar que la heroína de Donoso frecuentemente se viste de negro. La que precede al último capítulo —una elegante dama de rostro velado, vestida de paseo contra el trasfondo de un automóvil— también está sincronizada con lo que se narra a continuación. Esta parataxis de texto gráfico y texto escrito en la sintaxis del libro, sin embargo, sólo da la *ilusión* de lo que en su "fuente" es una práctica efectiva: decorar el texto, mejorar su presentación, hacerlo más "estético." En *La marquesita de Loria* sería reducir el valor funcional de las ilustraciones (que ahora habría que poner entre comillas) no atribuirles una *semiosis* propia, una generación de significaciones que se dispersarán, modificarán y recombinarán en el discurso narrativo.

El ambiente de ese Madrid de teatro es decididamente modernista. El proyecto sensual de la marquesita ya lo enunció Baudelaire: lanzarse "au fond de l'Inconnu pour trouver du noveau," así como el hastío del personaje no es otra cosa que el *ennui* baudeleriano. La propia marquesita, inocente y fatal, es "la marquesa que salió a las cinco," la marquesa Eulalia de Darío y también la figura de la *femme fatale* (quizás la Elena de Del Casal). La presencia del poeta cubano también se significa irónicamente en uno de los enunciados de Casilda: "Detesto la naturaleza. ¿No sabes que sólo respiro bien sobre el asfalto y que no sé distinguir una violeta de un sauce?" (p. 54). Como marquesa Eulalia el personaje de Donoso remite al tópico de la *fête galante* en Watteau, Verlaine y, por supuesto, en el propio Darío, pero también a la galanterie, es decir, al tipo genérico de novela erótica al cual se adhiere *La marquesita de Loria*.[13] Pero al fin de cuentas es al texto dariano al que el relato de Donoso alude con mayor frecuencia, y a veces, no sólo para jugar al reconocimiento de la alusión sino para poner en juego la materialidad del significante, para movilizarlo y transformarlo instaurando la posibilidad de una verdadera intertextualidad. Por ejemplo, esa oscilación entre una Blanca Arias musical, "eulálica," sensual, y la Blanca de negro, austera, ascética que se puede ver como una de tantas inversiones estructurales, también se deja referir a un tópico que aparece en Baudelaire, en Nervo, en López Velarde, pero sobre todo en Darío. "La Cartuja" puede servir como punto de partida al viaje intertextual al que invita Donoso. En este poema los monjes de San Bruno

Mortificaron con las disciplinas
y los cilicios la carne mortal
y opusieron, orando, las divinas
ansias celestes al furor sexual.

El significante "mortificación de la carne" se disocia del significado instituido por el poema (espiritualidad, ascetismo) y migra al texto de Donoso donde se convierte en un índice de la agresividad animal (Luna es quien ha magullado y lacerado a Blanca). Este signo remite a otra escena de violencia (esta vez sexual) protagonizada por Almanza y la marquesita (pp. 89-91), aunque esta vez no es ésta quien sale arañada sino el agresor. Así, el signo "mortificación de la carne"

263

connota ahora la sexualidad, produciéndose una inversión del significado inicial, que no se pierde. A su vez, la conjugación de significados antitéticos remite a otro lugar del texto dariano: "¡Carne, celeste carne de la mujer!," que también resuena en el de Donoso: "Si el contacto con su divina carne lo mataba, muy bien" (p. 137). Un nuevo significado se configura en este juego textual: "muerte," cuyo significante en "La Cartuja" es el hábito de los monjes, y en *La marquesita de Loria* el vestido "cerrado, oscuro y triste" (p. 167) que se pone Blanca al "disfrazarse" de mártir tenebrosa, y que es la transformación del hábito monacal. Este ascético atuendo, por último, junto con las medias negras que lo completan, remite a aquellos pasajes textuales que describen a Blanca vestida de luto por la muerte de sus amantes.

La lectura de *La marquesita de Loria* tampoco puede ignorar, volviendo a Darío, ciertos cuentos del poeta nicaragüense tales como "El palacio del sol," "El rubí" o "El velo de la reina Mab," así como esos textos poéticos que parecen una versión doble del "cuento azul" ("Sonatina," entre otros). En estos cuentos aparece por lo general un personaje femenino e infantil en un marco o ambiente de cuento de hadas, combinación que se reitera en *La marquesita de Loria*. Ahí, el personaje se convierte en "leyenda" después de su misteriosa desaparición, quizás provocada por un lobo feroz (¿Luna?) que se la come en el bosque:

Antes de verla perderse en la espesura, sin embargo, le pareció a Mario que salía de la oscuridad una sombra feroz, animal, monstruo, algo aterrorizante que saltaba sobre ella agrediéndola con lo que... era una evidente intención de devorarla (p. 193).

Así, eliminado el elemento perturbador, todos, en la novela de Donoso, viven felices para siempre, incluso el amante desechado de Blanca que se casa con su hermana.[14] Pero entre todos los cuentos de *Azul...* hay uno que se impone con mayor fuerza intertextual porque reúne un cierto número de núcleos productivos que se ponen a trabajar en el relato de Donoso: "Palomas blancas y garzas morenas."[15] En este cuento aparece un personaje masculino que accede a la adolescencia mediante la ensoñación amorosa, romántica y melancólica. La misma ensoñación —pero no romántica sino erótica— afecta a la joven heroína de Donoso. El joven de Darío se enamora primero de una muchacha "rubia como una alemana" (p. 81) cuya cara es "blanca y levemente amapolada" (p. 82), que no sólo lo rechaza sino que también lo humilla y se burla de él. La Blanca de Donoso también rechaza a un pretendiente que, como el personaje de Darío, es lo suficientemente convencional y prematuro como para proponerle matrimonio. La amada de éste es apropiadamente religiosa y va a misa los domingos; el amante, sin embargo, se queda en cama e incurre en exclamaciones y pensamientos eróticos. Un día ambos se sientan "a la luz de una *luna* argentina dulce; un bella *luna* de aquellas del país de Nicaragua!" (p. 83; subrayado añadido). Este país, tal como en *La marquesita de Loria,* recurre como lugar natal en el texto de Darío: "¡Era allá, en una ciudad que está a la orilla de un lago de mi tierra, un lago encantador lleno de islas floridas, con pájaros de colores!" (p. 86). El lago, además, se reitera en la forma más estereotipada del mar Caribe en el texto de Donoso pero también como lago urbano, en el medio del Retiro. La segunda muchacha que conoce el personaje de Darío es el reverso de la otra, porque se entrega a él y también porque no es blanca sino morena, de piel "canela y rosa," o sea, criolla en oposición a europea. Esta es la misma oposición que, centrada en la heroína de Donoso, aparece como estructura en su relato, pero en "Palomas blancas, garzas morenas" cada una de las dos posibilidades estructurales aparece como término positivo (hay dos muchachas), mientras que en *La marquesita de Loria* ambas posibilidades aparecen como términos negativos: Blanca, única, no es *ni* europea *ni* americana porque como europea tiene rasgos americanos (sus "lindos brazos de criolla," satinados, p. 14) y como americana tiene rasgos europeos. Específicamente, es racialmente diferente a su madre ("una cualquiera," p. 19) y a su padre ("lustroso y negro como piano de cola," p. 17). Exclama Casilda: "No comprendo de dónde habrá sacado esa chica su piel tan clara, su belleza..." (p. 17), y más adelante: "La chiquilla debe ser hija de algún marinero norteamericano borracho de paso por un puerto del Caribe..." (p. 20). Claro, la diferencia entre hija y padres es sólo ingenuamente racial; es, en otro orden, semiótica ya que implica un desajuste entre dos códigos, uno que legitimiza considerar a los americanos del Caribe (y quizás a otros) despectivamente como indios o negros, y otro que es puramente literario: Blanca Arias, la marquesa, saca su belleza de ciertos modelos literarios idealizados y europeos, cuya presencia fundadora en el lenguaje literario latinoamericano es tan innegable como controvertible. Ya Darío la formuló en las "Palabras liminares" de *Prosas profanas:* "¿Hay en mi sangre alguna gota de sangre de Africa, o de indio chorotega o nagrandano? Pudiera ser, a despecho de mis manos de marqués..." Más allá o más acá de cualquier americanismo o europeísmo de Darío, importa señalar lo que hay de fundamentalmente literario en esta declaración: la impostación de un yo ficticio y artificial, y la apropiación de esta impostura a través de la lengua poética. Es en esta coyuntura, entre otras, donde Donoso se da cita con Darío y lo vuelve a poner en juego, en circulación. No lo cita para rendirle homenaje, o reconocerlo, o decorar su texto sino para jugar con él en ese espacio artificial abierto y asumido en América por Darío: el espacio entre el yo y las máscaras, entre el deseo y su objeto, separados, tanto en Donoso como en Darío, por la nostalgia.

[1]En *El lugar sin límites* hay dos figuras autoritarias que se disputan la posesión de la casa/burdel, aunque ninguna de las dos (don Alejo, Pancho Vega) desautorizaría la producción lúdica. Irónicamente, la figura que sí la desautorizaría es una mujer: la Japonesita (aunque mujer ahombrada). Este dato, recortado contra el trasfondo de las estructuras narrativas "normales" de Donoso, aparece como una de las tantas inversiones de la novela. En *Este domingo* la figura autoritaria (el abuelo) es débil y paródica (por lo menos desde el punto de vista infantil). Es su señora quien "toma las riendas" y reorganiza el orden convencional en términos lúdicos. En *Coronación* la figura de cualquier personaje en particular aparece desvirtuada, ya sea por la locura (en el caso de misiá Elisa) o por la influencia de otra autoridad mayor (en el caso de don Andrés). De todo esto se puede inferir que la relación entre el espacio cerrado y la figura autoritaria es un paradigma en el discurso (total, cumulativo) del texto donosiano.

[2]José Donoso, *La misteriosa desaparición de la marquesita de Loria* (Barcelona: Seix Barral, 1980), p. 95. Todas las citas de la novela remiten a esta edición.

[3]Una de las categorías racionalistas de Caillois en su estudio del juego es lo que él llama *ludus,* es decir la tendencia a limitar la exuberancia del juego espontáneo mediante "un besoin croissant de la plier à des conventions arbitraires, impératives et à dessein gênantes, de la contrarier toujours davantage en dressant devant elle des chicanes san cesse plus embarrasantes, afin de lui rendre plus malaisé de parvenir au résultat désiré." (Roger Caillois, *Les Jeux et les hommes,* p. 28).

[4]Hacia el final Blanca y Luna aparecen en público por primera vez, pero el discurso narrativo "corre un tupido velo" sobre la presencia del perro manteniendo la ambigüedad de su existencia. "Bajando la escalera de mármol con su perro gris al lado, sintió que su autoridad sobre los sirvientes era tal que de hecho borraba al perro que la acompañaba.... para ellos, porque ella quería que así fuera, Luna no existía" (p. 186). Hay otras indicaciones textua-

les que difuminan la figura del cachorro: "Y el perro... como si toda su relación con la marquesita fuera un apasionante secreto..." (p. 107); el hecho de que nadie más que la marquesita escucha los ladridos del perro encerrado en su dormitorio (pp. 169-170), etc.

[5]Esta estrategia narrativa tiene el efecto de lograr cierta ingenuidad que se traduce en la proyección de imágenes dobles de ciertos personajes. Por ejemplo, don Mamerto Sosa, que parece un notario abrumado por la vejez y la rutina en realidad no es ni un "mamerto" ni soso. El conde de Almanza, que parece tan refinado, tiene en realidad preferencias eróticas bastante vulgares. La marquesa madre, que parece estar sometida económicamente a su yerna, da al final vuelta las tablas, etc.

[6]"Sus manos se refugiaron en la inevitable hendidura entre muslos [sic]. El botoncito mágico, esta vez, respondió.... el dedo anular, el más débil, era también el más diestro para iniciar la lenta búsqueda del ritmo bajo la sábana, el juego en la oscuridad de una niñez tropical recobrada frente a esas dos lunas castas y gemelas que la observaban..." (p. 106).

[7]El mismo vacío que busca el protagonista de *Gaspard de la Nuit*. Paquito, que nunca consigue colmar, llenar a su esposa, sí estaba vacío de todo deseo que no fuera impuesto por Blanca.

[8]Ver también la p. 144: "se quedó mirándola fijo toda la noche, con la intención de incluirla para siempre en la órbita de sus pálidos satelites gemelos." Evidentemente, Luna no tiene (ni quiere tener) una función fija en el relato; se propone al contrario como un *descentramiento* que no puede ser clasificado con un nombre. Se propone incluso como un vacío de significado, una "falla" en el tejido textual. Pero como tal su situación semiótica es paradójica porque en un texto todo funciona, incluso lo que no quiere significar.

[9]La problemática del límite en Donoso, a la cual se aludió al principio del capítulo, admite, por supuesto, su disolución, dato que sólo cobra sentido en presencia de un límite que sólo después de estar presente se puede borrar.

[10]Hay otras inversiones sintagmáticas en la novela: la marquesita comienza el relato *buscando* sensaciones para terminar *causando* una sensación al final; al principio, todos la conocen, todo

se sabe sobre ella, pero al final *nada* se sabe de su misteriosa desaparición.

[11]Blanca tiene otros cuatro amantes: don Mamerto, que trabaja para ella como notario; Archibaldo, a quien contrata para hacer un cuadro de su difunto esposo; el conde Almanza, mantenido por la fortuna de los Loria que la marquesita hereda; y Mario, el chofer de la marquesita.

[12]El Madrid del relato de Donoso recuerda un poco a París en los años de la *belle époque,* tal como describe a la ciudad Roger Shattuck: "Upper class leisure... produced a life of pompous display, frivolity, hypocrisy, cultivated taste, and relaxed morals. The only barrier to rampant adultery was the whalebone corset; many an errant wife, when she returned to face her waiting coachman, had to hide under her coat the bundle of undergarments which her lover had not been dexterous enough to lace back around her torso" (*The Banquet Years* [New York: Random House, 1968], p. 3). A pesar de que la marquesita de Donoso no es adúltera, hay una escena parecida a la que describe Shattuck en la novela (p. 96). Además, el título carnavalesco de "los años del banquete" remite a la descripción de París como teatro: "She had become a stage, a vast theater for herself and all the world. For thirty years the frock coats and monocles... seemed to be designed to fill this vast stage-set, along with the ladies' long dresses and corsets and eclipsing hats" (pp. 5-6). Lo mismo se puede decir, *mutatis mutandi*, de la ciudad armada por Donoso.

[13]Este tipo de novela lo define Steven Marcus como sentimental, ingeniosa y picante. Ver *The Other Victorians* (New York: Basic Books, 1964), p. 66. Otros rasgos de la novela galante son pertinentes a la construcción de *La marquesita de Loria,* por ejemplo, la estructura episódica del género y la visión de la sexualidad como una acumulación infinita de experiencias.

[14]Casilda vendría a ser la madrina o madrastra malvada.

[15]Se cita por la edición de Espasa-Calpe (Madrid, 1968).

El juego, como el lenguaje, es un modelo simbólico. Ambos organizan el mundo de cierta manera y ambos le permiten al sujeto su inserción dentro de él. El lenguaje le permite al sujeto proponerse como tal, y a partir de la apropiación del pronombre yo, dominar el sistema lingüístico donde, entre otras cosas, están inscritos los roles sociales y culturales que van a regular la relación entre el sujeto y los demás: que la van a hacer posible. Desde el momento en que estos roles son institucionales, son también convencionales, y desde ese mismo momento "convencionalizan" también al sujeto, proporcionándole un guión social (comportamientos, ritos, valores, etc.) que sería riesgoso alterar más allá de ciertas variantes en sí institucionalizadas (quizás el escritor —tipo "artístico" y por lo mismo excéntrico— tenga ciertas libertades dentro de las concepciones burguesas del rol). Pero la improvisación, la "revisión" de este guión social sí tiene un espacio propio dentro del mismo guión: a nivel individual, el espacio del juego; a nivel social, y específicamente popular, el del carnaval. Dentro de estos espacios o marcos culturales el sujeto accede a una producción de significaciones que ponen en entredicho el problema mismo de la *regulación* socio-cultural, problema que se manifiesta sobre todo en el relieve incluso pragmático que asume la cuestión del límite. La cultura regula el juego mediante interdicciones ejercidas por las figuras autoritarias (por lo general, paternas); así como regula el carnaval mediante la concesión de un tiempo y espacio definidos que, llegado el momento, deben ser devueltos al patrimonio oficial de la cultura. Para producir significaciones tanto el juego como el carnaval *remiten* a las formas de la cultura oficial, y hasta cierto punto dependen de ellas (de ahí su carácter hipotáctico). Ahí donde las normas socio-culturales imponen un inventario limitado (aunque no estático) de roles que el sujeto puede asumir, en el juego éste puede asumir teóricamente todos los roles concebibles dentro de una cultura dada (y algunos imaginarios también: pájaro, montaña, submarino, etc.), y al asumir estos nuevos roles el sujeto se transforma mediante la máscara y el disfraz, siendo y no siendo el personaje que figura en el rol convencional. Por otro lado, las relaciones jerárquicas (y por lo tanto de poder) que caracterizan los roles sociales son el punto de referencia privilegiado por la producción carnavalesca, que se puede concebir como un discurso de la inversión, de la parodia, de lo inestable, un discurso cuya convención es subvertir todo lo que sea convencional (valores establecidos, mitos y ritos culturales, relaciones de poder, oposiciones lógicas, instituciones, etc.) Pero este discurso también está subordinado a la cultura oficial ya que la subversión que practica es en sí convencional.

Estos son, simplificados, los postulados teóricos del presente libro, cuyo título alude justamente a la imposición de la otredad: la imposición del otro (doble, sujeto multiplicado en avatares o disuelto tras capas de máscaras, imágenes falsas de un sujeto) es la impostura; la imposición de otro discurso es la impostación:

> I believe that quite often a literary voice is a mask or a disguise, adopted in order to make it act as go-between, messenger from the writer to the public. A writer cannot approach his public with 'naturalness.' This is a latter-day affectation, popular among second-rate American writers and stemming, perhaps, from the realist, tough-guy tradition in U.S. writing. But even their voices are essentially adopted, chosen, masks, disguises, affectations: I don't think that anyone today would be so bold as to claim that Hemingway's voice was not full of mannerisms, tough-guy pose and all.... In every case the voice chosen, adopted, found, contrived, forged, manufactured, is the very essence of literature.... [T]he quest for a distinct literary voice or the laborious manufacturing of one lies at the center of a writer's endeavor: it is his most important creation, the most radiant at the same time as the most misty of all his metaphors. Artifice, to be sure...

Estas palabras de Donoso, pronunciadas en una conferencia en la Universidad de Emory en mayo de 1981, recalcan que para que haya texto o relato debe haber ante todo un trabajo de construcción, de fabricación. En otras palabras, la invención del escritor no es espontánea, como puede ser la del sujeto infantil. No obstante, la producción narrativa de Donoso plantea persistentemente esta relación entre el narrar y el jugar —o el carnavalizar, si se toma un momento posterior de la biografía del sujeto infantil. Para resolver la cuestión, el requisito mínimo es descartar la treta psicológica de atribuir a posibles rasgos del autor la persistencia o la pertinencia de la relación aludida, si no por otra razón, por lo menos dado que esos rasgos seguramente caracterizarán también a varios otros individuos, no todos los cuales serán escritores. Queda entonces una relación homológica entre la producción lúdica y la producción literaria, una analogía estructural de cuatro términos que pone en evidencia la homogeneidad o isomorfía del lenguaje modelado y del lenguaje modelador.

A los presupuestos teóricos mencionados anteriormente habría que agregar otro: la posibilidad de leer y totalizar una práctica literaria abarcadora de casi tres décadas y varios libros a partir de aquellos presupuestos. Esto no significa el apoyo a una posición dogmática según la cual la misión del lector o estudioso profesional tendría que ser la búsqueda de la "unidad" de la producción literaria de un autor (o de una época, o de una tradición nacional). Primero, cabría señalar que este libro no intenta en realidad postular una unidad *per se*, sino que de existir alguna existe como efecto o consecuencia de un planteamiento de otro tipo cuyo impulso era mostrar la articulación entre el discurso narrativo de José Donoso y el del juego y del carnaval; o, si se prefiere, mostrar cómo la producción narrativa de Donoso es una traducción e *interpretación* de un lenguaje culturalmente dado.

En segundo lugar, tal unidad no es la que la crítica "temática" y reduccionista tradicionalmente ha buscado. Al contrario, no se trata en este trabajo de reducir la producción textual a una serie de temas u "obsesiones" del autor que se reiteran de texto en texto y que unifican "orgánicamente" la obra total, sino de *abrir* la producción de sentido hacia otros lenguajes culturales y alejarla de las pseudo-determinaciones sociales y psicológicas con que cierta crítica ha cargado a la obra de Donoso. Esta forma de proceder no implica para verificarse una permanencia del autor (de su psicología, de sus hábitos mentales, de sus obsesiones) sino de un proceso semiótico-literario que articula texto y cultura en una coyuntura abierta y concebible como proceso, como producción, no como determinación. Por último, tal como se puede admitir la validez de un trabajo que postula una modelización constante de una producción literaria, se puede también aceptar la validez de uno que escogiera privilegiar las discontinuidades, los intersticios, la dispersión. Pero el procedimiento hermenéutico no se puede escoger al azar sino que en vista de su objeto discursivo, y en este sentido importa señalar que la obra de Donoso se impone como una obra coherente, de hecho, tan coherente como los lenguajes culturales que la modelan. El presente libro quiso establecer la pertinencia de estos lenguajes modeladores en la construcción y descontrucción de la narrativa donosiana.

# BIBLIOGRAFIA

Libros y artículos consultados:

Achugar, Hugo. *Ideología y estructuras narrativas en José Donoso.* Caracas: Centro de Estudios Latinoamericanos "Rómulo Gallegos," 1979.

Alegría, Fernando. *El paso de los gansos.* New York: Ediciones Puelche, 1975.

Amante, David J. "Ironic Language: A Structuralist Approach." *Language and Style,* 1 (Winter, 1980), 15-25.

Arana, Elsa. "Los pájaros de la noche de José Donoso." *Plural,* 34 (julio, 1974), 65-69.

Arrigucci Jr., Davi. *O escorpião encalacrado.* São Paulo: Editora Perspectiva, 1973.

Asturias, Miguel Angel. *El Señor Presidente.* Buenos Aires: Losada, 1948.

Bakhtine, Mikhail. *L'Oeuvre de François Rabelais et la culture populaire au Moyen Age et sous la Renaissance,* tr. Andrée Robel. Paris: Gallimard, 1970.

—*Problems of Dostoevsky's Poetics,* tr. R.W. Rotsel. Ann Arbor: Ardis, 1973.

Barrenechea, Ana María. "Ensayo de una tipología de la literatura fantástica." *Revista Iberoamericana,* 80 (julio-septiembre, 1972), 391-403.

Barthes, Roland. *Le Degré zéro de l'écriture.* Paris: Seuil, 1953.

—*Le Plaisir du texte.* Paris: Seuil, 1973.

277

—*S/Z*. Paris: Seuil, 1970.

Bastos, María Luisa. "Clichés lingüísticos y ambigüedad en *Pedro Páramo.*" *Revista Iberoamericana,* 102-103 (enero-junio, 1978), 31-44.

Becker, George J., ed. *Documents of Modern Literary Realism.* Princeton: Princeton University Press, 1963.

Bendezú, Edmundo. "Donoso: Fabulación y realidad." *José Donoso: La destrucción de un mundo.* Buenos Aires: Fdo. García Cambeiro, 1975.

Benveniste, Emile. *Problèmes de linguistique générale.* Paris: Gallimard, 1966.

Berger, Peter L. & Luckmann, Thomas. *The Social Construction of Reality.* New York: Doubleday, 1966.

Berne, Eric. *Games People Play.* New York: Grove Press, 1964.

Bertrand, Aloysius. *Gaspard de la Nuit.* Paris: Aubry, 1943.

Borges, Jorge Luis. *Ficciones.* Buenos Aires: Emecé, 1956.

Borinsky, Alicia. "Juegos: Una realidad sin centros." *Estudios sobre los cuentos de Julio Cortázar,* ed. David Lagmanovich. Barcelona: Hispam, 1975.

—"Repeticiones y máscaras: *El obsceno pájaro de la noche.*" *MLN,* 2 (March, 1973), 281-94.

Brim, Orville G. "Personality Development as Role-Learning." *Personality Development in Children.* Austin: University of Texas Press, 1960.

—& Wheeler, Stanton. *Socialization After Childhood: Two Essays.* New York: John Wiley & Sons Inc., 1966.

Caillois, Roger. *Les Jeux et les hommes.* Paris: Gallimard, 1958.

Carminatti, Graciela. "Entrevista a José Donoso." *Revista de la Universidad de México,* XXXV, 5-6 (diciembre 1980- enero 1981), 56-58.

Carpentier, Alejo. *El recurso del método.* México: Siglo XXI, 1974.

Caviglia, John. "Tradition and Monstrosity in *El obsceno pájaro de la noche.*" *PMLA,* 1 (January 1978), 33-45.

Chumbley, Robert. "Introductory Remarks Toward a 'Polylogue' on Play." *Sub-Stance,* 25 (1980), 7-10.

Cortázar, Julio. *Las armas secretas.* Buenos Aires: Sudamericana, 1964.

278

Culler, Jonathan. *Structuralist Poetics*. Ithaca: Cornell University Press, 1975.

Darío, Rubén. *Azul...* Madrid: Espasa-Calpe, 1968.

Derrida, Jacques. "Structure, Sign, and Play in the Discourse of the Human Sciences." *The Structuralist Controversy*, eds. Richard Macksey & Eugenio Donato. Baltimore: The Johns Hopkins University Press, 1972.

De Saussure, Ferdinand. *Cours de linguistique générale*. Paris: Payot, 1922.

Donoso, José. *Casa de campo*. Barcelona: Seix Barral, 1978.

—"Chronology." *Center for Inter-American Studies: Review* (Fall, 1973), 12-19.

—Colección de cuadernos privados. Firestone Library, Princeton University.

— *Coronación*. Barcelona: Seix Barral, 1975.

— *Cuentos*. Barcelona: Seix Barral, 1971.

— *Este domingo*. México: Joaquín Mortiz, 1968.

— *Historia personal del "boom."* Barcelona: Anagrama, 1972.

— *El lugar sin límites*. Barcelona: Bruguera, 1977.

— *La misteriosa desaparición de la marquesita de Loria*. Barcelona: Seix Barral, 1980.

— "The Making of a Novel: *The Obscene Bird of Night*." Conferencia pronunciada en la Universidad de Emory, 11 de mayo de 1981.

— *El obsceno pájaro de la noche*. Barcelona: Seix Barral, 1970.

— "The Poisoned Pastries." *Chasqui*, 1 (noviembre 1972), 67-72.

— *Tres novelitas burguesas*. Barcelona: Seix Barral, 1973.

Dorfman, Ariel. "Entre Proust y la momia americana: Siete notas y un epílogo sobre *El recurso del método*." *Revista Iberoamericana*, 114-115 (enero-junio, 1981), 95-128.

Durán-Cerda, Julio. "El cuento chileno contemporáneo." *Studies in Short Fiction*, 1 (Winter, 1971), 44-63.

Edwards, Jorge. *Los convidados de piedra*. Barcelona: Seix Barral, 1978.

— "Mesa redonda: La experiencia de los novelistas." *Revista Iberoamericana*, 116-117 (julio-diciembre, 1981), 309-21.

Ehrmann, Jacques. "Homo Ludens Revisited." *Game, Play, Literature*. Boston: Beacon Press, 1968.

279

Erikson, Erik H. *Toys and Reasons: Stages in the Ritualization of Experience*. New York: W.W. Norton & Co., 1977.

Flaubert, Gustave. *Madame Bovary*. Paris: Librairie José Corti, 1949.

García Márquez, Gabriel. *Cien años de soledad*. Buenos Aires: Sudamericana, 1967.

— *El otoño del patriarca*. Barcelona: Plaza & Janés, 1975.

Genette, Gérard. "Fronteras del relato." *Comunicaciones,* tr. Beatriz Dorriots. 8 (1966), 193-208.

— "Vraisemblance et motivation." *Communications,* 11 (1968), 5-21.

Gertel, Zunilda. "Metamorphosis as a Metaphor of the World." *Center for Inter-American Relations: Review* (Fall, 1973), 20-23.

—"*El obsceno pájaro de la noche:* Des-encarnación, transformación, inexistencia." *Chasqui,* 1 (noviembre, 1976), 17-29.

Goffman, Erving. *The Presentation of Self in Everyday Life*. New York: Doubleday, 1959.

Greimas, Algernon J. "About Games." *Sub-Stance,* 25 (1980), 31-35.

Guiraud, Pierre. *La Sémiologie*. Presses Universitaires de France, 1971.

Harss, Luis. *Los nuestros*. Buenos Aires: Sudamericana, 1973.

Hayman, David. "Au-delà de Bakhtine: Pour une mécanique des modes." *Poétique,* 13 (1973), 76-94.

Huizinga, Johan. *Homo Ludens*. Boston: Beacon Press, 1950.

Humphrey, Robert. *Stream of Consciousness in the Modern Novel*. Berkeley: University of California Press, 1954.

Iñigo Madrigal, Luis. "Alegoría, historia, novela (A propósito de *Casa de campo,* de José Donoso)." *Hispamérica,* 25-26 (1980), 5-31.

James, Henry. *What Maisie Knew*. New York: Charles Scribner's Sons, 1908.

Jenny, Laurent. "Le Discours du carnaval." *Littérature,* 16 (décembre, 1974), 19-36.

Kristeva, Julia. *El texto de la novela,* tr. Jordi Llovet. Barcelona: Lumen, 1974.

Lefebvre, Henri. *Au-delà du structuralisme*. Paris: Anthropos, 1971.

Le Guern, Michel. *La metáfora y la metonimia,* tr. Augusto de Gálvez-Cañero y Pidal. Madrid: Ed. Cátedra, 1976.

Lemaire, Anika. *Jacques Lacan,* tr. David Macey. London, Henley & Boston: Routledge & Kegan Paul, 1977.

Lévi-Strauss, Claude. *Anthropologie structurale.* Paris: Plon, 1958.

Lotman, Juri M. "Problems in the Typology of Culture." *Soviet Semiotics: An Anthology,* tr. Daniel P. Lucid. Baltimore: Johns Hopkins University Press, 1977.

— *La Structure du texte artistique.* Paris: Gallimard, 1973.

Luchting, Wolfgang. "Todos los juegos el juego." *Mundo Nuevo,* 36 (1969), 29-35.

Mac Adam, Alfred. "José Donoso: *Casa de campo.*" *Revista Iberoamericana,* 116-117 (julio-diciembre, 1981), 257-63.

— *Modern Latin American Narratives.* Chicago: University of Chicago Press, 1977.

Marcus, Steven. *The Other Victorians.* New York: Basic Books, 1964.

Martínez, Z. Nelly. "*El obsceno pájaro de la noche:* La productividad del texto." *Revista Iberoamericana,* 110-111 (enero-junio, 1980), 51-65.

Mc Murray, George. "Nuevo vuelo deslumbrante del pájaro donesco." *Nueva Narrativa Hispanoamericana,* 1 (enero, 1972), 198-201.

Mead, George Herbert. *On Social Psychology,* ed. Anselm Strauss. Chicago & London: University of Chicago Press, 1964.

Mignolo, Walter D. "Semantización de la ficción literaria." *Dispositio,* 15-16 (otoño 1980- invierno 1981), 85-127.

Miliani, Domingo. "El dictador, objeto narrativo en *El recurso del método.*" *Revista Iberoamericana,* 114-115 (enero-junio, 1981), 189-225.

Montero, Oscar. "Donoso by Donoso: An Introduction to the Writer's Notebooks." Ponencia no publicada leída en el "Symposium on Major Modern Writers: José Donoso." Winthrop College, Rock Hill, South Carolina, May 7-9, 1981.

Morell, Hortensia. "El doble en *Gaspard de la Nuit:* José Donoso à la manière de Ravel, en imitación de Bertrand." *Revista de Estudios Hispánicos,* 2 (mayo, 1981), 211-220.

Moreno Turner, Fernando. "*Yo el Supremo:* Renovación de una temática." *Seminario sobre 'Yo el Supremo,' de Augusto Roa Bastos.* Poitiers: Centre de Recherches Latino-Américains, 1976.

Ortega, Julio. "*El otoño del patriarca:* texto y cultura." *Hispanic Review,* 46 (Autumn, 1978), 421-46.

Pacheco, Carlos. "La intertextualidad y el compilador. Nuevas claves para una lectura de la polifonía en *Yo el Supremo.*" *Revista de Crítica Literaria Latinoamericana* (de próxima aparición).

Perera San Martín, Nicasio. "La escritura del poder y el poder de la escritura." *Seminario sobre 'Yo el Supremo,' de Augusto Roa Bastos.* Poitiers: Centre de Recherches Latino-Américains, 1976.

Piaget, Jean. *La Formation du symbole chez l'enfant.* Neuchatel & Paris: Delachaux & Niestlé, 1945.

Quilligan, Maureen. *The Language of Allegory.* Ithaca: Cornell University Press, 1979.

Quinteros, Isis. *José Donoso: Una insurrección contra la realidad.* Madrid: Hispanova de Ediciones, 1978.

Rama, Angel. *Los dictadores latinoamericanos.* México: Fondo de Cultura Económica, 1976.

Roa Bastos, Augusto. *Yo el Supremo.* Buenos Aires: Siglo XXI, 1974.

Rodríguez Monegal, Emir. "José Donoso: La novela como Happening." *Revista Iberoamericana,* 76-77 (julio-diciembre, 1971), 517-36.

Sarduy, Severo. *Escrito sobre un cuerpo.* Buenos Aires: Sudamericana, 1969.

Saussure, Ferdinand de. *Cours de Linguistique générale.* Paris: Payot, 1922.

Shattuck, Roger. *The Banquet Years.* New York: Random House, 1968.

Shine, Muriel G. *The Fictional Children of Henry James.* Chapel Hill: University of North Carolina Press, 1968.

Shklovski, Victor. "La construcción de la 'nouvelle' y de la novela." *Teoría de la literatura de los formalistas rusos,* ed. Tzvetan Todorov, tr. Ana María Nethol. Buenos Aires: Siglo XXI, 1970.

Solotorovsky, Myrna. "Configuraciones espaciales en *El obsceno pájaro de la noche,* de José Donoso." *Bulletin Hispanique,* 1-2 (enero-junio, 1980), 150-88.

Swift, Jonathan. *Gulliver's Travels.* New York: Oxford University Press, 1977.

Tacca, Oscar. *Las voces de la novela.* Madrid: Gredos, 1973.

Tatum, Charles. "*El obsceno pájaro de la noche:* The Demise of a Feudal Society." *Latin American Literary Review,* 2 (1973), 99-105.

Todorov, Tzvetan. *Introduction a la Littérature fantastique.* Paris: Seuil, 1970.

--*Literatura y significación,* tr. Gonzalo Suárez Gómez. Barcelona: Planeta, 1971.

— *Poétique.* Paris: Seuil, 1968.

Tomachevski, Boris. "Temática." *Teoría de la literatura de los formalistas rusos,* ed. Tzvetan Todorov, tr. Ana María Nethol. Buenos Aires: Siglo XXI, 1970.

Valdés, Adriana. "El 'imbunche:' Estudio de un motivo en *El obsceno pájaro de la noche.*" *José Donoso: La destrucción de un mundo.* Buenos Aires: Fdo. García Cambeiro, 1975.

Valdés, Hernán. *Tejas verdes.* Esplugues de Llobregat: Ariel, 1974.

Vargas Llosa, Mario. *La orgía perpetua.* Barcelona: Seix Barral, 1975.